シリーズ
総合政策学をひらく
Exploring New Horizons in Policy Management

社会イノベーションの方法と実践

慶應義塾大学総合政策学部

シリーズ「総合政策学をひらく」刊行にあたって

　未来を考える。そのための学問を展開してきた慶應義塾大学湘南藤沢キャンパス（以下 SFC）において、総合政策学部は、未来を切りひらくための政策を考えることを学部の教育と研究の中心に置いてきた。政策を「人間が何らかの行動をするために選択し、決断すること」と捉え（加藤 1989）、また「人間の行動が社会であり、その社会を分析する科学は、総合的判断に立脚しなければ成り立たない」という認識のもとに、総合政策学という学問が存在している（加藤・中村 1994）。この総合政策学という学問が生まれ、SFCに総合政策学部が設置されてから 30 年あまりが経過した。

　いま私たちが生活する社会は、大きく変動している。社会が共有してきた価値や利益は流動し、社会が了解してきた規範や制度といったゲームのルールは動揺している。これまで当然のこととされてきた前提の多くは変化している。グローバル化と相互依存の深化は、国際社会の平和と繁栄を保証すると見做されてきたが、現実の国際社会は異なる姿を示している。自由民主主義は、社会が追求する政治体制の既定値であって、これが後退することはないと考えられてきた。しかし自由民主主義の退潮、権威主義の台頭という認識が広まっている。情報通信技術の進歩は、自由民主主義の深化につながると理解されてきたが、それは権威主義の強化に貢献する側面もあることが分かってきた。

　社会が共有していると信じる利益や価値は、時間の経過とともに変化する。社会の秩序は流動する。社会問題の多くは、従来型の解決方法に常に懐疑的であり、常に新たな発想を要求している。

　SFC は、総合政策学を、現実社会の問題、すなわち政策問題を実践的に解決する取り組みをつうじて知の蓄積を図ろうとする、「実践知の学問」と定義している（國領 2008）。そうであるがゆえに総合政策学は、常にあるべき自らの姿を問い続けるべきもの、と理解してきた。「社会が変わり続ける限

り、総合政策学の知見は常に古くなりつつあり、更新され続けなくてはならない。社会に間断なく問題が生まれ続ける限り、これだけ学んでおけば良いという固定化された知識では不十分である」と（土屋 2021）。

　そもそも社会の問題は、必ずしも、特定の学問領域に立ち現れるわけではない。問題を解くための有効な政策的判断を導くためには、複数の学問分野からの視点が必要である。学問には、それぞれ固有の研究対象としての領域がある。経済活動を対象とする経済学、法律を扱う法学、政治現象を分析する政治学がある。これに対して総合政策学は、既存の学問領域とは異なる性格を持つ。既存の学問を discipline oriented の学問と捉えるのであれば、総合政策学という学問は issue oriented の学問といえる。より正確にいえば、総合政策学は、discipline oriented の学問を前提としながらも、社会問題の解決の方向性と具体的な解決手段である政策を検討し、その実践のあり方を模索する issue oriented の学問である。

　総合政策学が、個々の先端的な学問領域に通暁しつつも、それを総合的に捉え直して、問題解決のために学際領域に踏み込もうとする学問と理解される理由はここにある。総合政策学が魅力的であるのは、秩序の流動と社会問題の変化を的確に捉え、問題の変化に適応する学問を構築しようとする考え方を備えているからである。

　SFC と総合政策学部は、その開設から 30 年あまり、総合政策学のあるべき姿を繰り返し自問してきた。その最も包括的な取り組みが、学部の創設から 10 年を機に刊行された、シリーズ「総合政策学の最先端」（全 4 巻）である[1]。同シリーズは、総合政策学を「大きな変革を経験しつつある人間社会の動向を的確に理解するための視点としての方法ないし研究領域」と定義した（小島・岡部 2003）。そしてシリーズを刊行するための基盤となった研究プロジェクトが、「文部科学省平成 15 年度 21 世紀 COE プログラム『日本・アジアにおける総合政策学先導拠点』」であった。ここで総合政策学は「実践知の学問」と簡潔に定義された。研究プロジェクトの軌跡と成果は、慶應義塾大学学術情報リポジトリ（KOARA）に納められている（総合政策学ワーキングペーパーシリーズ 2003）。

　そしてこのたび総合政策学部は、SFC 創設 30 年を区切りとして、シリー

ズ「総合政策学をひらく」を刊行する。シリーズ「総合政策学をひらく」は、これまでの総合政策学の歩みを振り返り、現在の総合政策学の姿を確認し、これからの姿を展望する試みである。SFC で修学することを選択した学生たちが 30 年先の世界を切りひらく学問を示そう、という試みである。本シリーズは、『流動する世界秩序とグローバルガバナンス』、『言語文化とコミュニケーション』、『社会イノベーションの方法と実践』、『公共政策と変わる法制度』、『総合政策学の方法論的展開』の 5 つの巻によって構成されている。各巻のねらいは、それぞれの「はじめに」および「序章」が詳細に論じている。

　本シリーズの編集委員会は、2021 年 8 月に立ち上がった[2]。2019 年 12 月にはじまった新型コロナウイルス感染症の世界的な感染爆発、そして 2022 年 2 月のロシアによるウクライナ侵攻は、人間社会に大きな衝撃をあたえ、秩序の流動を強く促している。所収された各論文の筆者は、30 年後の世界に生きる学生たちの姿を思いながら執筆したに違いない。

　本シリーズの刊行は、湘南藤沢キャンパス教職員、慶應義塾大学出版会の編集担当者による共働の成果である。関係するすべての方と本シリーズの刊行を慶びたい。刊行にあたっては、慶應義塾大学からさまざまなご支援をいただいた。伊藤公平塾長、土屋大洋常任理事に感謝したい。

2023 年 1 月

総合政策学部長　加茂具樹

---

1)　岡部光明編『総合政策学の最先端 I　市場・リスク・持続可能性』慶應義塾大学出版会、2003 年。金子郁容編『総合政策学の最先端 II　インターネット社会・組織革新・SFC 教育』慶應義塾大学出版会、2003 年。梅垣理郎『総合政策学の最先端 III　多様化・紛争・統合』慶應義塾大学出版会、2003 年。香川敏幸・小島朋之編『総合政策学の最先端 IV　新世代研究者による挑戦』慶應義塾大学出版会、2003 年。

2)　編集委員会は、加茂具樹総合政策学部長・教授、神保謙総合政策学部教授、廣瀬陽子総合政策学部教授、宮代康丈総合政策学部准教授、山本薫総合政策学部専任講師、琴坂将広総合政策学部准教授、宮垣元総合政策学部教授、新保史生総合政策学部教授、和田龍磨総合政策学部教授、桑原武夫総合政策学部教授、清水唯一朗総合政策学部教授によって組織された。

参考文献

加藤寛（1989）、「未来は君たちのものです　慶應義塾 SFC を志望する諸君へ」『慶應義塾大学湘南藤沢キャンパス　総合政策学部　環境情報学部　（1990 年 4 月開設）』慶應義塾湘南藤沢新学部開設準備室。

加藤寛・中村まづる（1994）『総合政策学への招待』有斐閣。

小島朋之・岡部光明（2003）「総合政策学とは何か」『総合政策学の最先端』慶應義塾大学出版会。

「平成 15 年度　文部科学省 21 世紀 COE プログラム研究拠点形成補助金『日本・アジアにおける総合政策学先導拠点』研究成果」（総合政策学ワーキングペーパーシリーズ 2003）https://koara.lib.keio.ac.jp/xoonips/modules/xoonips/listitem.php?index_id=77910

國領二郎（2006）「巻頭の辞」、大江守之・岡部光明・梅垣理郎『総合政策学　問題発見・解決の方法と実践』慶應義塾大学出版会。

國領二郎（2008）「政策 COR の軌跡と意義」『KEIO SFC JOURNAL』第 8 巻第 I 号、7-19 頁。

土屋大洋（2021）「巻頭言　特集　古くて新しい総合政策学のすすめ」『KEIO SFC JOURNAL』第 21 巻第 I 号、4-5 頁。

目　次

序章 | 総合政策学・社会イノベーション・SFC

宮垣 元・琴坂将広

I　総合政策学における社会イノベーション

　社会イノベーション（Social Innovation）を厳密に定義するのは難しい作業だが、そこに共通する含意は、社会課題を解決するための革新的な方法を生み出し展開するプロセスというものであろう。そのプロセスには、既存の枠組みにこだわらず、異なる主体やアイデアの協働や融合が含まれている。当然、社会課題の複雑な現実や革新性の中身そのものに関心が向かうに違いないが、本書では、そのことは前提としつつ、方法を生み出し展開する一連のプロセスそのものにより強い関心をおいている。

　もとより、様々な分野や主体からのアプローチがあり、そのレベルもミクロからマクロにまで及ぶのが社会イノベーションの射程であるから、そこに含まれる実践も議論も様々であるに違いない。しかし、そのいずれであっても、重要なことのひとつは、個々の実践プロセスに潜む何らかの方法的知見を析出することだろう。そうして個々の実践をひらくことは、社会イノベーションを一事象にとどめず、広く展開し実現していくために必要であるだけでなく（実践的応用）、同時に何が生じているのかを深く理解する上でも重要だからである（学術的探求）。もちろん、そうした方法を展開し応用できる範囲もまた様々であるだろうが、いくつかの「勘所」を得ることができれば、次に続く実践にとって有意義なものとなるに違いない。方法と実践という書名は、こうしたことを意図したものである。

　研究や教育に関わる書物において「勘所」という表現はあまり似つかわしくないかもしれない。それでもあえて勘所というのは、社会イノベーション

を捉え、実践するためには、既存の学問的体系や制度的体系では扱うことが
いまだに難しく、ともすればそうした個別の分野や領域だけではこぼれ落ち
る要素にこそ、重要な手がかりがあると考えられるからである。そしてこの
ような関心のおき方は、本書の由来と位置づけによるものでもある。

　類義語も含め「社会イノベーション」を冠する書籍はもはや珍しくなくな
ったが、その中にあって本書の立ち位置は少々異なる。その違いは、本書が
「総合政策学をひらく」と題する全5巻からなるシリーズの中に位置づけら
れているということであり、そのシリーズは慶應義塾大学湘南藤沢キャンパ
ス（SFC）のスタッフにより執筆・編纂されているという点にある。とりわ
け本書は、SFC の教育理念や研究スタイルと密接に関連している。

　総合政策学に社会イノベーションが位置づけられることについては、そも
そも総合政策学とは何かという問いと切り離すことができないが、本書で特
に強調しておきたいのは、その学問的態度である。総合政策学では、政府と
市場、営利と非営利、組織とコミュニティ、そして様々に制度化された個別
政策分野や研究分野などの、既存の理論的・制度的枠組みを縦横に架橋・越
境することを重視する。新しい枠組みや関係性を構想し、これからの社会が
向き合うべき課題を導出し、みずから先導的に取り組む諸活動は、その中に
こそ生まれる。これまでにも SFC が数多くの社会イノベーションを生み出
してきたのは、こうした越境性や創発性に依るところが大きい。

　こうした新しい結合は、ビジネスには社会性が、NPO／NGO には持続可
能性が、行政には協働が求められる時代にあって一層重要となってきており、
そうした活動や集団組織の新たな捉え方も求められている。また、実際の社
会的課題も、様々な分野の融合によりアプローチされるようになってきた。
こうした状況は、社会イノベーションとして取り組まれていることのまさに
核心的部分と大きく重なり合う。すなわち、今日の総合政策学を深め、もし
くは実践する上で、社会イノベーションという発想は欠かすことができない
のである。

II 社会イノベーションの多様な理解

　そもそも「社会イノベーション」という用語自体は、どこか新しいイメージや響きを持っているようで、決して流行の言葉ではなかった。古くは、1960年代後半から70年代には、社会学分野や行動科学、メンタルヘルスや都市計画の分野などでも異なる文脈の中でその語を冠した文献がみられる（例えば、Taylor 1970；Rosenbloom and Marris 1969など）。80年代以降は技術革新との関連で経営戦略や組織に関する議論の中でもこの語をみることができる。さらにいえば、この概念の起源を、広く認知されているシュンペーター（Schumpeter, J.）やドラッカー（Drucker, P.）以前にまで遡り、社会変動につながる特殊な社会的行為を考察したヴェーバー（Weber, M.）に求めるという見方もある（Anheier et al. 2019；Moulaert et al. 2019）。ある社会の構造が常に一定かつ所与のものでない以上、それまでの状況や関係性を大きく変容させることの要因や方法については、理論か政策かにかかわらず、どの時代においても重大な関心事であるに違いない。

　もっとも、アンハイヤーなどによれば、今日のような含意でこの概念が中心的に論じられるようになったのは、1980年代から90年代初頭にも一部でみられるものの、主には2000年代に入ってからだという（Anheier et al. 2019など）。他にも、制度そのものの創造や破壊などを行う制度的変化に関心をおく制度的実践（institutional work）の概念も近年再び盛り上がりをみせている（Gidley and Palmer 2021など）。関連概念も含め、社会科学全般からこのことにアプローチするようになったのは、比較的近年のことだといってよいだろう。イノベーション研究において1986年から2013年の書誌データ分析を行ったものにおいても、文献そのものは長らく存在しているなかで、2003年より離陸期に入ったとしている（van der Have and Rubalcaba 2016）。

　また、政策研究の側からも、これと近似する期間（1983–2013）の書誌データからのレビューがある（Ayob et al. 2016）。これによれば、その源流は19世紀末のタルド（Tarde, G.）の社会学研究や20世紀初頭のホーガン（Hoggan, F.）の論文において、社会関係の技術革新への影響や、技術革新の社会的インパクトに関する議論として見出せることを確認しつつも、21世紀に入る頃か

ら急速に広く用いられるようになったという。以降の研究は、社会関係、社会的インパクト、社会関係と社会的インパクト、技術革新と社会関係という4つの主題に分類されると整理している。そして、2000年代以降には、社会関係の新しい形態が社会の変化をもたらす、プロセスとしての社会イノベーションに焦点をあてた広義の理解が支配的になる。ここでの社会イノベーション理解には、個人レベルや組織レベルでの新しい形の協働が含まれ、その結果新しいアイデアが生じること、その実施方法において既存の関係の再構築につながる可能性があること、生活の質量を向上させるような社会的にプラスの価値を生むことまでの一連のプロセスと見なすことができる。

　こうして、社会イノベーション概念は特に2000年代以降において広く用いられるようになったが、結果として、多岐にわたる分野と多くの主体やレベル、長期にわたるプロセスを含むものとなった。こうした拡散する概念を、それぞれの立場から整理し統合しようとする研究は多く存在するが、必ずしも統一された合意があるわけではないというのが唯一の合意ともいえる状況にある。それ故に、精緻化された概念というよりも、疑似概念や準概念として扱うことを提案する立場もある（Anheier et al. 2019）。

III　社会イノベーションが求められる時代

　ここで重要なことは、その定義以上に、同時期に様々な分野で社会イノベーションへの関心が急速に高まったという社会背景であり、さらに、この概念を持ち出すことで何が生じたかの方にある。

　社会背景については、いうまでもなく1990年代から2000年代の世界情勢や社会情勢の大きな変化がある。冷戦後のグローバリズムの進展、アメリカ同時多発テロと対テロ戦争の時代、リーマンショックと世界規模の金融危機などの世界情勢の大きな変化は、その後の政治・経済体制のみならず、私たちの日常にも深く影響を及ぼしてきた。気候変動やエネルギーをはじめとする環境問題や、少子高齢化や労働問題、社会保障に直結する人口問題、貧困や格差、差別や不平等の問題などは依然深刻な状態にある。日本においても、バブル経済の終焉後、日本型雇用慣行も大きく変容した。阪神・淡路大震災

や東日本大震災をはじめとする数々の大規模災害、地下鉄サリン事件に象徴される数々の社会不安が繰り返し起こってきた。そして「失われた10年（20年とも、30年ともいう）」とされる、長らく続く社会経済の停滞がある。今日の日本の若者は、日本社会が停滞し縮小するトレンドの中で育ってきており、このことの責任を誰も果たせていない。いずれも解法のない、深刻な課題でありながら、市場や政府の失敗に代表されるように、既存のシステムが抱える困難が指摘されて久しい。こうした中にあって、革新的なブレークスルーが求められるのは当然のことだともいえる。

　しかしながら、社会イノベーションは、あたかも魔法の杖のように一夜にして何かを解決するものではない。前述の通り、多様な視角とその捉え方があり得る以上、唯一の処方箋として確立しているものでもない。むしろ、困難な状況に対して新しい方法を生み出すために、既存の知見や取り組みを理解しながら、漸次的に試行錯誤すること自体を重視する（それ故、革命ではなく革新というのであろう）。乗り越えなければならないのは既存の立場や枠組みであり、それにより協働的取り組みを進めることではじめて社会イノベーションは可能となる。そして、何事もその経緯や立場から自由でいられないことを踏まえると、重要なことは既存の関係や構造をいかに組み替えられるか、その契機をどのように生み出せるかにかかっているともいえる。逆説的ではあるが、社会イノベーションという概念を持ち出すことによってはじめて、広く社会科学全般はもとより、自然科学や人文学との接点と対話の機会をより生み出し、さらには政策（担当者）や実践（者）との接合につながるのだろう。

　総合政策学は、1990年に慶應義塾大学SFCで産声をあげた。その背景には、1980年代の時代認識や大学やアカデミズムを取り巻く状況に対する問題意識、すなわち、個別学問の限界性や総合的理解の必要性への認識がある。当初ひとつの学部として構想されていたように、双子の学部である環境情報学部も同様である。その後生まれた看護医療学部、大学院政策・メディア研究科、健康マネジメント研究科を含むSFC全体が、このことに取り組んできた。そのSFCにおいて一貫して大きな軸であったのは、「既存の枠組みにとらわれない、様々な知見の越境と統合」「現実の諸課題に対応する枠組み

や分野の創出」「理論と実証、実践の融合」といった、"革新と創造を志向する学問的態度"であったと考えられる。SFCの教育研究を推進する活力の源のひとつであったといってもよい。

その黎明期、「社会イノベーション」という概念はSFCにはまだ存在しなかった。しかし、この30年あまりのSFCの歴史の中において、その学問的態度が社会イノベーションとして概念化され、数々の具体的実践を生み出してきたという側面がある。その意味で、社会イノベーションはSFCの学問的英知の結晶であるともいえるだろう。

IV　本書の構成とねらい

このような背景を持つ本書は、異なるレベルやテーマの事象を社会イノベーションという共通の観点から捉え、新たなアイデア、活動や事業、組織や制度を生み出すプロセスとその条件、多様なアクターやイシューの結合から生じる新たな研究・活動領域の構想と実践、あるいは多様な評価のあり方や意義を中心に論じる。現代社会の直面する社会課題の解決を志向しつつ、とりわけ既存の関係や構造の組み替えの局面（新たな結合・融合による革新と創造のプロセス）に光をあてたいと考える。

以下、本書は大きく創出、融合、変革を軸とする3つのパートに分かれている。以下、簡単にその構成とねらいについて触れておこう。

第I部「インキュベーションの方法と条件」では、まさに新しいセクターや組織、活動・事業、アイデアなどを「新しく創出する」という局面に焦点を絞り、そのプロセスと実現のための諸条件や方法について述べる。特に、異なるアクターや要素間の（ときに相矛盾する）価値の衝突が生じさせるイノベーションの核心を主題に論じる。第1章「経営を科学する——その黎明期から現代のスタートアップ企業における挑戦まで」では、企業の経営を改善、革新していく活動を有史以前にまでさかのぼり、現代にいたるまでの進化の過程を概観することで理解を深めようとしている。一子相伝、暖簾分けで知見の蓄積と継承を行っていた時代から、現代のスタートアップのようにアルゴリズムを駆使した機動的な経営手法まで、経営を科学する、という行

為の進化を垣間見ることができる。第2章「テクノロジーを基盤とした新しい働き方・協働・デジタル組織」では、この間のデジタル・テクノロジーの進化が、コミュニケーションや協働のあり方を変革し、新たな組織形態を生み出してきたことが述べられる。とりわけ、テクノロジーと組織の相互作用に着目し、組織の境界を超えて流動的・分散的に生まれる協働の形態、およびそれを支えるデジタル組織文化について検討される。第3章「社会イノベーションを生み出すNPOの複雑性」では、NPO／NGOやソーシャルビジネスに代表されるソーシャルセクターの諸組織が、その組織や活動を柔軟に変容させながら社会課題に向き合ってきた点に着目する。こうした諸組織が実現する社会イノベーションを振り返り、これらに内在する社会性（解決志向）と事業性（持続志向）のせめぎ合うプロセスなどの特性から、組織や活動が創出メカニズムを導いている。第4章「個人から社会へのイノベーション」では、ミクロレベルから立論される。イノベーションを起こすには新しい発想が必要であるが、個人の頭・心・身体から生まれた発想をより大きなスケールにしていくためにどのような方法があるのか。それらを発想法およびデザイン論から概観しつつ、近代的合理主義を超越した社会を発想するアプローチとしての日本的思考について言及されている。

第Ⅱ部「新領域創造のプロセスと実践」の主題は変容する現実社会に対応した異分野融合による新領域の開拓と実践である。SFCの30年は、未だ課題化されていなかったイシューを捉え、それに向き合うための新たな学問領域や活動分野などを創出してきた歴史でもある。従来の枠組みの可能性と限界性を指摘しつつ、領域融合・創造の必要性、実践プロセスからみえる意義と課題について論じる。とりわけ本書では、人間の安全保障といのちに直結するケアと減災という問題を取り上げ、近年の動向も踏まえた新たな展開について述べられる。第5章「ヘルスケア変革のためのコミュニケーションの研究と実践」では、人々の健康を支える仕組みや営みが、長きにわたり専門家の手に委ねられてきた点を批判的に検討し、健康・医療の様々な課題を、市民の手に取り戻すための実践と学問の融合、人々の意識、コミュニティ、社会制度の変革をもたらす方策を、ヘルスコミュニケーションという切り口から論じている。第6章「減災ケアのためのコミュニティ情報学」では、気

候変動の影響で災害が多発する現代社会において、災害を日常との連続で考える必要があるとの認識から、生命・健康・生活を守り回復させていくために必要となるロール・ルール・ツールについて、コミュニティ・レジリエンスと情報ガバナンスの視点から論じられる。第7章「持続可能な社会構築のためのグリーンインフラ」は、コンクリートを中心としたインフラ（グレー）に対して、自然の仕組みに立脚したインフラという意味で使われている。国際自然保護連合（IUCN）がより包括的な考え方として提案している自然に根ざした解決策（NbS）も含め、グリーンインフラがいかに社会イノベーションに貢献できるかが議論される。第8章「減災まちづくり」は、東日本大震災で壊滅的な被害を受けた女川町を事例とし、環境、インフラ、人間の行動を総合的に俯瞰しつつ、ダイナミックに創出される進行形のまちづくりの記録である。

第Ⅲ部「社会イノベーションの評価と展望」では、グローバル／ローカルの制度的枠組みや社会構造、新たなプラットフォームを創造する政策や取り組みを歴史的に振り返り、その批判的検討から社会イノベーションを達成するための方策と課題を導出する。これまでの取り組みから社会イノベーションの多様な評価のあり方を提示しつつ、次の30年の方向性を展望するパートである。まず第9章「『新しい公共』概念とその政策形成過程を振り返る」は、「新しい公共」という概念の生成と政策形成について、筆者自身がこの政策形成過程の当事者であったという経験を踏まえ、その視点・立場からの「手記」というかたちで、その流れが跡づけられていく。当時の議論や取り組みは、今日求められる参加型民主主義のあり方を考える上で重要な論点を提示していると思われるが、そのための貴重な記録でもある。第10章「ポスト工業化社会における公助と共助の変容」では、ポスト工業化時代のドイツ社会国家を糸口として、産業構造の変化や少子高齢化の進展などに呼応して公助と共助の射程が変容した過程や、それに伴う課題を解明する作業を通じて、社会的課題への融合的アプローチを歴史的に評価している。第11章「社会イノベーションのプラットフォーム」は、行政、NPO、企業、大学など、目標も動機も行動原理も異なる多様なプレーヤーが協働するための条件を検討する。開かれた議論の場、合意形成のルール、少数者のイニシアチブ

でもインキュベートできる基盤的サービスなどを提供することによって、多様な主体の協働によって創発的な価値創造を行うことを可能とする「協働のプラットフォーム」が提示される。第 12 章「SDGs にみる変革への革新的アプローチ」では、SDGs が目標設定を広範に行う一方で、実施ルールをグローバルでは詳細に決めない「目標ベースのガバナンス」の形態をとることに着目し、目標からスタートしたバックキャスティングやイノベーションを呼び起こす可能性について検討される。こうした新たなグローバルガバナンスの方法としての SDGs と「目標ベースのガバナンス」の可能性を探る。

　そして、本書の最後にあたる終章「越境し創造する精神とその条件」では執筆者による座談会を行った。本書の主題に沿いながら、もうひとつの重要なテーマである社会イノベーションと教育について、SFC での教育やその成果をひもときながら、多角的に論じられることになる。SFC という教育研究の場が、いかに社会イノベーションと親和的な空間であるかを感じ取っていただければ幸いである。

参考文献

加藤寛・中村まづる（1994）『総合政策学への招待』有斐閣。

岡部光明編（2003）『総合政策学の最先端 I——市場・リスク・持続可能性』慶應義塾大学出版会。

金子郁容編（2003）『総合政策学の最先端 II——インターネット社会・組織革新・SFC 教育』慶應義塾大学出版会。

梅垣理郎編（2003）『総合政策学の最先端 III——多様化・紛争・統合』慶應義塾大学出版会。

香川敏幸・小島朋之編（2003）『総合政策学の最先端 IV——新世代研究者による挑戦』慶應義塾大学出版会。

孫福弘・小島朋之・熊坂賢次編著（2004）『未来を創る大学——慶應義塾大学湘南藤沢キャンパス（SFC）挑戦の軌跡』慶應義塾大学出版会。

大江守之・岡部光明・梅垣理郎編著（2006）『総合政策学——問題発見・解決の方法と実践』慶應義塾大学出版会。

Anheier, H. K., G. Krlev and G. Mildenberger eds.（2019）*Social Innovation: Comparative Perspectives*, New York, NY: Routledge.

Ayob, N., S. Teasdale and K. Fagan（2016）"How Social Innovation 'Came to Be': Tracing the Evolution of a Contested Concept", *Journal of social policy* 45（4）, 635–653.

Gidley, D. and M. Palmer（2021）"Institutional Work: A Review and Framework based on Semantic and

Thematic Analysis", *M@n@gement* 24 （4）, 49–63.

Moulaert, F. and D. MacCallum （2019） *Advanced Introduction to Social Innovation*, Cheltenham, UK and Northampton, MA, USA: Edward Elgar Publishing.

Rosenbloom, R. S. and R. Marris eds. （1969） *Social Innovation in the City: New Enterprises for Community Development*, Cambridge, MA: Harvard University Press.

van der Have, Robert P. and L. Rubalcaba （2016） "Social innovation research: An emerging area of innovation studies?", *Research Policy* 45 （9）, 1923–1935.

Taylor, J. B. （1970） "Introducing Social Innovation", *The Journal of Applied Behavioral Science* （6）, 69–77.

第Ⅰ部
インキュベーションの方法と条件

第1章 経営を科学する
その黎明期から現代のスタートアップ企業における挑戦まで

琴坂将広

経営における社会イノベーションの手法とその評価

　経営を広く捉えれば、それは2人以上の個人による集団が、目的の達成のために協調する活動を継続的に行う際に必要となる一連の行動、それに伴う意思決定と考えることができる。今日、経済と社会は経営に担われ、経営によって前進している。経営は社会イノベーションにとって不可欠な活動であり、ときにその中核となり得る活動である。

　本章では、将来、もしかしたら遠くない未来に社会変革を担うであろう次世代のリーダーに向けて、経営という行為とそれを行う組織と個人の歴史的発展を概観し、また経営革新の最前線に立つ起業家が実践する経営のあり方に関して、かみ砕いて伝えていこうと思う。

　無論、過去の解釈には無数の道筋があり、また数千年の経営の進化を端的にまとめるのは乱暴な行為である。しかし、一定の簡素化に伴う煩雑さは許容し、初学者でも最低限の理解を得ることができることを優先したい。より深く学びたい読者は、本文で紹介する参考文献などに触れることを薦める。

I　経営という行為と、それを行う組織と個人

　経営という行為と、それを行う組織と個人は、有史以前から存在すると考えられる（琴坂 2014）。人類が言語の体系化を成し遂げる以前、人類の祖先は原始的な組織を形成し、その組織を単位として協調行動を進化させていった。この協調行動は、広い定義で言う経営の起源であり、現代につながる経

営の進化の歴史の出発点であった。

　人類は、その知の体系を幾多の世代を超えて伝承してきた。それぞれの世代が過去を学び、それをときには進化させ、それをさらに次の世代に伝承してきた。経営の進化も同様である。過去の世代からの伝承を現世代が受け、それを現世代が日々実践し、その実践の成功と失敗が積み重なり、さらにそれが次世代へ伝承されることで経営は進化した。

　しかし、近代に至るまで、経営を科学しようとする試みは、各所での散発的な取り組みはあったであろうが、体系的な取り組みとして広範に行われるようなことはなかった。経営は、例えば「秘伝のタレ」のように、ときには一子相伝に近い形で、それぞれの組織の内部で伝承された。すなわち経営のあり方、手法の探求は少人数の集団、もしくは個人の試行錯誤を中心としたいわば非効率な手法で行われていた。

　組織の壁を越えて指南する人物や組織も一定程度は存在した。しかし、それはあくまで経験則に基づく基礎的な知見の伝承の域を越えなかった。のれん分けのように、先行する組織でその知見を実践し吸収した人材が新たな組織を立ち上げる形で徐々に一定の方法論が拡散することは多々あった。しかし組織を超えた知見伝播は、一部の例外を除いて散発的であり、戦略的・意図的というよりも、組織の新陳代謝に伴い自然に発生した慣習に依存していた。確立された基本の型が大きく変化することはまれであり、経営の進化は漸進的であった。

　つまり、経営という行為と、それを行う組織と個人は、有史以前に発生し、人類の歴史とともに進化した。経験則の蓄積とその世代間伝承により次第にその知見は深みを増し、そして散発的な組織間伝承により次第に地理的な広がりを広げていった。

II　近代企業の誕生が「経営を科学する」時代の幕開けとなった

　近代に至り、特に19世紀以降、鉄道と電信の発展にも助けられ、大規模な流通網、そして生産設備が登場、経営組織が大規模化した（Chandler 1977）。過去においては国家や、一部の大商家のみが持ち得たような巨大な組織が多

数登場する中、これまでの経営の限界が次々に露呈した。これまでとは異なり、組織的に体系的な調査と改善を行い、確立された手法と事実をもとに経営をすることが、経営組織の生き残りに不可欠な時代となった。

こうした時代の変化を背景として、「経営を科学する」という考え方が急速に進化した。19世紀終わりから20世紀初頭にかけての、体系的な、そして事実に基づいた経営改善の取り組みを取りまとめたテイラー（Taylor, F.）の「科学的管理法の原理」（Taylor 1911）は、こうした取り組みのひとつの金字塔と言われる。

テイラーは、製品の製造に必要な一連の工程を一つひとつの作業に切り分け、それらの作業に必要な工具、時間、動作を論理的に分析し、標準化した。全体最適を目指す論理的かつ数学的なアプローチをとることで、ときには作業量を4倍近くに引き上げ、賃金を6割程度増加させ、必要な費用を半減させた。

さらにテイラーは、大規模な工程を安定的に運用するため、作業員一人ひとりの技能習熟や体力にできる限り依存しない工程デザインを好んだ。段階的賃金制度、職能別組織、勤怠評価制度の導入を推進し、現代の大規模組織の構造の原型を磨きこんだ。

世界的に展開する経営コンサルティングファームであるマッキンゼー・アンド・カンパニーも、その創業当初は会計帳簿の分析から経営課題を見出し、未来に向けた経営方針を描き出すことを出発点としていた（McDonald 2014）。

同社の創業者であるジェームス・O・マッキンゼーは、1889年に米国で生まれた。彼は大学院で会計学を修めたのちに大学で会計学を教え始め、1921年からは民間企業へのコンサルティングを始め、1926年に同社を創業した。

テイラーが生産工程の細密な分析から改善提案を積み重ねていったのと同様に、マッキンゼーは企業の帳簿、予算を細密に分析することから、事実と分析を背景として、未来の戦略を提言する方法論を確立した。経営管理と工程管理、この二軸が初期においては製造業、また後にはそれ以外の業種においても組織の生産性を大きく改善した。

こうした方法論は、例えばマッキンゼー・アンド・カンパニーのGSO（General Survey Outline）という企業診断手法として体系化される。そして、こ

の確立された手法は、これまでの経営コンサルティングが自身の経営経験も豊かなコンサルタントの属人的な見識に依存していたのに対して、事実と分析力を重視していたこともあり、より若く才能あふれる人材に活躍の機会を与えた。すなわち、経験の蓄積や事例の知識に頼るのではなく、その場の事実の収集とその分析を通じて最適な答えを論理的に導き出す、まさに科学的な手法の登場である。この変化は、ビジネススクールの成長とも伴い、経営企画を担う人材の多数の産業への大量供給、そしてそれによる企業経営の高度化をもたらしたのである。

　こうして、20世紀初頭の企業は、外部コンサルタントと、経営者、経営幹部が主導し、かつてない変革を遂げた。彼らは、現場を正確に把握し、数値を体系的に記録し、そこから経営改善に向けた意味合いを見出し、その実行のために、組織と制度を設計し、マニュアルを整備し、スタッフを動かした。こうした手法が組織的に磨きこまれ、またその手法を習得した人材が、多様な産業領域に大量に供給された。

　同時に、複雑化、巨大化した経営組織が、専門職としての経営者、そして経営幹部を多数必要としたことも、経営革新の速度を世界的に速めた理由と言えるだろう。売上と利益を成長させる圧力に絶えずさらされながら、しかも多数の事業を複数の地域で展開する大規模組織は、有史以前から脈々と続いた過去からの知見の継承や、経営者個人の経験則に基づく経営では、とても舵を取ることができなかったのである。

III　誰が何を科学をするのか、の転換点

　太平洋戦争の終戦を経て、日本は焼け野原となった。その後、日本経済が奇跡といわれる回復と成長を見せた理由は多岐にわたる。東西冷戦がもたらした地政学的な要因、例えば朝鮮特需のような要因も確かに存在する。しかし、特に経営学の観点から鑑みれば、戦後日本が確立した独特の経営のあり方の貢献は計り知れないものがあった。

　経営哲学者のドラッカー（Drucker, P.）は、知識労働者の仕事の生産性向上には、必ずしもテイラーの説いた科学的管理法は適切ではないと説いた

（Drucker 1993)。戦後の経済成長を牽引した商品・サービス群は、これまでの経営のあり方とは異なる常識を求めるものだった。こうした背景に対して、偶然と必然の絶妙なめぐり合わせにより、高度経済成長、安定成長期を通じて、日本企業は知識労働者の生産性向上に資する独特の経営体系を確立してきた。

　端的に言えばそれは、トップダウン、上意下達の経営管理からの転換である。より現場の力、スタッフの力、組織の力と自主性を引き出す経営への転換であり、組織内において知識が還流し、醸成されていくメカニズムの確立への進化であった。

　こうした経営のあり方の世界的なテンプレートとなったのは、トヨタ自動車において熟成され体系化された、いわゆるトヨタ生産方式、あるいはリーン生産方式といわれる手法であり、その背景に存在する経営哲学であろう。トヨタ生産方式の体系化においては、現場の力が最大限に発揮されたという。トヨタ生産方式は、限られた数のエンジニアが机の上で検討し、それを現場に実装したのではなく、現場で働く無数の労働者が、日常の生産活動からの気付きを無数の小さな改善に結びつけることで進化した（大野 1978)。

　QC（クオリティ・コントロール）サークルと呼ばれるような従業員の活動は、当初は業務時間外に無給で行われた。従業員は単に与えられたタスクをこなすだけではなく、そのタスクをどうすれば改善できるのか、またタスクの集合である工場全体の生産性を、どうすれば引き上げていけるのかを日々考えるようになった。

　すなわちこれは、現場現業のスタッフが現物を確認しながら一つひとつ試行錯誤しつつ答えを見出していくアプローチである。構成員一人ひとりがオーナーシップを持ち、ときには業務時間外にも協業し、経営革新を進めた。一人ひとりの目と耳と手が、経営を前に進めたのである。経営の現場は、実行の現場であると同時に、改善の現場ともなった。経営陣だけが革新を牽引するのではなく、組織全体が革新を牽引すべき時代が到来した。

　経営は、部長や課長といった中間管理職と呼ばれるミドル・マネジャーの活躍によってもより強く左右されるようになる。重量級プロダクト・マネジャーと呼ばれるような、開発、生産、販売における重要な意思決定を担う中

間管理職は、組織の壁を越え、企業全体の業績をも左右する重要な影響力を持つに至る（Clark and Fujimoto 1990）。

　集団的な、しかし属人的な取り組みから始まった日本企業の経営は、次第に組織化し、生産現場以外にも波及していく。戦後日本が一貫した経済成長の時代を経たこともあり、成長企業においては次第に年功序列、終身雇用が定着していく。仕事を頻繁に変えることが知識労働者にとっては一般的ではない時代が訪れ、日本の市場と組織は、閉鎖的であることで知識還流の濃度を高めていった。

　日本的経営が成し遂げた独自の経営手法は、知識創造経営とも解釈される。野中幾次郎らが日本企業の研究から提唱した SECI モデルは、暗黙知として従業員間に醸成された知識が形式知として組織により広く浸透し、その形式知の蓄積がさらなる暗黙知の形成を可能としていく相乗効果を提唱している（Nonaka 1991；Nonaka and Takeuchi 1995）。

　これは人のつながり、人のインタラクションで経営するということであり、その密度を引き上げていく経営のひとつの究極系であったのではないだろうか。経営は、現場において、実際に作業に取り組むスタッフの手によって科学されていた。より事実に近い人間が、より実態に即した改善を日々重ねていく、その積み重ねが経営を科学していた。

　無論、これは組織の構成員にいわば人生をなげうつほどのコミットメントを求める経営のあり様であった。こうした経営のあり方は、日本のいわゆる「学歴社会」の構造に連なり、個人を組織内の出世競争に縛り付けるインセンティブ構造を持っていた（竹内 1995）。しかし、こうした仕組みに支えられた組織は、極めて柔軟に人材配置を行い、優秀な人材を囲い込むと同時に、低位層の人材のモチベーション維持に成功する。組織の構成員は、業務時間を超えて濃度の高いインタラクションを継続し、多面的に組織内で有機的につながり合い、それぞれの知見の新結合を容易にした。

　組織の構成員が、現場を舞台に地道な改善を組織的に継続しながら、組織内で有機的につながり合いながら新たな発想を生み出していくとき、組織内にはより複雑な、そして数字には表しにくい情報の流れが生まれた。その流れを大河とできる組織が、より強い競争力を育て、さらに力強く成長してい

くような時代が続いたのである。

Ⅳ　仮説思考計画法とリーン・スタートアップ

　潮目の変化は、情報化社会の本格的な到来によって訪れた。1980年代後半から1990年代にかけて、ソフトウェアがより強い支配力を持つ時代へと、次第に変化していく。ソフトウェアやインターネットサービスが市場競争のひのき舞台に立ち、モノづくり以上に試行錯誤が許容され、ときには限られた数の天才の発想が、そのまま組織の競争力に直結する新たな競争環境が新たな常識となった。

　米国のシリコンバレーでは、こうした新しい競争環境を背景として、不確実な事業領域に対して、短期間で必要な資金と人員を投入し、試行錯誤を繰り返しながらも、しかし競合に先駆けてイノベーションを届けようとする事業開発の手法が次第に確立されていった。

　その哲学の根底にあったのは、仮説思考計画法とも呼ばれる事業創造の考え方である。これは例えば、顧客や競合、または自社の製造や流通に関する情報が充分に手に入れられない状況であっても、まずは仮説を立て、その仮説に基づいて事業開発を推進し、その推進の過程から徐々に仮説の精度を高めていく考え方である（McGrath and MacMillan 1995）。

　これは事業開発の初期においてコントロール可能な失敗を許容し、試行錯誤を積み重ねることで答えを見出していくアプローチである。市場から経営資源をより容易に、機動的に調達できる環境下において、経営資源をつぎ込み、一定の非効率も許容しつつ、その一方で事業開発と成長のスピードを得ることを目指すアプローチとも言える。こうした考え方は、スピードを重視する。集団による時間をかけた検討ではなく、思考能力の高い、未来に対する感度の強い一定の個人による判断の強みが増す。起業家に対する注目が高まり、起業家を中心とした機動的な新設企業に、多数の人材と多額の資金、経営資源が集約される動きが力強く生まれた。

　行動を起こす前に入念に検討し、情報を収集して、計画を立てて、万全の準備をしてから実際に手と足を動かすのではなく、手と足を動かしながら検

討し、情報を収集し、計画を修正し、事業を編み上げる。こうした考え方は、2011年頃には「リーン・スタートアップ」（Ries 2011）という考え方として体系化され一般にも広く知られるようになった。

　このリーン・スタートアップの考え方は、その源流をたどると、トヨタ生産方式に行きつく。トヨタ生産方式は世界に広まり、リーン生産方式という言葉で広く知られていた。リーン生産方式は、テイラーの時代のように経営者やエンジニアが設計、計画した生産方式を単に労働者が実行する形をとらない。トヨタ生産方式のように、製造ラインのスタッフがそれを絶えず進化させることを前提とする。すなわち、最適解を事前に検討し尽くすのではなく、絶えず最適解を探し続けることを常とする。

　不確実性の高い経営環境に置かれるスタートアップにとって、事前にすべてを計画することは不可能であり、むしろ意味がない。状況が刻一刻と変わる中で、今必要な答えは今しか導き出せない。リーン・スタートアップの考え方は、こうした新産業領域で戦う企業群に広く受け入れられる考え方であった。

　こうした経営環境を前提とすれば、財務諸表上の売上や利益など、財務的な遅行指標だけでは経営を語れないことも重要な現実である。絶えず変革に挑み、刻一刻とその姿を変えていく急成長企業は、即時に経営の状況を把握し、それを次のアクションに活かすため、例えばKPI（Key Performance Indicators）とも呼ばれる非財務的な先行指標を計器として事業の状態を把握している。

　例えば、個人向けのウェブサービスであれば、訪問者数、登録会員数、有料会員数、継続率、満足度などがそれにあたる。法人向けのサービスであれば、面談件数、提案件数、成約件数、受注総額、契約継続率などがある。自社の組織と事業にとって重要な要素を指標化し、その指標の推移をできる限りリアルタイムで、可能な限り継続的に把握するのである。

　特にオンラインで提供されるサービスは、大量の顧客のリアクションが、一瞬で手に取るように分かることも特徴的と言えるだろう。圧倒的な情報量があるが故に、サービスの改善頻度も、速度も速い。

　いわゆるA/Bテストといわれる手法は、比較対照試験の簡易版である。

トリートメント・グループには改善候補の機能を提供し、コントロールグループには元々の機能か、もしくは他の候補となっている機能を提供する。単純化すれば、もしそのサービスが毎日10万人に利用されているのであれば、前者を5万人に提供し、後者を5万人に提供することもできるだろう。デジタルでサービスを提供していることの強みを最大限に発揮し、網羅的に、リアルタイムに収集したデータを、機動的かつ大規模なサービス改善につなげている。

　こうした、検証すべき項目を構造化して把握し、一つひとつの事実を機動的に検証しながら事業を作り込んでいく構造的なアプローチは日々発展している。例えば、A/Bテストを設計し、実行する際に行動経済学や認知心理学などの知見を応用することができる。網羅的なテストを絶えず行い続けるため、検証をアルゴリズムで設計し、いわば人工知能のように半自律的に検証が設計され、それが実行されるようにもできるのである。

　例えば、先ほどのように毎日10万人が利用しているサービスであれば、価格決定の理論をもとにしつつ、ある追加サービスの価格を、400円にするのがよいのか、398円にするのがよいか、それとも200円や198円まで値下げすればよいのかを、それぞれ2.5万人ずつに提示し、検証することができる。統計的に有意な検証数が確保できるのであれば、この値段の階段はより細緻に設計することもできるだろう。

　マーケティング戦略を検討するとしても、「あなただけにお届けします」がよいのか、「みんなが使っています」がよいのか、「買ってもらえないと困ってしまいます」がよいのか、「売れすぎてしまって、困っています」がよいのかなど、その商品やサービスの性質に対してどのような表現が最適であるかは、マーケティングの知見も活用しつつ、実際のデータを用いて機動的に検討する必要がある。こうした検証を細緻に構造化し、それを日々順序よく、しかし圧倒的な速度で実行していく。それがシステムの上でデジタルに行われる時代となった。

　経営組織は、アルゴリズムとコンピュータの力を借り、競争力の源泉としての経営の科学を創り上げるようになった。すなわち、経営を「独創的に科学する」ことが競争力に直結する時代である。データサイエンスを中核とし

て、計量経済学、人口動態学、集団心理学など多種多様な科学の蓄積を経営に応用し、それぞれの組織はライバルを出し抜こうと、日々その方法論を磨き込む必死の努力を継続している。

こうした事業革新は、少しずつではあるが、インターネットサービスのみならず、他の事業分野にも広がりつつある。技術と情報を武器に、経営革新、すなわち社会イノベーションの速度を、これまでには想像もできなかった領域にまで、引き上げていこうとする取り組みが随所で進行しているのである。

Ⅴ　アジャイル経営——より機動的な経営の必要性

スタートアップの経営手法は、特にソフトウェア、インターネットサービスの領域において、比較的小規模な組織で実践されてきた。確かに、創業初期においては、絶えず方法論を変えていき、仮説検証を高速度で回していくリーン・スタートアップのような考え方は不可能ではない。しかし、大規模組織においても、経営の機動性を高めるために、より現場思考に、意思決定を高速化させる取り組みが各所で検討されている。

経営の意思決定をより資源投入のフェーズに後ろ倒しして、現場レベルで機動的な判断ができるようにしている企業や、スタートアップ投資など機動的な判断が求められる事業機能を CVC（Corporate Venture Capital）などに別組織化している企業は、その典型例と言えるだろう。取締役や執行役員の数を絞り、組織の階層を最小限として、小規模なチームが自発的に動ける体制を志向する企業は、これまでにない勢いで増加してきた。

こうした経営のあり方の進化系は、アジャイル経営とも呼称される（UZABASE 2021）。この考え方は、ソフトウェアの開発手法として考案されてきたアジャイル開発をもとにしている。開発工程を小さく切り分け、設計、実装、テスト、リリースのサイクルを短期間に高頻度で繰り返していく考え方である。

アジャイル経営は、小規模なチームが自発的に、現場レベルで機動的な判断を繰り返しながら、全社レベルでインパクトを与える戦略的打ち手を創発的に生み出していくことを目指す。

経営陣の数を絞り、経営の意思決定に必要なシステムを可能な限り単純化し、一定のパーパスやビジョンのような組織全体の目的やその目的に至るための方法論、事業や組織に関する考え方の合意形成を図った上で、一人ひとりの構成員が自律分散的に活動し、全体の方向性を描き出していくことを目指す。

　高速度に意思決定を繰り返していく経営を実現するためには、量的、質的の両面において密度と鮮度の高い情報把握が必要となる。その実装を実現するために、経営者は日々、自らがアクセスできる情報の質と量を高めようと尽力する必要がある。

　例えば、製品やサービス自体に情報を発信する仕組みを導入し、絶えず新鮮なデータが自動的に収集される体制が必要となる。例えば、日々の活動のかなりの時間を現場レベルの担当者との丁寧な対話に投じていく必要がある。定量的な数字、特に財務的な数字に関しては、それが入力された時点で即時に意思決定者が一覧できる状態を実現する必要があるだろう。これには、経営の強い意志と経営資源の果敢な投入が必要となる。

　アジャイル経営は、大量の情報をリアルタイムに近い形で取得し、それを直接的にアクションに落とし込むことを目指す。検討や議論の必要のない意思決定を可能な限り自動化し、分からないことを無理に分かろうとするのではなく、分からないことは分からないままにまずは試行し、試行の中から分かろうとする。行動することで情報を取得し、それを評価し、次の行動を決め、それを即座に実行に移していく。その連鎖構造を組織的に作り上げ、それを組織全体の目指す方向性であるパーパスやビジョンによって束ねていくのである。

　こうした経営が可能となりつつある背景には、取得できる情報が限られ、その情報の鮮度も低いという前提の崩壊が存在する。

　テイラーの時代には、コンピュータは存在していなかった。経営管理者、コンサルタントが現場・現地に足を運び、自分自身の目と耳で状況を確認し、ストップウォッチで時間を計測し、紙のノートにペンで情報を記録し、それをオフィスに持ち帰り、人間が計算尺などを用いて人力で分析を進める必要があった。

トヨタ生産方式の時代においても、持ち運べるような大きさの計算機は存在しなかった。情報は限られ、その完全な取得は不可能であるという前提が存在した。より幅広い階層の人間が関わるようになったとはいえ、あくまで人間が、自分たちの目と耳と、手と足を用いて経営の改善を進めていたのである。

　しかし、すでに現代の経営組織は、全情報が取得できないこと、リアルタイムの情報にはアクセスできないことを前提とはしなくなりつつある。例えば、質問票調査やインタビューは、すべての対象者の情報を得ることができないがゆえに進化した調査手法であった。しかし、膨大な情報に、しかもリアルタイムにアクセスできるとしたらこうした調査手法の意義は失われる。

　例えば、BMW は、Nvidia と共同で「デジタルツイン」と呼ばれる仮想空間上の生産設備を構築している（Caulfield 2021）。これは、実際の自動車工場の生産設備をすべてネットワーク上につなげてその情報を常時取得していくのみならず、実際の自動車工場の「双子」を仮想空間上に再現し、その仮想空間上でまずは最適な生産プロセスを検証し、その最適な生産プロセスを半自動的にリアル世界の生産設備に移植し、それを稼働させることを目指している。こうした仮想空間の活用が進めば、圧倒的な情報量を手に入れた上で、それを背景として機動的に実際の生産設備の革新を進めていくことができる。シミュレーションの速度が今後も向上していくのであれば、我々の「時間」を超越した速度で検証を進めることができる可能性もある。我々の現実世界で 300 日はかかるであろう検証を、仮想空間上で 1 日足らずで完了させてしまう可能性もあるだろう。

　この変化は、顧客側においても静かに進行している。例えば、我々はいつの間にか、アルゴリズムに意思決定を委譲している。例えば、飲食店比較サイトの「食べログ」で検索をして、どこでご飯を食べるかを決めていないだろうか。価格比較サイトの「価格ドットコム」や、宿泊予約サイトの「一休」を参照して、どこで買うのか、どこに泊まるのかを決めていないだろうか。こうしたウェブサービスを使う顧客は、その意思決定の大部分をそのウェブサービスの判断、アルゴリズムに委譲している。

　この流れがさらに進行するのであれば、企業は顧客に直接販売することよ

りも、その顧客の意思決定が委譲されたウェブサービスのアルゴリズムにその販売手法を最適化させようとし始めるだろう。顧客が「アレクサ」や「Siri」のようなAIエージェントを使いこなすようになれば、こうした傾向はさらに加速する。顧客側も、世界中の情報を活用できるようになり、世界最高レベルのアルゴリズムを借りて購買する時代が訪れる。さすれば、それぞれの顧客の特性を深く理解し、それぞれの顧客に最適な商品やサービスを提供できる体制を構築できなければ、競争に勝ち残ることは不可能な時代となる。

　こうした時代の変化を前提とするとき、アジャイル経営はもはや不可避となる。個客に関する密度や鮮度が高い情報が継続的に取得できる経営環境において、低コストの商品やサービスにおいても一人ひとりの個客を深く理解し、それぞれの顧客にきめ細やかな対応が必要となる時代が訪れるのであれば、これまでの常識とは異なった商品・サービスの提供体制、そしてそれを実演する経営のあり方が求められるのは不思議ではない。

　経営を科学する方法論には破壊的な革新が求められる。これまでの常識で経営を科学していく経営組織は、時代の変化の波に埋もれ、その存在感をなくしていくであろう。データに対するアクセス権を確保し、それを適切かつ迅速に処理し、複雑な解を生み出し、それをそのまま実行できる組織が、未来を変える力を持つ。

　少なくとも、リアル空間のデータをできる限り網羅的に瞬時に取得するのみならず、アルゴリズムとロボティクスを活用し、仮想空間での検証と、リアル空間での実践を高度に組み合わせた経営のあり方が必要となる。経営は次の時代への変化が求められており、その変化に取り残される組織の生き残りを、許そうとはしないのである。

VI　近未来、経営はどのような姿に変容しているだろうか

　本章は、経営という行為と、それを行う組織と個人の発展の歴史を、特に近年に生じた大きな変曲点に着目しながら、概観した。

　経営組織は、人類の歴史を通じて社会イノベーションを牽引してきた。そ

の手法は長らく「秘伝のタレ」のように各組織にて属人的に伝承される時代が続き、経営手法、例えば会計手法や株式会社などの利潤配分の方法などの発展は一部にみられてきたものの、その発展は極めて長い時間をかけて漸次的に進展してきた。

　潮目の変化は、近代に生じた。経営組織が経済活動の主役となり、その大規模化が進んだ。科学的管理法が確立され、それらが新興のメディアや、会計士、弁護士、経営コンサルタントなどの専門職を通じて広く産業を超えて、比較的早い速度で伝播する時代となった。

　かつて、経営者、経営幹部、専門職といった限られた数の指導者が先導していた経営のイノベーションは、第二次世界大戦後には、組織に関わるすべての個人が主導すべきものと次第に変容した。そして、情報通信技術の発展はより仮説思考的な、迅速な意思決定と行動を容易にし、短期間で世界に展開する経営組織を数多く生み出したようになった。

　現代は、取得できる情報が限られ、その鮮度が古いという前提が崩壊しつつある。顧客が「アレクサ」や「Siri」のような AI エージェントに意思決定を委譲し、生産現場やオフィスに人工知能を搭載したロボットが働く時代、経営の意思決定に必要な情報も変化している。

　近未来は、こうした変化がさらに加速し、経営組織はさらなる激動の時代を迎えるだろう。そのような時代、経営者はどのような情報をもとに、どのような分析を行い、どのような意思決定を行うのだろうか？

　これまでも、これからも、経営組織は社会イノベーションの中核であり続けるだろう。その未来を考え、その実現に参画することは、社会の未来を創り上げることと同義である。少なくとも、私はそう考えている。

参考文献
大野耐一（1978）『トヨタ生産方式──脱規模の経営をめざして』ダイヤモンド社。
琴坂将広（2014）『領域を超える経営学──グローバル経営の本質を「知の系譜」で読み解く』ダイヤモンド社。
竹内洋（1995）『日本のメリトクラシー──構造と心性』東京大学出版会。
UZABASE（2022）「アジャイル経営シリーズ」https://jp.ub-speeda.com/agile-management/（最終アクセス日：2022 年 8 月 10 日）

Caulfield, B.（2021）NVIDIA, BMW Blend Reality, Virtual Worlds to Demonstrate Factory of the Future, *NVIDIA blogs* https：//blogs.nvidia.com/blog/2021/04/13/nvidia-bmw-factory-future/（最終アクセス日：2022 年 8 月 1 日）

Chandler, A. D.（1977）*The visible hand: the managerial revolution in American business*, Cambridge, MA: Belknap Press.

Clark, K. B. and T. Fujimoto（1990）The Power of Product Integrity（cover story）, *Harvard Business Review* 68（6）, 107–118.

Drucker, P. F.（1993）*Post-capitalist society*, 1st ed., New York, NY: HarperBusiness.

McDonald, D.（2014）*The Firm: the inside story of McKinsey: the world's most controversial management consultancy*, London: Oneworld.

McGrath, R. G. and I. C. MacMillan（1995）Discovery driven planning, *Harvard Business Review* 73（4）, 44–54.

Nonaka, I.（1991）The Knowledge-creating company. *Harvard Business Review*（69）6, 96–104.

Nonaka, I. and H. Takeuchi（1995）*The knowledge-creating company: how Japanese companies create the dynamics of innovation*, New York, NY: Oxford University Press.

Ries, E.（2011）*The lean startup: how today's entrepreneurs use continuous innovation to create radically successful businesses*, New York, NY: Crown Business.

Taylor, F. W.（1911）*The principles of scientific management*, New York, NY: W.W. Norton.

第2章 テクノロジーを基盤とした新しい働き方・協働・デジタル組織

清水たくみ

はじめに

　デジタル・テクノロジーの進化は我々のコミュニケーションや協働のあり方を大きく変革し、新たな協働・コラボレーションの方法、新しい働き方、および新しい組織の形態を生み出し続けている。本章ではテクノロジーと協働・組織形態の相互作用に着目し、ハイブリッドワークをはじめとした未来の働き方、それらを支えるデジタル組織、および組織の境界を超えて流動的・自律的・分散的に生まれる協働のかたちなどについて議論していきたい。本章執筆時点では、特に人工知能（AI）、機械学習、データ・アナリティクス、Internet of Things（IoT）、デジタル・プラットフォーム、ソーシャル・メディア、web3 などのテクノロジーが組織や経営の観点からも注目されているが、これら個別のテクノロジーは当然時代とともに移り変わっていく。さらには 2020 年以降の COVID-19 感染拡大は、我々の働き方や組織のかたちを大きく変革する外的な力として作用している。本章ではこれら個別のテクノロジーおよび社会・時代の潮流を意識しつつも、デジタル・テクノロジー全般がどのように働き方・協働方法・組織形態のイノベーションと関わっていくか、どのような新しい可能性をもたらしうるか、に焦点を当てて議論を進めたい。本テーマは既存の経営学や組織論の枠には収まりきらないフロンティア領域／十分な理論化が行われていない領域であり、社会におけるイノベーションを考える総合政策学にとっても重要な研究課題であると考えている。

　本書の核となるテーマは「社会イノベーション」であるが、経営学におい

てイノベーションとは既存要素の新しい結合（new combination）を生み出すことと考えられている。この新結合＝イノベーションという概念を提唱したジョセフ・シュンペーター（Schumpeter, J.）は、この新結合を新しい財・新しい生産方法・新しい販路・新しい供給源・新しい組織を生み出すものと整理した（Schumpeter 1934）。さらにイノベーションは、類似の概念である発明や技術革新とは区別して理解されている。単に新しい概念や技術が発明された状態を指すのではなく、生み出されたものを社会に届けて経済的・社会的価値を生み出すことがイノベーションであると考えられている。その意味において、本章の焦点である「テクノロジーを基盤とした新しい協働および組織形態」は、デジタル・テクノロジーを媒介として社会における「人と人／人と組織／人と仕事」についての新結合を探求するものであり、社会イノベーションの方法を考える重要な一側面であると考えている。

　本章は以下大きく3つの節に分けて構成する。はじめに、テクノロジーがひらく新しい働き方としてハイブリッドワークの可能性について取り上げる。2020年からのCOVID-19感染拡大以後、多くの組織において感染症対策のひとつの手段としてリモートワーク（デジタル技術やインターネット等を活用することで、資料作成・コミュニケーション・議論や会議なども対面で集まらずにオンライン等で遂行する仕事の形態）が実施された。その変化が浸透してくる中で、各組織はそれぞれのポリシーをもとに、オフィス・対面での働き方とリモートでの働き方を組み合わせる方法＝ハイブリッドワークを模索している。Ⅰ節ではハイブリッドワークの実態や効果に関して、国内外の研究や実態調査からの知見を概観する。Ⅱ節においては、そのような新しい働き方を支える組織のあり方について取り上げる。デジタル・テクノロジーを効果的に活用できる組織の特性について、デジタル成熟度やデジタル文化資本などの概念を用いて議論を深める。Ⅲ節においては、組織内での協働を超えて、組織の境界にとらわれない新たな協働のかたちについて考察する。オンライン・コミュニティや分散型自律組織（DAO）といったテクノロジーを梃子にしたコラボレーションの可能性、個人と組織の新たな関係性について議論する。これらテーマの理解を深める上では、これまでの実践事例や研究蓄積を参照することに加え、慶應義塾大学湘南藤沢キャンパス（SFC）の清水たく

み研究会で実際に行われている研究を適宜紹介する [1]。それらを受けて本章の最後では、社会と技術の相互作用・融合という観点から社会イノベーションを捉えることの重要性について指摘する。

I　テクノロジーがひらく新しい働き方
——ハイブリッドワークの可能性

　デジタル・テクノロジーを活用することによって、対面・オフィスでの仕事とリモートでの仕事を掛け合わせたハイブリッドワークの可能性が注目されている。当然ながらインターネットをはじめとしたデジタル・テクノロジーはこれまでも多くの蓄積があり、Email や社内イントラネット／社内 SNS、ビデオ会議システムなども活用されてきたものの、あくまでオフィスへの出社・出勤／対面でのコミュニケーションを前提として組織における働き方はデザインされてきた。しかしながら 2020 年からの COVID-19 感染拡大を受け、これまで対面を前提としてきた働き方が大きく見直され、柔軟性を持った働き方（リモートワークや work from home/anywhere など）が取り入れられることとなった。

　対面とリモートを組み合わせるハイブリッドワークが社会に大きく浸透してから数年が経過した 2022 年現在、働き方の柔軟性に対する各組織の取り組みは大きく分かれている。ハイブリッドの度合い（どの程度対面での仕事を実施し、どの程度リモートでの仕事を取り入れるか）についても様々なポリシーが存在する。例えば、ヤフー株式会社は極めて積極的にリモートワークや柔軟な働き方を推進する組織の一例である。リモートワークを積極的に認め、通勤時の飛行機や新幹線の使用なども認める（＝社員の居住地選択の幅を広げる）人事ポリシーに舵を切った。その結果、柔軟な働き方へのニーズを捉え、同社の中途採用応募者数は制度導入前と比べ 6 割増えたと報告されている [2]。株式会社メルカリも同様に、社員がそれぞれのライフスタイルに合わせてオフィス出社とリモートワークを組み合わせ選択できる「YOUR CHOICE」というワークスタイルポリシーへと変更した [3]。一方で、本田技研工業株式会社では一時のリモートワーク対応から原則出社へのポリシーに

戻す[4] など、出社・対面での仕事の重要性を重視する組織も存在する。リモートワークへの親和性が高いと一般に考えられるテクノロジー企業においても、組織のポリシーやそれに対する従業員の対応は様々である。米 Apple 社は 2022 年 9 月から原則週 3 日のオフィス勤務を求める方針を掲示したところ、数日のうちに従業員から多くの反発を受けた[5]。同様の反発を受けた米 Amazon 社は、一律の出社方針を撤回して各部署に判断を委ねる等の対応をみせている。このように各社様々な取り組みを実施し、正解・定石が定まっていない状況は、ハイブリッドワーク研究の必要性を示唆している。

　ハイブリッドワークおよびリモートワークに関する研究はまだ発展途上ではあるものの、その必要性および活用方法を理解するための萌芽的な知見は蓄積されつつある。Choudhury らの研究によると、work-from-anywhere（働く時間・場所ともに従業員に裁量を持たせる）ポリシーを採用した組織では、従業員の生産量が平均で 4.4% 向上したことが報告されている（Choudhury et al. 2021）。また、Bloom らによる 6 カ月にわたるフィールド実験（週 5 日出社の社員と、出社とリモートのハイブリッドワークを実施した社員との 2 グループに分けて比較）では、ハイブリッドワークを実施した社員グループの離職率が 35% 下がり、業務パフォーマンスや昇進に関しては社員グループ間での違いは見られなかった（Bloom et al. 2022）。これらハイブリッドワーク採用の効果に加えて、ハイブリッドワークの最適な度合い（週に何日出社して何日リモートワークとするか）については、週 2–3 日のリモートワークが最適という知見が蓄積されつつある（Choudhury et al. 2022）。前述の通り働き方の柔軟性を求める社員の声が高まる中、一定程度リモートワークの柔軟性を社員に与えることで、組織全体としても成果を高めることができる可能性が示唆されている。

　一方でリモートワークの欠点や限界に関する指摘も、実務・研究の両面から提起されている。先にも述べた通り、リモートワークを制限する企業も少なからず存在しており、その大きな理由として対面でのコミュニケーションや知識共有の重要性が挙げられることも多い。この点について理解するためには、リモートワークをどのように活用するか／どのようなタスクについてはリモートワークがうまく機能するか、について検討することが欠かせない。

Brucks らが行ったビデオ会議と対面会議の比較実験研究によると、アイデア
を選定する際にはどちらの議論方法でも差がなかった一方、アイデア創出の
段階では対面会議の有効性が際立つという結果が確認された（Brucks and Le-
vav 2022）。Brucks らは、リモートワーク時には PC 画面に視野が制限される
ことによって認知の焦点も狭まり、アイデア創出に悪影響が出たのではない
かと推察している。

　アイデア創出時の限界に加えて、対面コミュニケーションによる知識共有
やフィードバックの重要性についても指摘されている。しかしながらこの点
に関しては、デジタル・テクノロジーならではの利点を指摘する研究も存在
する。組織内にチャットツール／社内 SNS 等を導入することによって、こ
れまで対面や Email では当事者間に閉じていたコミュニケーションがチーム
内全体に見える化され、誰が何を知っているか／誰が誰とつながっているか
といったチーム内の「メタ知識」の蓄積が進むことが指摘されている（Leon-
ardi 2015）。このようなメタ知識は組織における問題解決力に密接に関連し
ているため、対面以外の方法でコミュニケーションを取ることの重要性の一
例とも考えられる。ただしこれら対面・リモートでのコミュニケーションは
決して排他的なものではないため、ここでも両者の利点を引き出せるハイブ
リッドワークの優位性が示唆される。

　本節の最後に、慶應 SFC の清水たくみ研究会が実施した「日本企業のデ
ジタル活用状況の実態調査」について紹介したい。本調査は 2021 年時点の
東証一部上場企業 2,176 社を対象としたサーベイ調査であり、有効回答数
146 社の回答内容を分析したものである。本調査では本節で触れるハイブリ
ッドワーク実施状況に加えて、次節で触れるデジタル・トランスフォーメー
ションやデジタル組織としての組織特性調査、および組織学習や経営実践
（management practice）についての調査などを含んだものである。

　図 2-1 および図 2-2 は、ハイブリッドワーク取り組み状況についての調査
概要である。12 の質問に対する回答（各取り組みの実施状況を「1. 全く当ては
まらない〜7. 完全に当てはまる」の 7 段階で回答）をもとに、各社がどの程度
ハイブリッドワークに関わる組織的取り組みを実施しているかを測定した。
図 2-1 を見ると、東証一部上場企業の中でも、ハイブリッドワーク先進企業

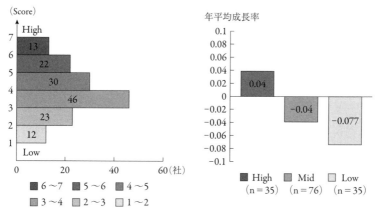

ハイブリッドワーク (HW) 取り組み状況

HW 取り組みに関する 12 の質問について、7 段階リッカート尺度回答のスコア平均値

HW 先進度別の年平均成長率*

*2019 年〜2021 年

図 2-1　ハイブリッドワーク取り組み状況

		質問項目	平均スコア*
取り組みの基盤	社内環境・設備の設計	HW を機能させるために、社内環境・設備を整えている	5.7
	就業環境の柔軟性	社員の状況や仕事内容に適した働き方を選べるように、働き方・働く場所等に関する柔軟な選択肢を提供している	4.5
促進する要素	社員への金銭的支援	各社員のリモートワーク体制を整える支援を行っている（例：在宅勤務手当や設備購入補助）	4.0
	オフィスの見直し	オフィスのあり方を定期的に見直し／改善を行っている	4.1
	リテラシー向上	HW にうまく対応するために、社内研修などを実施して個人やチームのリテラシーを高めている	3.6
HW 下での社内交流	定期的な業務ミーティング	ハイブリッドワーク下でも知識共有やコラボレーションを促すために、定期的な業務ミーティングを実施している	4.8
	社員間でサポートし合う仕組み	社内コミュニケーションツール等を通じて、リモートワークでの問題を社員間でサポートし合う仕組みが存在する	4.0
	リモート懇親会／イベント	ハイブリッドワーク下でも社員間交流を維持するために、リモート懇親会／イベント等を実施している	3.1
HW 下での人事／タレントマネジメント	キャリア相談	ハイブリッドワーク下においても、個人のキャリアや働き方の希望について把握・協議・相談できる場を設けている	4.2
	タレントマネジメントシステム	ハイブリッドワーク下でのきめ細やかな人事対応のために、タレントマネジメントシステム導入等の工夫をしている	3.0
	人事方針などの明示	ハイブリッドワークに関する人事方針・評価基準等を従業員に明確に示している	2.9
	人材評価の適正化	ハイブリッドワークへの移行に合わせて、人材評価方法をより適したものに調整・変更等を行っている	3.0

*平均スコア・スコアが高いほど取り組みが進んでいる

図 2-2　ハイブリッドワーク調査質問項目ごとの平均スコア

とも呼ぶべき高スコア企業と取り組みの進んでいない企業が混在していることが見て取れる。また、ハイブリッドワークに先進的に取り組んでいる企業ほど、コロナ禍を含めた2019–2021年の売上高成長率が高い傾向があることも確認できる。これらはあくまで相関関係を示すに過ぎないが、不確実性の高い激動期にハイブリッドワークを積極推進することができている組織の強さを示すひとつのデータと言えるだろう。また質問項目ごとの全社の平均スコアを示した図2-2を見ると、ハイブリッドワークへの取り組みといっても様々な濃淡があることが見て取れる。ハイブリッドワークに関する社内環境整備や働き方の選択肢に関しては早急に対応した企業が多い一方、人事方針や人材育成・評価までハイブリッドワークに適応・対応することができている企業はそれほど多くない。ハイブリッドワークを中長期的に組織に根づかせていくためには、働き方の直接的な環境整備だけでなく、新しい働き方とタレントマネジメントの一体化が今後の課題となりうることが明らかになった。

　以上は調査結果のごく一部ではあるが、日本の大手企業においてもハイブリッドワーク取り組み状況には大きなばらつきがあり、ハイブリッドワークへの対応と組織成果との間に関連性が見られることも確認できただろう。次節においては、このような新しい働き方を支えるデジタル時代の組織のあり方について議論を進めたい。

II　新しい働き方を支えるデジタル組織

　経営学の一分野である経営情報学（Management Information Systems）においては、長きにわたってデジタル・テクノロジーと経営成果の関係性、特にどのような組織がデジタル・テクノロジーを経営成果に結びつけられるかについての研究が蓄積されてきた。前節で述べたようなテクノロジーを基盤とした新しい働き方についても、単にリモートワークを実現するためのIT投資が実行されればよいわけではなく、それを有効に活用するための組織特性や風土が根本的に重要となってくる。近年産業界において強く必要性が叫ばれるデジタル・トランスフォーメーションに関しても、元の意味はデジタル・テ

クノロジーを用いて組織を変革することであり（Hanelt et al. 2021）、テクノロジーだけでなく組織への注目が欠かせない。Kane らはグローバル企業の経営層への大規模調査をもとに、組織がデジタル・テクノロジーを活用して組織や事業に変革をもたらしている度合いを「デジタル成熟度」として把握することを提案している（Kane et al. 2019）。ここでも分析の主眼は組織であり、組織内部にデジタル活用の能力を蓄積していく重要性を指摘している。

　「どのような組織がデジタル・テクノロジーを経営成果に結びつけられるか」という点について、経営情報学では様々な知見が提供されている。テクノロジーを実際に使用している度合いはもちろんのこと、経営戦略とテクノロジー投資の整合性、組織が有するアジリティ（顧客や競合の変化などに対して柔軟に変化できる度合い）などの要素が、テクノロジー投資を経営成果に結びつける重要な条件になることが示されつつある（Mithas et al. 2011；Tallon and Pinsonneault 2011）。その中でも本節では、デジタル活用を包括的に捉える組織特性として、デジタル文化資本（digital cultural capital）という概念を紹介したい。デジタル文化資本とは「技術を活用するために組織内で開発・洗練され続ける認識・動機づけ・スキル」のことを指し（Ollier-Malaterre et al. 2019）、変化の加速するデジタル・テクノロジー環境を理解するための概念として注目され始めている。経営情報学の先行研究においては、アジリティのような狭義の組織特性に研究関心が集中していた一方、このデジタル文化資本という概念を用いることで「組織が持つ技術動向の認識、デジタル活用の戦略的動機づけ、デジタル活用のスキルレベル」を包括的に捉えて分析することが可能となる。ただし、デジタル文化資本はこれまで理論的な検討にとどまっており、データを用いた実証研究はこれまで行われてこなかった。そこで筆者らは日本企業を対象としたデジタル文化資本に関するパイロット調査を初めて実施し、組織におけるデジタル文化資本の高低に応じてデジタル投資と企業業績の関係性が変化することを示した（清水・平野 2020）。このパイロット調査を土台として、前節で紹介した慶應 SFC 清水たくみ研究会実施の「日本企業のデジタル活用状況の実態調査」においても、デジタル・トランスフォーメーションおよびデジタル文化資本についての調査を実施した。以下でその調査内容の一部を紹介する。

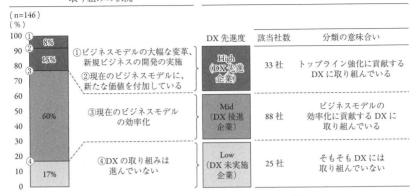

図2-3　デジタル・トランスフォーメーション取り組み状況

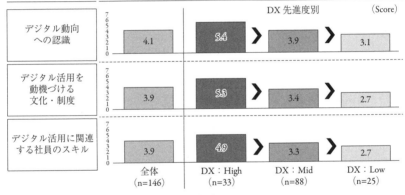

図2-4　DX先進度別のデジタル文化資本スコア

　図2-3および図2-4は、デジタル・トランスフォーメーション取り組み状況およびデジタル文化資本についての調査概要である。図2-3にある通り、2021年時点でデジタル・テクノロジーを活用してビジネスモデルの変革や新たな付加価値創造にまでつなげられている企業は、全体の2割超にとどまる。大多数の企業は既存ビジネスの効率化に終始しており、デジタル・トランスフォーメーションに着手しきれていない企業も相当数存在する。このよ

うなデジタル・トランスフォーメーションの実施状況を説明するひとつの要因として、我々の研究ではデジタル文化資本に着目している（図2-4）。本調査からは、デジタル・トランスフォーメーションに積極的に取り組んでいる企業群はそうでない企業群に比べて、「デジタル動向への認識」「デジタル活用を動機づける文化・制度」「デジタル活用のスキル」が高いという結果が観察された。デジタル時代に適合した組織文化の醸成は、企業のデジタル活用やデジタル・テクノロジーを活用した組織や事業の変革に重要な影響を与えることが示唆された。これらの結果以外にも、本調査では前述の組織アジリティや組織学習能力、およびITインフラの柔軟性なども、デジタル・トランスフォーメーション実施度合いと相関することが示されている。加えて、前節で取り上げたハイブリッドワークの取り組み状況も、デジタル・トランスフォーメーション実施度合いやデジタル文化資本スコアと連動していることが確認されている。今後の研究では、デジタル文化資本とデジタル活用状況の関係性だけでなく、どのような組織的実践がデジタル文化資本を醸成することにつながるのか、という組織文化形成の観点も重要になってくると考えている。

Ⅲ 組織を超えた新しい協働のかたち

　前節まではテクノロジーを基盤とした組織における新しい働き方および組織文化・特性について議論してきたが、最後に組織の境界を超えた協働についても言及しておきたい。デジタル・テクノロジーの普及により人々が時間や場所の制約を超えてコラボレーションできるようになったことで、ひとつの組織にとらわれない働き方や協働の重要性が日増しに大きくなっている。この流れに呼応して、これまで公式組織に焦点を当ててきた経営学および組織理論に関しても、理論を大幅に更新する必要性について議論が始まっている（Puranam et al. 2014）。

　組織を超えた協働のひとつのかたちとして大きく注目されているのが、オンライン・コミュニティにおける協働である。オンライン・コミュニティとは共通の関心や実践等に根ざした人々の集まりであり、デジタル・テクノロ

	公式組織	オンライン・コミュニティ
境界	組織内外が明確に分離	コミュニティ内外が流動的
メンバーシップ	安定	高頻度に入れ替わり
構造	ヒエラルキー（階層多い）	フラット（階層少ない）
ガバナンス	トップダウン・中央集権	ボトムアップ・分散
リーダーシップ	制度化・公式化	創発的
権威	階層・職位がベース	専門性・社会性がベース
メンバーの参加	フルタイム雇用で均等	一部のメンバーに大きく依存

表 2-1　公式組織とオンライン・コミュニティの違い

出典：Faraj and Shimizu（2018）をもとに筆者作成。

ジーを活用して様々なコミュニケーション・知識共有・共創行為などを実現する協働形態である（Faraj et al. 2011）。筆者らは表 2-1 の通り、既存の組織とオンライン・コミュニティの違いを複数の側面から整理している（Faraj and Shimizu 2018）。さらに 2021 年頃から急速に関心の高まった web3 というテクノロジー潮流の中で、スマート・コントラクト／アルゴリズムをベースに様々な意思決定やアクションが実施される分散型自律組織（DAO）と呼ばれる協働形態も台頭してきている。これらはまだ既存の組織を一部補完するといった非常に限定的な活用にとどまっているものの、テクノロジーを基盤とした新しい協働のかたちとして確実に重要度を増してきている（企業がオンライン・コミュニティからどのような便益を得るかについては Fisher［2019］などを参照）。これまで働くという行為の大部分は組織に所属することで行われてきたが、今後オンライン・コミュニティや DAO のような組織の境界を超えた新しい協働のかたちが台頭し、個人のレベルでも社会のレベルでも重要性を増してくるだろう。その潮流を後押ししているのは紛れもなくデジタル・テクノロジーの存在であり、我々の働き方や組織を考える上でますますテクノロジーへの理解が欠かせないものとなっていくことが予想される。

おわりに

本章では社会イノベーションの一側面として「テクノロジーを基盤とした

新しい働き方・協働・デジタル組織のかたち」について、慶應SFCにおける研究活動とも紐づけながら議論を進めてきた。本章を締めくくるにあたり、社会イノベーションを考える上で重要になるひとつの視点について強調しておきたい。

　新しい働き方・協働・組織を探求する上では、これまで見てきた通り社会と技術の2側面を同時に考えることが重要となってくる。経営学／経営情報学の分野では、物事の社会的側面と技術的側面の融合・相互作用を示す概念としてソシオマテリアリティ（sociomateriality）という考え方が近年盛んに議論されている（Cecez-Kecmanovic et al. 2014；Orlikowski and Scott 2008）。組織現象を理解するには、人と人が関わり合うソーシャルな側面へ着目しつつも、そのソーシャルな側面がどのような技術的・物質的環境（マテリアルな側面）に埋め込まれているか、マテリアルがどのように新しいソーシャルな関係性を生み出すのか、にも着目する必要がある。さらに、ソシオマテリアリティの考え方は、ソーシャルとマテリアルを個々に独立して捉えるのではなく、実践（practice）の中でそれら要素がどのように融合しているかを捉える重要性を強調している。本章の内容に引き寄せると、技術が社会的な人間の行動や関係性を規定しつつ、社会的な関係性の中で技術が使われ・開発される、その相互作用性が実践の中でどのように展開されるかを理解することで初めて未来の働き方・協働・組織を探求・構想することが可能となるだろう。本章で中心的に取り上げたハイブリッドワークのような新しい働き方も、インターネットをはじめとした様々なデジタル・テクノロジーを活用することにより初めて可能となる。さらにはデジタル・テクノロジーを中心に組織や仕事がかたち作られることで、組織内にデジタル文化資本が形成され、さらなるデジタル・テクノロジーの活用や組織・事業の変革も引き起こされる。この連関を通して、新しい働き方・協働・組織がかたち作られる。本章の冒頭において、イノベーションは既存要素の新しい結合であるという考えを紹介したが、新しい働き方・協働・組織というのはまさしくソーシャルとマテリアルの新たな組み合わせによって生まれるものであり、それらは本書のテーマである社会イノベーションの重要な一側面を担うものである。社会イノベーションおよびその一形態である新しい働き方・協働・組織を実現する方法

として、ソシオマテリアリティの観点は今後ますます不可欠なものとなるだろう。本章で紹介した様々な概念・研究・実践が、未来の働き方・協働・組織を探求する一助となることを願っている。

1) これら研究成果については、慶應 SFC 清水たくみ研究会のメンバー、特に過去 2 年の間にデジタル組織文化プロジェクトに参加してくれた皆さん（以下五十音順で、市川毬奈さん、伊藤滉基さん、浦川宗士さん、大島梨佳子さん、小川玲未さん、金坂桃実さん、土井翼さん、富田帆南さん）の活動・貢献に多くを負っている。ここに深い感謝の意を記したい。
2) ヤフー株式会社プレスリリース（2022 年 8 月 30 日）「ヤフー、リモートワーク制度『どこでもオフィス』の利用状況を発表。130 名以上の社員が飛行機や新幹線での通勤圏へ転居するなど、社員それぞれがウェルビーイングを向上しパフォーマンスを最大化できる場所や環境を選択」
3) 株式会社メルカリプレスリリース（2021 年 9 月 1 日）「メルカリ、多様な働き方を尊重した『メルカリ・ニューノーマル・ワークスタイル "YOUR CHOICE"』の導入を開始」
4) 日本経済新聞社（2022 年 5 月 20 日）「ホンダ、国内全部署で原則出社　変革期で対面重視」https://www.nikkei.com/article/DGXZQOUC20D8L0Q2A520C2000000/（最終アクセス：2022 年 10 月 31 日）
5) 日本経済新聞社（2022 年 8 月 26 日）「［FT］アップルが出社義務付け　社員は激しく抵抗」https://www.nikkei.com/article/DGXZQOCB2609R0W2A820C2000000/（最終アクセス：2022 年 10 月 31 日）

参考文献

清水たくみ・平野雅章（2020）「組織内デジタル文化資本が ICT 投資効果に与える影響」経営情報学会 2020 年全国研究発表大会、1-4。

Bloom, N., R. Han and J. Liang（2022）"How Hybrid Work from Home Works Out", *NBER Working Paper* 30292, 1-19.

Brucks, M. S. and J. Levav（2022）"Virtual communication curbs creative idea generation", *Nature* 605（7908）, 108-112.

Cecez-Kecmanovic, D., R. D. Galliers, O. Henfridsson, S. Newell and R. Vidgen（2014）"The Sociomateriality of Information Systems: Current Status, Future Directions", *MIS Quarterly* 38（3）, 809-830.

Choudhury, P., C. Foroughi and B. Larson（2021）"Work-from-anywhere: The productivity effects of geographic flexibility", *Strategic Management Journal* 42（4）, 655-683.

Choudhury, P., T. Khanna, C. Makridis and K. Schirmann（2022）"Is Hybrid Work the Best of Both Worlds? Evidence from a Field Experiment", *Harvard Business School Technology & Operations Mgt, Unit Working Paper* 22-063, 1-83.

Faraj, S., S. L. Jarvenpaa and A. Majchrzak（2011）"Knowledge collaboration in online communities", *Organization Science* 22（5）, 1224–1239.

Faraj, S. and T. Shimizu（2018）"Online communities and knowledge collaborations", M. Hitt ed., *Oxford research encyclopedia of business and management*, Oxford University Press.

Fisher, G.（2019）"Online Communities and Firm Advantages", *Academy of Management Review* 44（2）, 279–298.

Hanelt, A., R. Bohnsack, D. Marz, and C. Antunes Marante（2021）"A systematic review of the literature on digital transformation: Insights and implications for strategy and organizational change", *Journal of Management Studies* 58（5）, 1159–1197.

Kane, G. C., A. N. Phillips, J. R. Copulsky and G. R. Andrus（2019）*The Technology Fallacy: How People Are the Real Key to Digital Transformation*, Cambridge, MA: MIT Press.

Leonardi, P. M.（2015）. "Ambient Awareness and Knowledge Acquisition: Using Social Media to Learn 'Who Knows What' and 'Who Knows Whom'", *MIS Quarterly* 39（4）, 747–762.

Mithas, S., N. Ramasubbu and V. Sambamurthy（2011）"HOW INFORMATION MANAGEMENT CAPABILITY INFLUENCES FIRM PERFORMANCE", *MIS Quarterly* 35（1）, 237–256.

Ollier-Malaterre, A., J. A. Jacobs and N. P. Rothbard（2019）"Technology, work, and family: Digital cultural capital and boundary management", *Annual Review of Sociology* 45（1）, 425–447.

Orlikowski, W. J. and S. V. Scott（2008）"Sociomateriality: Challenging the Separation of Technology, Work and Organization", *Academy of Management Annals* 2（1）, 433–474.

Puranam, P., O. Alexy and M. Reitzig（2014）"What's 'new' about new forms of organizing?", *Academy of Management Review* 39（2）, 162–180.

Schumpeter, J. A.（1934）*The Theory of Economic Development: An Inquiry into Profits, Capital, Credit, Interest, and the Business Cycle*, Cambridge, MA: Harvard University Press.

Tallon, P. P. and A. Pinsonneault（2011）"Competing perspectives on the link between strategic information technology alignment and organizational agility: Insights from a mediation model", *MIS Quarterly* 35（2）, 463–486.

第*3*章 | 社会イノベーションを生み出す
NPO の複雑性

ソーシャルセクターの多様性を
どう理解すればよいか

宮垣 元

はじめに

　大学で長らくソーシャルセクターや NPO について授業をしていると、学生の捉え方の変化を感じずにはいられない。1990 年代末の NPO という語自体の認知もままならない時代から、2000 年代には期待の入り交じったポジティブな関心や、逆にその反動かネガティブな先入観が示されることもあった。いまでは、大学生が NPO の設立や運営の中心となることも珍しくなくなったが、関わりのない学生からすると依然として「よく分からない組織」のようでもある。世界的賞賛を浴びる組織もあれば、ときに社会的な問題を引き起こす組織もあるのだから、混乱するのは当然ともいえる。社会課題の解決を行う組織というシンプルなイメージだけだと、十分に受け止めきれないほどの現実の多様性がある。

　いずれにせよ、NPO 自体には色はないのだから、企業や行政がそうであるように、良い組織にも悪い組織にもなり得るし、自分にとって共感できる活動もそうでない活動もある。しかし、NPO がこうした多様なイメージ、さらにいえば一種の分かりづらさを持ち続けるのは、そこに含まれる組織本来の特性とも深く関連している。そして、この分かりづらさを理解することは、社会イノベーションのあり方を考える上でも重要だと考えられる。

　本章では、多様なソーシャルセクターの中でも、社会課題に向き合う活動を行う NPO を取り上げ、ソーシャルセクターと社会イノベーションの関わりについて検討していくことにしよう[1]。

I　社会イノベーションの担い手

1　自発的に社会課題に向き合う組織

　社会イノベーションは誰によってどのように成し遂げられるのか。それは、中央政府や地方政府が一定の権限のもとで政策的に主導することもあれば、大企業やスタートアップ企業による市場を通じた資金力や収益化により推し進められることもある。また、テーマによっては国際機関が合意形成にあたり大きな働きをすることも珍しくはない。こうした中において、様々な場面で一定の役割を果たしているのが NPO／NGO をはじめとするソーシャルセクターの存在である。

　民間非営利組織（nonprofit/not-for-profit organization）や民間非政府組織（non-governmental organization、以下両者を NPO と総称）は、今日においては広く知られた名前だろう。また、名称や形態は国や時代により様々だが、民間にあって公益的な活動を行う組織自体は、洋の東西を問わず、近代経済成立以前のはるか昔から存在している。後述するように、本章ではこれらを総称し「ソーシャルセクター」という。NPO は、その代表的なソーシャルセクター組織のひとつである。

　もっとも、今日のような文脈で「NPO」という名が広く一般化し、それに類する組織活動に広く関心が集まったのは比較的近年のことだ。いくつかの契機があるが、そのひとつにドラッカー（Drucker, P.）の『非営利組織の経営』が 1990 年に出版（1991 年に邦訳）され、知識層や経営層における非営利組織という存在への注目があった。NPO の世界的台頭を実証的に明らかにした調査結果も紹介された（Salamon and Anheier 1994）。その後、1999 年に医療支援を行う「国境なき医師団」がノーベル平和賞を受賞するなど、こうした活動の意義が世界的にも広く知れ渡ることになる。日本においては、1995（平成 7）年の阪神・淡路大震災でのボランティアの活躍（この年は日本のボランティア元年と呼ばれる）と、その後 1998 年に施行された特定非営利活動促進法（NPO 法）を契機に一般社会にも広まっていった。その源流を辿ればそれを準備する長い歴史があるものの、直接的には 1990 年代以降にその後に至る流れが形成されたといってよい（宮垣 2020）。今日では、人道支

援や災害救援、環境保護やまちづくり、教育やヘルスケアなどのヒューマン
サービス、さらには消費や観光、情報技術分野に至るまで、世界中のおよそ
社会的な課題やニーズのあるところには必ず NPO が存在している。

　政策決定主体でも資金提供者でもない NPO の役割は、社会課題の現場に
おいて活動を行い、個々に必要なサービスを提供し、課題状況の現実を社会
に知らしめ、利害関係主体に働きかけ、ときに政策決定に重大な影響を及ぼ
すに至るまで、広範に及ぶ。多くの場合で共通しているのは実際に課題の生
じている場や主体と深く関わり合っていることであり、それ故に現場の内外
をつなぐインターフェースとなって、その関係性を変える存在でもある。誰
よりも先んじて課題に向き合い、最も当事者に近いところで活動を行うとい
う意味で、NPO は社会イノベーションの最前線にいる存在であるともいえ
る。

2　ソーシャルセクターの広がり

　もちろん NPO だけが何かを成し遂げているわけではない。むしろ、組織
的にも財政的にも小規模な NPO が単独でできることには限りがある。した
がって、実際には、同じ課題や地域を共有する組織間のネットワークが国内
外に広がっており、相互に補い合いながら活動を行うことも珍しくはない。
さらに政府や企業との関係も重要で、NPO 側からすれば政策決定や個々の
施策に働きかけることでより包括的な課題解決につながるし、政府側からも
細やかに活動を行う NPO の存在は欠かせない。また、NPO にとっては企
業からの支援も重要となっていることに加え、企業側も SDGs への関心の高
まりもあり NPO との協働事例も増えている。経済的利得か社会課題解決か
ではなく、いかにそれを両立できるかを考えねばならない時代だからである。

　このように、NPO 間の連携や政府や企業といった主体を越えた協働があ
って、はじめてその課題に向き合えているという現実がある。ここでは、こ
うして社会課題の解決に向けて相互作用する組織的な活動全体をソーシャル
セクターと捉えよう。例えば、社会イノベーションの研究拠点のひとつであ
るスタンフォード大学では、社会的インパクトを主眼とし、公共（政府）セ
クターでも民間（市場）セクターでもない組織や企業（NPO や NGO、研究・

学術機関、その他フィランソロピー組織などを含むが、これらに限らない）をソーシャルセクターとしつつ、より広義には「セクターを問わず、社会的な利益を生み出すことを意図して設立されたすべての組織を指す」と簡潔に説明している[2]。

　確かに、これまでNPOは政府や市場と対置され、それらとは異なる主体として、その違いのほうに強い関心が払われてきた。NPOに関する古典的理論では、公共財供給における市場メカニズムの不完全性（市場の失敗）とともに、公平性によるサービスの平準化や個別ニーズへの対応の困難（政府の失敗）からNPOの存在理由が説明されてきた（Weisbrod 1988など）。かつて総合政策学の文脈においても、NPOの位置づけについては同様の捉え方が見られる（大江・岡部・梅垣編 2006）。さらに歴史的にみても、市場（交換）と政府（再配分）に加えて、3つめの社会統合原理（互酬性）があることをポランニー（Polanyi K.）が指摘するなど、"3番目の原理"への関心は常にあったともいえる。

　こうした捉え方は、とりわけNPOを独自の原理を持つ存在として浮かび上がらせるという点で重要である。しかしながら、これらは深く相互依存しているだけでなく、その峻別すら困難なこともあるという点も指摘しておかなければならない。形態としては株式会社や協同組合でありながら、実態はNPOと同種の活動をする組織もあれば、収入の多くを政府からの委託事業でまかなうNPOもある。行政機関や民間企業に勤めながら、同時にNPOの活動に熱心に取り組む人も少なくない。組織類型的には異なる主体でも、人や財政に着目すると、このセクターの輪郭は必ずしも明瞭ではない。

　さらに比較優位性の観点からしても、政府や市場にも失敗があるのと同様、NPOにもボランタリーの失敗と呼ばれる様々な限界も考えられる[3]。万能なしくみや組織はないのであって、まして未解決な社会課題に向き合うためには、原理的な欠陥をいかに補い合い、かつ柔軟にしくみや組織を組み替えていくことのほうがむしろ必要とされるだろう。

3　問題とその見方

このように、市場か政府かNPOかではなく、実質的にはこれら主体の相

互作用によりソーシャルセクターが形成されている状況がある。こうした理解におけるNPOという存在は、政府や企業の競争相手でも代替的存在でもなく、ソーシャルセクターの中にあって社会イノベーションを推進する主体のひとつ（ソーシャルセクター組織）ということになるだろう。本章ではNPOを中心に論じるが、実際には、NGO、任意のボランティア団体、異なる法人格を有する社会的企業など、様々な名称の組織活動が含まれる。

　そして、これらを広くソーシャルセクターとして捉えることのもうひとつの意義は、そこに含まれる組織の多様性のなかにこそ、社会イノベーションにとって重要となる要素や課題を見出せると考えられるからだ。しかし、社会イノベーションの捉え方そのものも、そこにおけるソーシャルセクターの機能や役割についての理解も、未だ十分な合意に至っているわけではない。それは、これら2つの鍵概念自体が比較的新しいものであることに加え、分析的というよりも、規範的もしくは政策志向的な文脈から様々な異なる分野で用いられるようになったこととも関連している。こうした出自が多様な用法を許容した結果、用語の広まりに反して、必ずしも精緻化されているわけではない。むしろ、期待や誤解があることによって、分野や主体を越境する契機を提供し続けているともいえる。こうした見立てからすると、それらが何かであるかの正答を得ること以上に、それを問い、実践するプロセス自体（そして、それは越境を伴うだろう）が、すでに社会イノベーションの実践の一部なのだともいえる。

　このような前提を踏まえ、以下では、社会イノベーションとソーシャルセクターの捉え方について簡単な概観を行おう。その上で、社会イノベーションにとってこの組織の特性の持つ意味について考察していくことにしよう。

II　社会イノベーションとソーシャルセクター

1　社会イノベーションの背景と展開

　社会イノベーションが政策上の主題となっていくのは2000年代に入ってからのことである。そのことと、ソーシャルセクターの台頭は時代背景的に密接に関連していると考えられる。それまでの新自由主義的な政策から生じ

たひずみと、福祉国家の財政的な行き詰まりのなかで社会イノベーションに関心が集まり、同じく自発的に広がっていったソーシャルセクターに新たな道筋を見出そうとしたともいえる。実際に、社会イノベーションの実践や政策文書で言及される事例にはNPOをはじめとするソーシャルセクターの取り組みが非常に多く含まれている。

　NPOの世界的な台頭があって以降、こうした主体の実践や評価に関わる取り組みも様々になされてきた。イギリスをはじめとする欧州においては、新自由主義的な政策から生じた格差や排除といった問題に対してギデンズ（Giddens, A.）のいう第三の道を模索するなかで、政策課題に取り組む市民の活動との協働が推進される流れがあり、この過程において関連する制度も整備されていく。イギリスでは、ブレア政権下において、チャリティ団体などと政府・地方政府との間で協働関係のあり方を申し合わせる協約（コンパクト、ローカルコンパクト）の締結が1998年以降進められ、フランスでは社会連帯経済法（ESS関連法）が成立し、それ以前にはイタリアで社会協同組合法が成立している。欧州では、アメリカ型のNPOではなく、チャリティ、協同組合、社会的企業、社会的経済、連帯経済などの歴史的背景と研究蓄積が多様かつ豊富であり、特に社会的企業に関しては、欧州全体に広がる研究者のネットワーク（EMES）が1990年代後半より研究活動を行っている（Borzaga and Defourny 2001＝2004）。近年では、イギリスでマルガンが社会イノベーション概念を積極的に打ち出してきた（Mulgan 2019）。さらに、2014年から2017年には、欧州連合の資金援助のもとで、SI-Drive（Social Innovation - Driving Force of Social Change）やTRANSIT（Transformative Social Innovation Theory）といった大型プロジェクトが実施されている。続く2016年から2019年にかけて、Horizon 2020プログラムのもとでSIC（Social Innovation Community）がさらなる研究とネットワーク構築を推進してきた。

　一方、アメリカにおいても、オバマ政権下の2009年に、ホワイトハウスに社会イノベーションと市民参加に関する部局（Office of Social Innovation and Civic Participation）が設置され、社会イノベーションファンドも設立された。アメリカにおける社会イノベーションは、1980年代のレーガノミクスを契機に事業性を志向するNPOが促された歴史があり、欧州のそれとはまた異

なる文脈から展開してきたものである。また、古くはハーバード大学の研究プロジェクトなどにもその用語が見られる（Rosenbloom and Marris 1969）。後には、主要大学のビジネススクールの教育プログラムや研究センターの設置が相次いで行われてきており、ここでは社会起業家のように社会的に貢献する企業家精神や起業に焦点があてられる[4]。

　以上のように、欧州では経済格差や貧困から生じる社会的排除への問題意識から社会的包摂に関心が向き、アメリカでは企業家精神や起業への関心から市場志向的とでもいうべき流れがあるなど、その出自も文脈も大きく異なり、それ故この概念に大きく2つの含意があることには注意を要する（青尾2020など）。しかし、従来の政府の政策手法や企業のビジネス戦略の限界も背景に、ともに社会イノベーションという同一の発想、ソーシャルセクターという同一の主体と取り組みに関心を強く寄せる点は興味深い[5]。

2　ソーシャルセクターの捉えづらさ

　ソーシャルセクターにもまた概念と実態の多様性がある。主体を指し示す概念だけでも、ここでそのすべてを挙げるのは多くの紙幅を要する。概念の違いはその焦点のあて方に異なる意味があることを示すが、ここでは差異ではなく同一のカテゴリに属する様々なバリエーションと捉えることが重要である。例えば、アメリカにおける NPO は協同組合と区別されるのに対し、欧州では協同組合を同じカテゴリのものと捉える傾向がある（Borzaga and Defourny 2001 = 2004）。このことは、各国の制度やその背景にある社会経済体制によってその範疇が異なることを意味する。同様に、日本において NPO は1990年代頃に紹介された概念だが、同種の活動自体は世界的に非常に古くから存在してきたこともよく知られている（綜合研究開発機構編 1994；福田編 2006など）。このことは、歴史の中でその捉え方が変遷してきていることを意味している。これらの事実は、NPO が社会的、政治的、経済的状況にそれだけ深く埋め込まれていることを示すものである。

　NPO に限っていえば、その伝統的な捉え方において重要となるのは非分配制約という制度的特性である。非分配とは、営利組織と異なり、純利益を株主など利害関係者に分配できない制約を指し、定義上、病院や私立学校な

どもこれに含まれる（ここでは広義のNPOとする）。一般に、ソーシャルセクターといった場合——もちろんこれらの活動も含まれることはあるにしても——そこで指すNPOとはボランティアなど一定の自発性に基づく組織であり（狭義のNPO）、日本ではそれらが法人格（NPO法人）を取得することのできるNPO法がある（最狭義のNPO）。もちろんこうした捉え方は、日本固有の歴史的経緯や制度から導かれるものであり、その制度的類型は国や時代、法制度に依存する。

　非分配制約は、営利組織との峻別と公共財供給における比較優位性を導く上で重要な要件である。よく知られるように、情報の非対称性下においては非分配制約が機会主義的行動を抑制するという点で、営利組織に対する優位性が考えられてきた（Hansmann 1980）。ただし、それが制度的に担保される必要があるため、必ずしも制度的存在ではない任意団体などの狭義のNPOに十分に適用できるわけではない上に、逆に制度的にNPOを名乗る組織がすべて社会課題に向き合う存在かといえば、そうともいえない。他方において、協同組合や株式会社の形態を取りながらも、活動そのものはNPOと実質的に変わらないソーシャルビジネスや社会的企業も存在する。さらには、NPOが株式会社を設立することや、その逆のケースも見られる。人々が思い描くNPOの姿が社会課題に向き合う存在なのだとすれば、そうした組織像と現実の組織形態には乖離が生じてきている。こうした状況に対し、組織の管理者が向社会的な動機を有するか否かや、情報の非対称性下においてステークホルダーが直接組織を統制する構造を有するか否かで、従来の経済理論を新しい状況へ拡張する試みもある（Ben-Ner 1986；Ben-Ner and Gui 2003；Ghatak 2021）。

　ソーシャルセクターをめぐる理論は、その存在理由や優位性を説明するものだが、その際に対象をどのように捉えるかという問題を常に抱えてきた。ソーシャルセクター全体の多様性が広がるなかで、この課題は古くて新しい問題であり続けているが、逆にいえば、このような捉えづらさや統一的な理論枠組みの困難自体にこそ、理解を深める手がかりがあるという見方もできる。では、なぜこのように捉えづらく、なぜ様々な形態の組織が生まれ続けているのだろうか。次に、こうしたNPOの捉えづらさについて考えてみよう。

Ⅲ　社会イノベーションを生み出す組織

1　事業性と運動性（活動形態の二面性）

　NPO の捉えづらさ、あるいはソーシャルセクター組織の多様性はしばしば指摘されることだが、それを生み出す主たる要因は、これらの組織がときとして矛盾する要素を同時に抱え込むことがあるからだと考えられる。組織活動を行う上でのジレンマといってもいいだろう。

　その第 1 のジレンマは、NPO の行う活動には大きく事業性と運動性の 2 側面が含まれるという点である（山岡編 1999；安立 2008）。ここでいう事業性とは、財・サービスの経済的交換を伴うような社会的事業を意味する（ただし、その対価は必ずしも受益者から得られるとは限らない）。介護や子育てなどヒューマンサービスの提供、子どもたちのための居場所の運営、環境やまちづくりのイベントの開催、フェアトレード商品の販売など多岐にわたる。運動性は、広義には社会状況の改善や変革を目指す集合行動を指すが、具体的には、署名運動やアピール、ロビイングや政策提言などのアドボカシーにそれが強く現れる（ただし、必ずしも政治的党派性やイデオロギーに依拠するとは限らない）。子どもの人権やジェンダーに関わるアピールなどのように政策過程での意見表明や提言などがあり、環境問題をはじめとする国際会議の場でも、多くの組織がロビイングを行っている。

　筆者らが行った調査から日本の状況をみると、少なくとも半数の NPO が、政策提言や意見書、デモ、署名活動、行政への要望、社会的問題への意見表明などの活動を明示的に行っており、政策提言や意見書を提出している団体だけをみても 22.7% がこれを行っている [6]。もちろん、明示的な活動以外にも、実際のサービス提供やイベント実施に社会的な意識喚起やアピールが含まれることも十分にあり得るため、程度の差こそあれ、多くの NPO の活動に運動性を見出すことができよう。歴史を振り返れば、1970 年代以降の環境運動や消費者運動、平和運動をはじめとする社会運動の流れを汲む NPO も少なくない。

　事業性と運動性は概念的には異なるものの、実際には分かちがたく、NPO の活動全体にその両者が含まれていることが多い。例えば、子どもの

ための居場所の運営を行う NPO の場合、日常的に利用者のために居場所事業を行う一方で、こうした場を必要とする子どもたちの課題状況について、行政や地域へ働きかけることは珍しいことではない。環境分野の活動において、自然環境保護のためのアピールや署名活動を行う一方で、利用者を対象として環境教育のワークショップを行うこともあるだろう。これらの例では、子どもの健全育成、環境保全という分野の活動において、事業性と運動性の双方の要素が含まれている。

　しかし一方で、この両者が一種のジレンマを引き起こすこともあり得る。居場所の運営や環境教育の実施は多くの人的・物理的コストがかかる事業だが、それらは利用の対価や寄付もしくは行政などからの委託費などを収入源として行われる。多くの事業はこうして利用者や支援者、委託元からの資源により成り立っており、その意向を尊重する必要が生じる。また、委託事業などのように、事業年度単位の短期的な成果の追求が、かえって組織の本来的な目的とかけ離れていくこともあり得る。しかし、逆に事業収入を伴わない運動だけを行っていても、運営資金が枯渇し活動の継続自体が困難となる。

　また、事業性と運動性には別のジレンマも生じ得る。NPO の活動を行うには参加者や支援者の獲得が不可欠だが、とくに日本においては、NPO への参加にあたって政治性を忌避する姿勢やビジネス志向を避ける傾向があり、事業性と運動性のそのいずれかが強すぎても、参加者の獲得が困難になるという調査結果もある（坂本 2019；2020）。

2　マルチステークホルダー（参加構造の多元性）

　第 2 のジレンマは多元的な参加が生み出す組織構造の複雑性から生じる。周知のように、多くのソーシャルセクター組織は活動への参加や雇用の形態が複数ある。専従・非専従、有償・無償の別があり、ボランティアといっても有償と無償があり得る[7]。日本の NPO 法人の場合、組織を構成する会員（NPO 法上の社員）がそのまま実際の活動の担い手となるとは限らない。さらに、社員（総会）と役員（理事会）それぞれの意思決定があることに加え、寄付者や活動に参加するボランティアなどの意向も無視することはできない。数の大小にかかわらず、担い手としても支援者としても貴重な存在だからで

ある。さらに、福祉や教育などのヒューマンサービスにみられるように、サービスの利用者やその家族がサービスの供給者になることもある（宮垣 2003）。これらのことから、実際に活動を行う組織の範囲を一意に確定することすら困難なことがある。

　多くのNPOは、財政的な制約に加え規模を拡大すること自体が重要でないため、組織規模は大きくなく、それ故に官僚化の度合いも行政や企業に比べ相対的に低いと考えられる[8]。このこともあいまって、多様な参加形態とステークホルダーの存在が、組織構造を小さいながらも複雑なものにする。

　こうした複雑性の存在は2つの意味でマネジメント上の課題を生じさせるだろう。まず、多様な参加形態の調整、マルチステークホルダーの関心や利害の中で、組織としての意思決定が必要となる場面においては、その判断の拠り所とすべき基準を見出しづらい。これは、企業組織が採算性や収益率など、プロフィットを高める指標が明確であり、それを意思決定の数量的指標にできることと大きく異なる。非営利性は、利潤最大化を目的としないという原理とはいえるが、では何を優先すべきかについては不問である。マルチステークホルダーすべての利害が必ずしも一致するとは限らない上に、それぞれが質的に意味づけられた価値を持っており、その中で意思決定をする調整原理があるわけではない。それ故に、常に適用可能な基準がないなかでの合意形成が必要となる。ここで、それぞれが参加する価値や意義を尊重しなくては、活動継続のための担い手も資源も失ってしまうだろう。

　もうひとつの問題として、組織活動の遂行にあたり垂直方向のコミュニケーション、すなわち上意下達に命令することの困難がある。スタッフや支援者、ボランティアなどの参加は、本来的にミッションへの共感と自発性に基づくものであり、労働と経済的対価という関係とは異なる価値で結びついている。このことは、活動や事業の遂行にあたり、権威と経済的インセンティブによる指揮命令という行為そのものを困難にさせるだろう。

　このように、NPOにみられる多元的な参加は、一方でNPOを存立させる重要な基盤でありながら、他方でそれがガバナンスの困難というべき状況を生み出し得ると考えられる。

3　組織とコミュニティ（組織構造の両義性）

　第3のジレンマもこうした組織構造上の特性と関連している。ソーシャルセクターへの参加は、組織の事業や活動に資する役割を果たすことが求められるが、参加する側の自発性の源泉は、それのみならず、その組織に参加すること自体の価値にもあると考えられる。換言すれば、組織は活動や事業を遂行する機構であるとともに、関わること自体が当事者にとっての態度表明や居場所としての意味を持つ。

　ソーシャルセクター組織がこのような社会参加の場、居場所であるということは、その組織自体が社会的包摂の役割を担うということになるだろう。当事者が担い手として参加するヒューマンサービスや、労働市場において社会的な不利な状況にある人の就労の場でもある労働統合型社会的企業（Work Integration Social Enterprise）などはその典型だといえ、欧州の社会イノベーションの議論が強く関心をおいたのもこの側面と考えられる。NPOなどに参加するボランティアの側からみても、その参加や継続において、他者志向性や互恵性などが動機に含まれている（伊藤 2011；田中ほか 2007など）。

　以上のことは、ソーシャルセクター組織が、活動を行うため合理的に統合された機能集団（アソシエーション）であると同時に、コンサマトリーな関係を重視する基礎集団（コミュニティ）としての側面を強く有することを意味する。行政組織や企業組織にもこうした価値は少なからずみられるが、ソーシャルセクター組織は社会的包摂や居場所そのものが重要な存在意義となっている点がこれらとは異なる。

　また、ソーシャルセクター組織にコミュニティ的特性が強く見出せるのは、単に参加者の志向だけでなく、それを生み出し維持する条件が存在することも大きいと考えられる。よく指摘されるように、NPOの活動への参加経路として、口コミによる参加、すなわち社会ネットワークを介しての参加が最も多いことが分かっている[9]。このことは参加者の有する既存の関係性が組織内に持ち込まれることを意味する。まちづくりやヒューマンサービスなど、とりわけ地域内の住民が活動を行う組織においては、その地域社会の関係性を含む可能性もあり得る。このように、ソーシャルセクターには、いわば組織とコミュニティが相互浸透するような構造を見出すことができる（宮垣

2020)。

　こうした特性は、よく見知った間柄を介した参加がスクリーニングの機能を果たすこととなり、とくにヒューマンサービスなどのように、「どのような人がそのサービスを提供するのか」という情報が極めて重要となる活動においては、信頼の面で優位性があると考えられる（宮垣 2003）。また、組織の同質性を生むことも居場所としての価値を高めることになる。NPO がテーマ型の "コミュニティ" だといわれるのは、こうした特性に由来している。

　しかし他方において、同質性の過度の高まりは閉鎖性につながり、また当該の社会ネットワークにつながっていない限り参加の契機を得られにくく、これらのことは翻って組織や活動の担い手の確保を難しくさせるだろう。ここに、包摂的な組織がかえって参加障壁を高める逆説がある。さらに、コンサマトリーな関係だけが重視されると、活動の自己目的化や非効率化が生じ、やがて停滞することにもなりかねない。活動や事業の推進とコミュニティ的側面の重視はときに相矛盾し、組織や活動の継続性の困難を生み出すジレンマともなり得る。

IV　目的を創出するプロセス

1　試行錯誤する組織とその意義

　ソーシャルセクター組織は、広く社会課題の解決というゴール、そして個々の組織が掲げるミッションを達成しようとする存在であると同時に、その内部に様々なジレンマを抱え込む存在である。本章ではその 3 つ、すなわち、活動志向の事業性と運動性、多様な参加者とステークホルダーからなる参加構造の多元性、組織とコミュニティが相互浸透するような組織構造の両義性についてみた。こうした特性は、意思決定基準が多様となり、個々の活動場面において組織運営上の困難を引き起こしかねない。ただ現実的には、こうした矛盾があったとしても目の前にある課題に取り組むことがまず優先されるであろうから、都度なされる判断により、結果的に非一貫的もしくは流動的に "見える" 組織形態や活動形態を生じさせ得る。逆にいえば、ソーシャルセクターの捉えづらさはこうしたことから説明されるのではないだろ

うか。例えば、同じNPOであっても、事業性の弱い（強い）組織、その境界が曖昧なくらい開放的な組織や逆に外からは閉鎖的に見える組織など、大きなバリエーションが併存するのはこのためである。

　NPO／NGO、社会的企業や協同組合、ソーシャルビジネス、ボランティア団体など、ソーシャルセクターに含まれる組織の多様性もまた、こうした特性の帰結である。多くの場合において、そもそもどの制度的形態をとるか自体が目的だったわけではないだろう。

　一方、こうした分かりにくさ、その要因であるジレンマの存在は社会イノベーションにとって重要な意味を持つ。たしかに、それは組織運営を難しくさせる課題に違いないが、多様な基準がぶつかり合う調整過程や解消過程自体こそが、新しいサービスや方法、組織などのイノベーションを生み出す契機になり得ると考えられるからである。

　振り返れば、そもそも日本において輸入概念であったNPOが実体化していったのも、事業性と運動性のせめぎ合いからであったという側面がある。消費者運動にせよ環境運動にせよ、あるいは災害時における被災地支援にしても、課題について声をあげながら、その活動継続の必要性から法人化さらには事業組織化へと促されてきた団体も少なくない（宮垣 2020）。福祉分野では、1980年代半ばに都市部で生まれた住民参加型の福祉系団体も、有償ボランティアとして配食サービスや24時間のホームヘルプなどの新しい活動を創出しながら、その後多くが法人化されていった。当時の措置制度下で、介護の現状に疑問を持ち、その必要性を訴える姿勢がなければこうしたサービスも生まれなかったに違いない。他方、事業組織化の進展と行政や企業との協働が平行して進むなかで、NPO側からのアドボカシーや政策提言のチャネルも開かれていった。

　複雑な参加構造も両義的な組織構造もまた、それ自体が従来の組織観には収まらない参加形態や組織形態を生み出す契機となったともいえる。特に重要なこととして、市場から疎外されている人々が社会参加できる道をひらくという点でも社会的に重要な価値を創出している。社会イノベーションの端緒に、多くの主体の協働や関係性の変容が必要なのだとすれば、とりわけソーシャルセクターはその点において重要な役割を果たすことになる。

もちろんこの特性に由来する課題も多い。その最も大きいものは持続可能性であろう。ジレンマを抱えつつも試行錯誤ができるのは、目の前の課題に向き合おうとする自発性に依るところが大きい。しかし、ジレンマの解消過程でこうした自発性を失わせてしまう可能性は排除できないだろう。また政策的にもこうした特性への理解が求められる。とりわけ委託事業や財政的支援に際しては組織の公式性や効率性が求められるため、それに沿うほどにイノベーションの芽を摘むという逆説も生じさせかねない。社会課題の解決には協働は必須だが、NPO の特性への理解が深まらないままであればマイナスの帰結を生みかねない。

2　結び

　ソーシャルセクターの諸組織への参加は、その向き合う社会課題への関心や組織の掲げるミッションへの共感からくる自発的なものであろう。しかし、その社会課題は、複雑な背景が絡み合い、明瞭な解法というものは未知、もしくは様々な解法があり得る（故に、未解決な社会課題なのだといえる）。したがって、課題をどのように捉え、どうアプローチしていくかについて都度手探りで迫っていくことになる。ここで行われることは、あらかじめ課題と解法が明確ななかで活動するというよりも、活動するなかでおぼろげな課題が明瞭になっていくという、「具体的な活動目的の創出や問題発見のプロセス」である。最初から目的が明確で、解くべき課題とその解法が確立している場合は、その目的達成プロセスを合理的かつ効率的に遂行すればよいが、社会イノベーションにとって何より重要なのは、混沌としたなかの様々な可能性から目的を創出するプロセスである。

　こうしたプロセスにおいては、課題の現場での多元的な価値のなかで試行錯誤することが重要となるだろうし、それは向き合う主体自体のあり方にも求められる。ソーシャルセクター組織が本来的に有している様々なジレンマは、一見組織運営上の課題ともなり得るが、同時に、様々に相矛盾する要素がせめぎ合うことで、常に自らのあり方を問い、試行錯誤せざるを得ないプロセスを用意する装置となっているのだともいえる。

　実際に、ソーシャルセクター組織の活動は特定の分野にとどまることは難

しく、通底するミッションは不変でも、個々の活動目的が変容していくことは珍しいことではない。子どもたちのための居場所の開設が、やがて子どもの人権の問題や家族支援、高齢者の生きがいがテーマとなっていくこともあり得る話であろう。また、NPO 法に定める活動分野の複数を定款に記載している NPO 法人も少なくない[10]。こうしたイノベーションのあり方は、目的的にそれを目指すのとは異なり、その目的自体が創出され、変容しているのだといえる。

　もっとも、どのような目的を創出するにせよ、その方向性はいかようにでもなり得ることには注意する必要がある。社会課題の解決といっても、その目指すべき社会像は様々であり得るからである。この広い多様性のなかには、例えば社会的な問題を引き起こす活動が生まれる余地は十分にある。それは、社会イノベーションがどのような社会像を描くか自体が不問であるのと同様の課題であり、今後は、こうした尊重されるべき価値や目指すべき社会像自体が一層鋭く問われることにもなっていくだろう。

　ソーシャルセクターが拡大し、政府や市場との協働が深まっていくなかにあって（そして、それは短期的で合理的な成果が常に求められているように思われる）、こうした特性を持つ組織が存在することの意味を改めて考えたい。NPO は、つかみどころのない不思議な組織だといわれる。その理由が、本来的に有している組織特性に由来するものであり、それこそが社会イノベーションにとって重要であるとすれば、この不思議さを生み出す要因こそを深く理解することが必要なのである。

1)　社会イノベーションとソーシャルセクターには、いずれも "Social" の語が含まれる。一方が漢字、他方がカタカナ表記となっており、いささか困惑する表記法だが、本章では通例のまま用いることとした。

2)　Stanford University Social Entrepreneurship Hub: An Impact Lexicon（https://sehub.stanford.edu/impact-lexicon#S、最終アクセス：2022 年 7 月 23 日）

3)　ボランタリーの失敗とは、フィランソロピーの不足、テーマ性による偏重、パターナリズム、アマチュア性といった NPO の抱える諸課題を指す（Salamon 1995）。

4)　一例として、スタンフォード大では、2000 年に社会イノベーションセンターが設置され、2003 年に *Stanford Social Innovation Review* を創刊するなど、テック系スタートアップや多くの NPO、ソーシャルビジネスの集積するサンフランシスコ・ベイエリアの地

域特性なども背景に一定の役割を果たしてきた。

5）　欧州では社会的企業、アメリカではNPOや社会起業家が、社会イノベーション概念と同一視されることもあったが、それも変わりつつある。主体そのもの以上に、それより生み出されるもの、社会全体が恩恵を受ける（社会的な）一連のアプローチに焦点をあてるべきだという主張も少なくない（SI-DRIVE 2018；Phills, Deiglmeier and Miller 2008）。

6）　調査は神奈川県及び横浜市が所轄庁の全NPO法人3,625を対象に行われた（有効回答数1,140、有効回答率33.7%）。本研究は科学研究費補助金（15K03430, 15K03865, 19K02136）の成果の一部である。

7）　NPO法人への参加人数の中央値をみると、会員（NPO法上の社員）数は回答全体で15人、認証法人13人、認定・特例認定法人33人（以下同）、役員数は、全体7、認証6、認定10である。また、役員以外の職員数は全体4（内有給3、常勤有給1、以下同）、認証3（2、1）、認定6（5、2）である。事業活動に参加するボランティアが30人未満の法人が、認証57.6%、認定33.5%である（内閣府 2021）。

8）　組織規模を示すデータは注7を参照。ただし、活動内容や地域によって大規模組織も存在している。バングラディッシュなどで活動するBRACの職員は12万人ともいわれる。

9）　筆者らが実施した調査（注6参照）では、「団体スタッフからの紹介」が6割以上（事務局スタッフ：63.7%、その他の活動者：64.4%）であった。なお、兵庫県でも同様の傾向が見られた（ひょうごボランタリープラザ 2018；鈴木・宮垣・山本・猿渡・西岡 2019）。

10）　2021年度末時点の公表データでは、NPO法で定める20分野のうち、3分野以上で活動することを定款に定めるNPO法人は75.1%である（38,140/50,787法人）。

参考文献

青尾謙（2020）「ソーシャル・イノベーション研究の国際比較――『社会変革』の学問はどこまで進んでいるのか？」『ソーシャル・イノベーション研究』1、31-43。

安立清史（2008）「福祉NPOとソーシャルキャピタル、コミュニティ形成」『日本都市社会学年報』26、39-51。

伊藤忠弘（2011）「ボランティア活動の動機の検討」『学習院大学文学部研究年報』58、35-55。

大江守之・岡部光明・梅垣理郎編著（2006）『総合政策学――問題発見・解決の方法と実践』慶應義塾大学出版会。

坂本治也・秦正樹・梶原晶（2019）「NPO・市民活動団体への参加はなぜ増えないのか――『政治性忌避』仮説の検証」『ノモス＝Nomos』44、1-20。

坂本治也・秦正樹・梶原晶（2020）「NPOへの参加はなぜ忌避されるのか――コンジョイント実験による忌避要因の解明」『年報政治学』71（2）、303-327。

鈴木純・宮垣元・山本圭三・猿渡壮・西岡暁廣（2019）『神奈川県のNPO法人――組織と協働の実態』社会ネットワークと非営利組織研究プロジェクト。

総合研究開発機構編（1994）『市民公益活動基盤整備に関する調査研究』。

田中共子・兵藤好美・田中宏二（2007）「高齢者援助ボランティアにおける活動の動機と効果——ソーシャルサポートの交換の視点を中心に」『文化共生学研究』5、51–69。

兵庫県社会福祉協議会・ひょうごボランタリープラザ（2018）『ひょうご NPO データブック 2018』。

福田アジオ編（2006）『結衆・結社の日本史』山川出版社。

宮垣元（2003）『ヒューマンサービスと信頼——福祉 NPO の理論と実証』慶應義塾大学出版会。

宮垣元（2020）『その後のボランティア元年——NPO・25 年の検証』晃洋書房。

山岡義典編（1999）『NPO 基礎講座 3　現場から見たマネジメント』ぎょうせい。

Ben-Ner, A.（1986）"Non-Profit Organizations: Why Do They Exist in Market Economies?", S. Rose-Ackerman ed. *The Economics of Nonprofit Institutions*, Oxford: Oxford University Press.

Ben-Ner, A. and B. Gui（2003）"The Theory of Nonprofit Organizations Revisited", Helmut K. Anheier and A. Ben-Ner ed. *The Study of Nonprofit Enterprise: Theories and Approaches*, New York, NY: Kluwer Academic/Plenum Publishers.

Borzaga, C. and J. Defourny eds.（2001）*The Emergence of Social Enterprise*, Routledge（= 2004, 内山哲朗・石塚秀雄・柳沢敏勝訳『社会的企業——雇用・福祉の EU サードセクター』日本経済評論社）.

Ghatak, M.（2021）"Economic theories of the social sector: from nonprofits to social enterprise", *LSE Public Policy Review* 1（3）, 1–9.

Hansmann, H.（1980）"The Role of Nonprofit Enterprise", *The Yale Law Journal*, 89, 835–901.

Drucker, P. F.（1990）*Managing the Nonprofit Organization*, New York: Harper Collins Publishers（= 1991, 上田惇生・田代正美訳『非営利組織の経営——原理と実践』ダイヤモンド社）.

Mulgan, G.（2019）*Social Innovation: How Societies Find the Power to Change*, Bristol: Policy Press.

Phills, James A., K. Deiglmeier and D. T. Miller（2008）"Rediscovering Social Innovation", *Stanford Social Innovation Review* 6（4）, 34.

Rosenbloom, R. S. and R. Marris eds.（1969）*Social Innovation in the City: New Enterprises for Community Development*, Cambridge, MA: Harvard University Press.

Salamon, L. M. and H. K. Anheier（1994）*The Emerging Sector*, The Johns Hopkins University（= 1996, 今田忠監訳『台頭する非営利セクター』ダイヤモンド社）.

Salamon, L. M.（1995）*Partners in Public Service: Government-Nonprofit Relations in the Modern Welfare State*, Baltimore: Johns Hopkins University Press（= 2007, 江上哲監訳『NPO と公共サービス——政府と民間のパートナーシップ』ミネルヴァ書房）.

SI-DRIVE（2018）Social Innovation: Driving Force of Social Change（Final Report）.

Weisbrod, B. A.（1988）*The Nonprofit Economy*, Cambridge, MA: Harvard University Press.

第4章 個人から社会へのイノベーション
スケールを往来しながら発想を繰り返す

中西泰人

はじめに

　筆者はこれまで発想法や発想プロセスの実践と理論的な説明を交互に繰り返す授業を行ってきた。そこで発想のプロセスに関する様々な書籍を紹介しているが、その中で最もページ数の少ない本はヤング（Young）の『アイデアのつくり方』である（ヤング 1988）。さっと読める本であるが、発想のエッセンスが凝縮されたロングセラーである。人はどのようにしてアイデアを手に入れることができるのか？という疑問に対し、ヤングは「アイデアとは既存の要素の新しい組み合わせ以外の何ものでもない」「既存の要素を新しい組み合わせに導く才能は、物事の関連性を見つけ出す才能に依存するところが大きい」という2つのアイデアの作成の原理を述べている。

　イノベーションは様々な切り口で説明される概念であるが、それが物事の「新機軸」「新結合」「新しい枠組み」「新しい活用法」を創造する行為であるとすれば、それが技術的なものであれ社会的なものであれ、そこには新しい発想が必ずあるはずだ。本章ではイノベーションを新しいアイデアを発想しそれを具現化して社会へ広めていくことと考え、発想にまつわる実践知を述べていきたい。

I　発想法

1　発想する——様々な知能を組み合わせる
「既存の要素の新しい組み合わせ」は、論理的に考えたり既存の枠組みの

中で考えたりしていては結びつくことがない組み合わせを考えることでもある。つまり発想するには、論理や一般的な理解、思い込みの外へ出る必要があり、理性とは異なる知能——感性や野性や悟性、好奇心や勇気などを使う必要がある（McKim 1972；ケリー 2014）。論理や理性が「あたま」の中に宿っている形式的な知能だとすれば、感性や野性や悟性、好奇心や勇気は「こころ」や「からだ」の中に宿っている言語化しづらい暗黙的な知能ともいえる。ヤングは発想プロセスを5つの段階：調査・操作・孵化・ひらめき・検証としてモデル化して、その中の孵化の過程は「無意識が組み合わせの仕事をやるのにまかせる」と述べている。調査や操作や検証が意識的・顕在的に行われるのに対して、孵化やひらめきは無意識的・潜在的に行われるのだ。

　発想法は、こうした様々なタイプの知能を組み合わせて飛躍的な思考をする過程を意識的に行うための方法であり、またそうした思考を習得するための練習方法でもある。ヤングの5つの段階で言うと調査と操作、検証では、名前が付けられた発想法を使うことで意識的に自分の思考を広げやすくなる。さらに、自分の思考の偏りから逃れることができる、機械的にアイデアの量を増やすことができる、他の人と一緒にアイデアを出しやすくなる、といった利点がある。ある種のエゴ（自我）を捨て去って愚直に発想法を実践すると、自分のバイアスの外側に出ることができ、また複数人で一緒に調査がしやすくなる。斜に構えて中途半端に使うと逆効果な場合もあって、スポーツの戦術やゲームの定石のように忠実に実行するほうが効果的だ。

　その一方で、ヤングがアイデアの作成の原理について「説明は簡単至極だが実際にこれを実行するとなると最も困難な種類の知能労働が必要なので、この公式を手に入れたといっても、誰もがこれを使いこなすというわけにはいかない」と述べているように、発想法を使えば必ず良いアイデアが出るわけではない。それは「アイデアの作成に当たって私たちの心理は、習得したり制御したりできる操作技術によってはたらくものであること、そしてなんであれ道具を効果的に使う場合と同じように、この技術を修練することがこれを有効に使いこなす秘訣である」とも述べているように、形式知としての発想法は、物理的な道具と同じように時間をかけて使い続けることで暗黙知として体得してゆく知的道具だからでもある。

2　発想法を発想する

2.1　マルチスケールデザイン（図4-1）

　筆者の研究は様々な技術を応用した新しい UI（User Interface）や UX（User Experience）を作り出すことであるが、その新しいアイデアを出す際に名前が付けられた発想法を実際に使ってきた。そしてある程度アイデアを持続的に出せるようになった中で、より良いアイデアをたくさん出せるよう、自分のアイデアや発想の過程をメタ的に捉えようとした。スポーツ選手が自分のプレーを振り返り上手くなるためにどうすべきかを考えるのと同じように、自分の思考や行動の特徴や強みを自身で把握し、自分なりの発想法を発想しようと考えたためである。

　その際の指針のひとつになったのが、建築家やデザイナーの人たちと一緒に書いた書籍『POST-OFFICE　ワークスペース改造計画』である（岸本ほか 2006）。この本は新しい働き方やオフィスのアイデアが詰まった本であるが、編集する際にたくさんのアイデアたちをどう並べて見せるのがよいかを検討した。そのアイデアたちがあまりに多様だったため、シンプルにモノの大きさ順に並べていった。そしてそれを受けて、自分が作ってきた UI や UX について、どんな大きさのモノが組み合わされているか、無形か有形か、デジタルかアナログかを捉え直し、その要素たちの大きさの尺度を手・身体・部屋・建物・都市・地球・スケールレスとして分類した。その中でも、

- 異なるスケールの要素が3つ以上組み合わさっているもの
- 要素とスケールの組み合わさり方が不連続なもの

に自分が面白みを感じているということに気づき、自身で UI や UX をデザインする際に、この特徴を持つよう発想する「マルチスケールデザイン」という言葉を使い始めた（中西 2009；中西 2013）。

　それ以降、新しい UI や UX を発想するときにはこの考え方で「要素の組み合わせのスケール」を意識的に操作するようにしている。付け加えられる要素は何か、どんな大きさのものか。それはデジタルかアナログか。幾つ加えるとどう並べることができて、どんな大きさになるか。何かを除いたら他のスケールのどんな要素を追加すれば同じ目的を達成できるか。そもそもの目的は何か。こうしてスケールをもとに要素の新しい組み合わせを操作する

システム名	実空間の要素のスケール								情報空間
	手	身体	家具	部屋	建物	都市	自然	地球	
iCAMS	●			●		●		●	●
見知らぬカゾク	●				●		●		●
時空間ポエマー	●	●		●		●		●	●
EnhancedDesk	●	●	●						●
EnhancedProceedings	●								●
EnhancedChat	●								●
EnhancedWall		●	●	●					●
NarrativeHand	●		●						●
Face to face		●	●						●
decfive			●	●					●
EnhancedRoom, PAO Room	●		●	●					●
BOZAAR	●	●							●
記憶の告白 – reflexive reading	●	●	●	●					●
DAWN		●	●						●
POST – OFFICE	●	●		●	●	●	●	●	●
CityCompiler	●			●	●	●	●		●
IDEA CAMP	●	●				●	●		●

図 4-1　自分が作ってきた UI/UX のスケール

のは、SCAMPER という名前の発想法に近い。そして以下に紹介する「アイデアキャンプ」（中西ほか 2011）および「スマートシティとキノコとブッダ」（中西ほか 2022）と名づけたプロジェクトは、自分で発想した発想法としてのマルチスケールデザインを使って発想したものである。

2.2　アイデアキャンプ（図 4-2）

　あたまを使う方法には、分析・発想・記憶・検索など、いくつか種類があるが、中でも発想のためには、主観的な思考プロセス：経験する・解釈する・感じる・気持ち良い・気になる、身体的な思考プロセス：耳を傾ける・足で探す・手を動かす・リラックスする、が大切な役割を果たす。そうした主観的・身体的な思考プロセスは、学校で言えば、図工室や校庭、放課後や遠足、社会科見学や林間学校などで活躍する。逆に、正解をすばやく出すための客観的・論理的な思考が重視される教室の中では、主観的・身体的な思考はあまり出番がない。

　アイデアを出すプロセスには客観的・論理的な思考だけでなく主観的・身

図4-2　アイデアキャンプ：様々なサイズの紙を組み合わせて自分達で場を設ける

体的な思考が必要であるから、そのために使う道具や環境もおのずと変わってくるはずだ。アイデアキャンプは、付箋、段ボール、色々なサイズの紙を持って、気持ちの良い場所へ出かけ、みんなでアイデアを出しあおうという提案である。図工の時間のように色々なサイズの紙をたくさん使いながら、放課後に秘密基地を作ったり林間学校でテントを張ったりするように段ボールを並べ、発想する時間と空間を楽しむ。街や自然の中に身を置けば、広い空、鳥や虫の声、水や風の音、匂いや空気が五感を刺激する。主観的・身体的な思考には心や身体の状態や周囲の環境が影響するので、いつもと違う刺激を受けると気づかぬうちに思考のパターンも変わるものだ。発想のプロセスには論理的な思考以上に飛躍的な連想や誤読に近い解釈が大事だから、オフィスや学校の中と自然の中とではおのずと違ったアイデアが出ることだろう。

　新しい仕事の環境を考えるのであれば、オフィスのビルや部屋、家具のスケールで考えるのが普通だろう。アイデアキャンプを発想するにあたって、それらよりも小さいスケールの文房具と、大きいスケールの都市と自然を、意図的にマルチスケールデザインとして組み合わせた。また使う紙のサイズも意図的にマルチスケールなシステムとして考えた。1人で書く／2、3人で

図4-3　変形能力と移動能力を備えた家具型ロボットとヘッドマウントディスプレイと移動体を組み合わせた遊具型ロボットにより動的で多義的な空間を作り出す

一緒に書きこむ／4、5人で一緒に見るなど、紙はそれぞれ使いやすいサイズが違う。また言葉、文章、絵、様々な要素の関係を表すような図では、それぞれ書きやすい紙のサイズもそれぞれ違う。色々なサイズの紙を使い分けることで、多様なコミュニケーションと知能の様式が引き出されていく。

2.3　スマートシティとキノコとブッダ

アイデアキャンプはアナログな要素だけを組み合わせたマルチスケールデザインであった。デジタル技術を応用した新しいUIやUXを作り出す研究を進める中で、新しいUXとして移動型の公園や遊園地を非人間型のロボットで作り出したいと考え、家具型・遊具型のロボットを開発している（図4-3）。移動能力を備えた機械知能としてのロボットを用いて多義的で動的な物理環境を構築することが大きな目標である。

自動運転車や配達ロボットのようにその知能や能力がシンプルで限定的だとしても、それがある量を越えて風景の一部となったとき、それはどのような環境になるだろうか。その中で、どのような知性と身体性が引き出され、新しい人間がどのように生成されていくのか。様々な分野の方々にインタビ

ューを行うことで自分たちの思考を広げ深めるべく、以下のトピックについ
ての様々な分野の方々との議論をする「スマートシティとキノコとブッダ」
というプロジェクトを、家具型・遊具型ロボットの開発と並行して進めてい
る。

- 自動運転車・ロボット・AI
- スマートシティ・ランドスケープ
- これからのデザインの行方・ポストヒューマンセンタードデザイン
- 非人間的な知性たちと紡ぎ出すエコロジー・マルチスピシーズ人類学
- 人知を超えるものと付き合う・非合理的に思考し生きる術

シンプルで限定的な知性がネットワークされ我々を囲んでいながらもその全
体を人類は理解し切れない、そうした知性の象徴としてキノコを[1]、そして
人間のスケールから宇宙のスケール、過去・現在・未来を行き来して思考す
る超越的な知性の象徴としてブッダを捉えている。都市とキノコとブッダの
組み合わせもマルチスケールデザインによる発想であるが、さらに自然生物
に人工生物を加えたマルチスピシーズ人類学の観点と、日本人的な思考パタ
ーンのひとつとしての「三角形の力学」（林屋ほか 1962）を組み合わせてい
る。それは、ロボットだけでなく自然との付き合い方は国や文化によって大
きく異なるためである。

　また日本的思考をデザインの方法論と組み合わせたものに「メタボリズ
ム」がある（大高ほか 2005）。生物における新陳代謝と建築・都市を結びつ
けたこの概念を通じて、建築家とデザイナーのグループによって様々なデザ
インが実現された[2]。この建築運動をプロデュースした川添登氏と浅田孝氏
は、世界デザイン会議において近代西洋主義的な建築・モダニズムを超えた
設計の方法論を提示すべく、個人ではなくグループによるコラボレーション、
日本的思考としての時間的な概念の導入や三つ巴が生み出す運動性、原子と
都市と宇宙を関連づけるスケールをまたがった思考プロセスなど、これまで
にない要素を建築・都市の設計に組み合わせようとした。「スマートシティ
とキノコとブッダ」では、近代合理主義的な設計論の延長線上にあるスマー
トシティとは違った技術と社会と自然の関係を考えようとしており、このメ
タボリズムの発想法にも大きな影響を受けている。

II　発想をスケールさせる

1　発想を広げていく

あたまとこころとからだを使って個人の中から生まれた小さな発想は、どのようにすれば多くの人々のためになる具体的な製品やサービス、社会的な仕組みへ発展させることができるだろうか。その方法のひとつは、最初から使ってもらう相手を想定し、その人たちの役に立つようアイデアを出していくことだ。ヤングの言う検証の過程を意識的に行う方法として、人間中心デザインや参加型デザインといわれる方法がある。スケッチや模型、動作する試作品として実際にアイデアを形にしながら、実際に使ってもらう人々の意見を取り入れ、製品やサービスのアイデアと具体的な実装を広げながら洗練させてゆく。

こうした方法を利用者とそれを提供／企画する企業／行政／NGO などの提供者が、利用者（生活者）の実生活に近い場所で実験的に検証する仕組みにリビングラボがある。リビングラボには、提供者がすでに持っている仮説や開発している技術・サービスの効果を検証するために利用者と一緒に実生活環境の中で検証・改善を行う仮説検証型リビングラボと、提供者のアイデアや仮説は生活者の実生活から乖離している可能性があると考え仮説を改めて探索しようとする仮説探索型リビングラボがある（木村ほか 2018）。

利用者の実生活の場でアイデアや仮説を探索しようとする方法に KJ 法やデザイン思考がある（川喜田 1967：ブラウン 2019）。アイデアキャンプも同様の狙いを持つものであるが、いずれも現場での調査（フィールドワーク）と操作の過程を統合する方法であり、文化人類学的なアプローチで提供者が生活者／利用者の様子を観察し、新たな仮説や発想を得ようとする。

デザイン思考の発祥の地ともいえるスタンフォード大学の d. school では、デザイナーが用いる思考プロセスとマインドセットを他分野（ビジネスや法律、工学や医学、心理学や文学などあらゆる分野）を専門とする人たちに学んでもらい、多様性のあるチームのコラボレーションによって人々や社会のニーズや課題を発見しそれを解決するアイデアの創出と、プロトタイプの開発とテストを繰り返す授業がいくつも開講されている（McKim 1972：ウ 2019）。

そうしたチームによって、ひいてはビジネスや社会サービスが実装されることが目論まれており、シリコンバレーの投資家やスタートアップの起業家がそうした授業のメンターを務めている。またプロダクトデザインのカリキュラムの中で 1 年生が最初に履修する科目である ME101 では「Design is Team Sports」と教えられている [3]。発想は個人の創造性の発露に基づくものでありながらも、それを広げていくのはチームプレイであり、0 から 1 を生み出すだけでなく、1 を 100 へ、100 を 10000 へと広げていくことも射程に含まれているように思う。デザイン思考のダイアグラムで表される思考プロセスは、時系列が明記されておらず、どんな順番で行ってもよいものであり、それらを行き来することが重要とされている（ウ 2019）。こうしたダイアグラムもあくまでも形式知であるため、このプロセスを体得するためには修練が必要であるが、「Design is Team Sports」というメッセージはそのことも端的に伝えてもいるだろう。ただ既存のユーザーや課題が存在しない場合にはデザイン思考は機能しないため、先端技術の応用や B to B（Business to Business）の領域などには不向きであり、その際には別の方法やプロセスを用いたり使い分けたりする必要がある（森永 2021）。

2　発想をつなげていく

　その一方で個人の直感や好奇心から出てきたようなアイデアはどのようにスケールさせることができるだろうか。そうした具体例として筆者が知る建築家であり起業家である馬場正尊さんを紹介したい。馬場さんと筆者が最初に知り合ったのは、彼が大学院で建築を勉強した後に広告代理店に勤め、そしてその後に建築と都市とサブカルチャーの活性面にあるメディアである雑誌『A』を立ち上げて編集長をしていた頃である [4]。その数年後に彼は建築事務所を立ち上げ、ほぼ同時に「東京 R 不動産」という不動産仲介の Web サイトを立ち上げた。多くの人からすればただ古いように見えるが別の見方をすれば味や魅力があるようなビルや部屋を見つけ出し、そうした物件だけを紹介する Web サイトである。ここではデザイナーでありながら雑誌の編集長として、そして広告代理店でも働いていた馬場さんのスキルと経験が統合されている。古い 2 階建ての小さな倉庫を自分たちで改装した事務所でス

タートした東京R不動産[5]は、ボロいが魅力ある物件をリノベーションする実例とそれを伝えるためのメディアを同時に自分たちで作ったといえる。

　家賃と駅からの距離といった合理的な要素とは異なる魅力が伝わるよう、キャッチコピーのようなタイトルを付け軽快な文章で物件の紹介をしていく東京R不動産のスタイルは人気を博し、2022年現在で月間に500万PVがあるという。そして同じスタイルのR不動産のサイトとビジネスが9つの地域で立ち上がっている。とはいえ最初は趣味・冗談のように始めたもので、自分たちの事務所として使おうとした物件を探したらけっこう面白そうな物件があって、それをブログで紹介していたのだという。そうした過程の中で発見した借り手とオーナーの間に不動産屋さんが入ることによって起きているミスマッチを解消したいという思いと、この街の周りに山ほどある魅力的な空き物件から東京を眺めてみようといった考現学的な視点で、個人ブログの延長みたいなものから始まったのが東京R不動産であった、とのことである[6]。まさに個人的な発見や関心からスタートしたインターネットと建築と都市：既存の要素の新しい組み合わせが、日本の各地へと広がりを見せた。

　そして神田・馬喰町・日本橋周辺の空き家や空きビルを活用したアートイベントであるセントラルイースト東京（CET）を馬場さんや様々なアーティスト／デザイナーが集まって開催したりと[7]、魅力が見出された物件が集まる地域の魅力も同じように見出され、様々な人たちが自分で小さなお店を始めたりそれらを連携させる仕組みを作っていくようになる。そうした点と点を結んでいくかたちで地域を活性化していくような仕組みをエリアリノベーションと呼び、行政主導の長期的な大きな開発で経済を回す産業構造とは異なるかたちとして、素早い小さな経済の渦が相互に干渉しあい共鳴してつながっていく都市のあり方である「工作的都市」を彼は提唱している（馬場ほか 2016）。そうして立ち上がる都市の風景は、都市計画で作り出されるような美しさを持ったものではなく、雑多でノイズに溢れていて、統一的なイメージはなく、多様性が容認される、いい意味でいい加減な風景であると言う。バラバラの個性や小さな欲望がパッチワーク状に張り合わされていつの間にか出来上がる都市。それはこれから述べる「クレイジーキルト」に相通じるものがある。

3　エフェクチュエーションとブリコラージュ

　サラスバシー（S. Sarasvathy）は認知科学的な研究アプローチを用いて、熟達した起業家に共通する行動様式・思考パターンを5つの原則にまとめ、それを「エフェクチュエーション」（effectuation）と名づけた（サラスバシー2015）。サラスバシーは同名の著書のイントロダクションでシュンペーター（Schumpeter, J.）以降のパラダイムのための仮定を述べた経済学者ギーアシュ（Giersch, H.）の言葉を引用している。その仮定は、成果ではなくプロセス、決定論ではなく自発的行動主義（voluntarism）、厳密性ではなく適切さ、静的な最適性ではなく運動（movement）、に焦点を合わせ強調しようというものであり、エフェクチュエーションはこうした精神を具現化するものであるという。この著書は、これまでに述べてきたような「理性を超える発想」「発想の連鎖」「偶然から生まれる飛躍」が、実際に市場を作り出していく企業家の行動と思考にどう現れるかを分析したとも言える内容になっている。

「手中の鳥」の原則（The Bird in Hand Principle）

　優れた起業家は、新しいビジネスを始めるときに、自分の手持ちの手段で新しいチャンスを作り出している。自分が何者であるか（Who I am：資質・能力・特徴）、何を知っているか（What I know：経済、教育、専門性）、誰を知っているか（Whom I know：社会的ネットワーク、コネクション）を認識し、それらを使うところから起業が始まるという。これを「手中の鳥」の原則という。

「許容可能な損失」の原則（The Affordable Loss Principle）

　起業する際にどこまで損失を許容できるかを決めておき、それを上回らないよう行動することを「許容可能な損失」の原則という。プラス＝利益を予測しそれが魅力的かどうかよりも、マイナス＝損失が受容できるかで機会を評価する。

「クレイジーキルト」の原則（Crazy-Quilt Principle）

　クレイジーキルトとは不揃いの形の布を不規則に縫い付けたキルトのことである。製品や市場を一緒に作ってくれそうな人や組織とつながって関係性を紡ぎ出し（fabricate）、パートナーシップを作り上げていくことを表す。その際に競争の分析や戦略についてはあまり気にせず、顧客だけでなく競合他

社すらも取り込んだエコシステムをクレイジーキルトのように作り出す。個人が始めた色々な業種の店同士がネットワーク的に接続されていく工作的都市は、そうしたクレイジーキルトのようにも見える。クレイジーという単語には、「気が狂った」というネガティヴな意味だけではなく、「夢中になっている」「熱狂している」「なんでこうなったか分からないが面白い」というポジティブな意味もある。新たな発想は理性を超えて作り上げられるものという観点からすると、関係する多種多様な人たちの身体に宿る野性や感性を通して偶然性を織り込んだ「意図せざる結果」として紡ぎ出されたものが、エコシステムとしてのクレイジーキルトと考えてよいだろう。このパートナーシップが成長し外部の世界を次々に取り込んでいくにつれ、明確な新市場へと姿を変えていくことになる。東京R不動産はスタートし20年ほどが経つ。馬場さんは使われなくなった公共施設と借りたい／使いたい市民や企業とをマッチングする「公共R不動産」も運営している（馬場 2015）。行政区を越えた公民を連携させるプラットフォームは、かつての大きな計画をこれからの小さな渦と連携させていくものであり、また今後の長期的なイメージからスタートの仕方を逆算する方法も組み合わせてもいる。

「レモネード」の原則（Lemonade Principle）

　アメリカのことわざに「When life gives you lemons, make lemonade」というものがある。これは「人生がレモン＝苦難を与えたときには、レモネード＝苦難を逆手にとったアイデア（別の要素との新しい組み合わせ）を作りなさい」という意味だ。優れた起業家は、予測不可能な要因による損失や困難な状況を新たな機会と捉え、偶然に起こったマイナスの出来事を新たな発想でプラスへと変換する。不確実性や偶然性を逆に楽しんでいるかのように活用してしまうのだ。お小遣い稼ぎやチャリティのために子どもたちが自分で作ったレモネードを売るスタンド・屋台を出すのはアメリカでよく見る夏の風景であり、ビジネスを体験したりチームワークを学んだりする良い機会だと考えられている。ことわざの意味とこの風景を合わせてイメージすると、自分でできることと偶然の出来事を新たな発想で組み合わせるというエフェクチュエーションの考えがより伝わるだろう。

「飛行中のパイロット」の原則（Pilot-in-the-Plane Principle）

　5つ目は、これまでの原則が表す世界観を示す原則である。飛行中のパイ
ロットは操縦桿を握り、計器の値を常に確認しながら、時々刻々と変化する
不確実な状況に応じて、臨機応変にそして迅速に対応していく。

　イノベーション分野におけるエフェクチュエーションと別の考え方に、コ
ーゼーション（causation）がある。コーゼーションは最初に目的やゴールを
設定し、その目的に向かって「何をすべきか」を考え、目的から逆算して結
果を生むための手段を考えて事業を進めていく。その一方でエフェクチュエ
ーションは逆に手段から始めるボトムアップな方法である。手段を用いて
「何ができるか」を考えながらゴールや目的を発想していく。エフェクチュ
エーションとコーゼーションは対比される手法であるが、どちらかが優れて
いるということではなく、状況に応じて使い分けていくものだ。サラスバシ
ーの『エフェクチュエーション』の監訳者である加護野は、そのあとがきで

> 企業家の行動は手元にある手段（資源）を有効に利用しようとする手段
> 主導の原則によって支えられるというエフェクチュエーションの原理は
> レヴィ＝ストロースの「ブリコラージュ（bricolage：器用仕事)」の概念
> とあい通じるものがある。ブリコラージュとは、そのとき利用できるあ
> りあわせの道具と材料を使って、多様なものを作り出していくという未
> 開の人々の仕事の進め方である（Levi Strauss 1962）。ブリコラージュの
> 概念は未開の人々の行動の説明だけでなく、現代社会の中枢にいる人々
> の行動の解明にも役立つ可能性があることを本書は暗示している。

と述べている（サラスバシー 2015）。「ブリコラージュ」と対比されるものづ
くりの方法は、理論や設計図に基づいて物を作る「設計」である。発見され
た問題と達成すべき目標がクリアで周囲の環境から独立していて未来が予測
可能ればエンジニアリングに基づいた最適設計が可能だ。その一方で、
我々人間の活動によって環境が駆動（driven）される際には目的が変化した
り新たな目的が生まれる可能性があるため、連続的なエフェクチュエーショ
ンやブリコラージュが有効なケースもある。

このブリコラージュを体得してもらうことを目的とした授業を、筆者は慶應義塾大学環境情報学部の石川初教授と共同で行っている。7週間の授業期間にわたって様々なモノを作る課題を出す。前半では「自分の身の回りにあるものだけを使って30秒で作るマスク」「1軒のコンビニだけで買った食べ物を組み合わせて作るそそる謎メニュー」「自分の身の回りの環境にあるものだけを使ってその環境になんらかの改造を行い改善する」という課題を通じて、身の回りにあるモノだけを組み合わせた新しい何かを作り出してもらう。その過程では何かゴールを事前に設定する場合よりも、「たまたま」「つい」「うっかり」何かを作ってしまったことを出発点に発想をつなげていくほうが飛躍的な発想を得られることが多く、そうした過程を体験してもらう。そして後半には「役に立たない機械」を作ってもらう。身の回りにある素材をもとに試作を繰り返す上で気づいた個人的な気づきや関心を膨らませ、カント（Kant）による美の定義のひとつ「美とは目的なき合目的性である」を実現するような機械を作る[8]。これらの課題を通じて、エフェクチュエーションの原則でいえば「手中の鳥」「クレイジーキルト」「レモネード」を実践し、コーゼーションの過程では感じることがないであろう漂流の美学の一端を摑んでもらいたいと考えている。

III　偶然を受け入れる器になる

1　即興を計画し曖昧さとダンスを踊る

問題には正解があるものと正解がないものがある。前者は well-defined problem、後者は ill-defined problem や wicked problem とも呼ばれる。ill-defined problem は問題が曖昧だったり矛盾を抱えていたりしているため、様々な知能を組み合わせてとりあえずのアイデアをたくさん考え出さないと何をどう解けば良いのかが分からない。そのプロセスは、鶏と卵はどちらが先かのような正解のない問いに、ああでもないこうでもないととりあえずの答えをいくつも出しながら、あたまだけでなくこころやからだも使って応えようとする流動的で創造的な思考プロセスである。そこでは変化や困難を楽しむ態度や矛盾や曖昧性を許容する態度・マインドセットが必要であり（ケリー

2014)、ネガティブケイパビリティ[9]のような、すぐに問題解決しようとせず答えのない事態の居心地の悪さに耐える力が必要だ。そうするとおのずと人も、未来を見据えながらも見据え過ぎず、鳥のように俯瞰的でありながら虫のように微視的、能動的でありながら受動的でもあるような、曖昧で矛盾した存在になる。そのためには自分を、境界がきっちりと決まった固定的な存在としてではなく、自分の外側にある状況や環境に呼応して様々な知能が響き出すような動的で多義的で現象的な存在として、捉えたほうがよいのではないか。

　創造性は何か特別な才能を持つ個人に宿るものと思われがちだ。しかし近年の認知科学の研究からも、創造性は個人の才能の発露だけではなく、他者と話したりアイデアを書き出したり、周囲の物理的な環境からも刺激を受けながら、身体的に展開していくことが明らかになりつつある（トヴェルスキー 2020；阿部 2019）。その時の態度や振る舞いは「Dance with Ambiguity（曖昧さと踊れ）」（Leifer 2011）、「Plan to Improvise（即興を計画せよ）」（Scott 2012）と表現されるようなものである。創造的な発想をするためには、物理的道具／知的道具、意識／無意識、あたま／こころを切り替えながら、自分の外に出した言葉やスケッチやジェスチャーなどによって自分の創造性を触発し、それと同時に他者や素材や環境からも触発してもらうのだ。そしてその過程の中では、予期せぬ発見と出会うべく、自分を偶然と即興が宿る容れ物にする必要がある。

2　偶然が響き合う場所へ──未完の美・冗長の美・享楽の美

　未来が予測でき不確定要素が少ない環境では「ゴールを設定して予測をして必要なリソースを逆算する」という演繹的な計画が有効だ。時間と空間のスケールが変わり未来を予測することは難しく様々な偶然が起きてしまう環境であれば、むしろその逆の帰納法的な計画が有効な場面がある。「計画性がある」は褒め言葉だが、即興的な行動やブリコラージュには「計画性がない」「場当たり的」と否定的な言い方もできる。しかし別の見方をすると、計画は「机上の空論」「口だけ」になる可能性もあるし、即興には「瞬発力」「突破力」が求められる。どちらかの思考が優れているわけでもないし、問

題が複雑になればなるほどひとつの思考だけで進められるわけでもない。状況に応じて使い分けられる柔軟さと相互に行き来するメタな思考が重要だ（McKim 1972）。

　創造的な思考プロセスは、問題発見→問題解決という一方向なものではなければ、発見と解決を一度やれば済むものでもない。文字だけで表現するとすれば「発見←↑↓→問題←↑↓→解決」とでも書くべきかもしれないし、絵やスケッチ、態度や振る舞いとしても示されるべきだろう。そうして生まれてくる小さな発想を広げつなげていくための場はどのようなものであるべきか。偶然と即興が宿る容れ物になるよう、未完の美・冗長の美・享楽の美（中西 2017）を受け容れるような余白を計画することもできるだろうし、帰納法的に紡ぎ出されたネットワークを広げていくような制度や仕組みを演繹的に作り出すこともできるだろう。そしてこれからの時代ではより不確実性が増すのだと考えれば、そこで必要なのは、目指すべき姿やゴールではなく、自分（たち）自身や不確実性と向き合う姿勢そのものではないだろうか。「正しい答え」を探すのではなく、自分（たち）は誰なのか、今何ができるのかを真摯に問い続ける。そして響き合う偶然に耳を傾ける。そうすることで、未来は与えられるものではなく自分（たち）で自ら紡ぎ出すものになるからだ。

1)　菌類は決断能力と記憶能力を備えているという研究成果が発表されている。また10 km四方の大きさを持つ2000歳のキノコがアメリカのオレゴン州で発見されており、地球最大の生物はキノコであるとも言われている。
2)　慶應義塾大学湘南藤沢キャンパス（SFC）のキャンパスを設計した槇文彦氏やキャンパス近くの湘南ライフタウンを設計した黒川紀章氏もそのメンバーである。
3)　筆者はスタンフォード大学にVisiting Scholarとして1年間滞在し、スタンフォード大学の機械工学科のプロダクトデザインのコースやそれが母体となっているd.schoolの授業をいくつか聴講した。
4)　筆者がメディアアートの制作を通じて様々なデザイナーや建築家と知り合った頃でもあり、『A』に記事を寄稿したり特集の企画にも協力した。
5)　https://www.realtokyoestate.co.jp/（最終アクセス：2022年7月30日）
6)　https://www.okamura.co.jp/magazine/wave/archive/1305babaA_2.html（最終アクセス：2022年7月30日）

7) 筆者も 2005 年と 2006 年の CET に作品を展示した。

8) ここ数年の作品の動画はこちらにまとめられている。https://www.youtube.com/channel/UCEhcyWWfhe5DaBnUzXEMa_Q（最終アクセス：2022 年 7 月 30 日）

9) 詩人ジョン・キーツ（John Keats）が不確実なものや未解決のものを受容する能力を記述した言葉。https://ja.wikipedia.org/wiki/ ネガティブ・ケイパビリティ

参考文献

阿部慶賀（2019）『創造性はどこからくるか——潜在処理、外的資源、身体性から考える』共立出版。

ウ、ジャスパー（2019）『実践　スタンフォード式デザイン思考　世界一クリエイティブな問題解決』見崎大悟監修、インプレス。

大高正人・川添登（2005）『メタボリズムとメタボリストたち』美術出版社。

川喜田二郎（1967）『発想法』中公新書。

岸本章弘・中西泰人・仲隆介・馬場正尊・みかんぐみ（2006）『POST-OFFICE——ワークスペース改造計画』TOTO 出版。

木村篤信・赤坂文弥（2018）「社会課題解決に向けたリビングラボの効果と課題」『サービソロジー』5（3）、4-11。

ケリー、デイヴィッド＆ケリー、トム（2014）『クリエイティブ・マインドセット——想像力・好奇心・勇気が目覚める驚異の思考法』千葉敏生訳、日経 BP。

サラスバシー、サラス（2015）『エフェクチュエーション』加護野忠男監訳、高瀬進・吉田満梨訳、碩学舎。

トヴェルスキー、バーバラ（2020）『Mind in Motion——身体動作と空間が思考をつくる』渡会圭子訳、森北出版。

中西泰人（2009）「マルチスケール・マルチメディアのデザイン」『電子情報通信学会総合大会講演論文集』(2)、"SS-3"-"SS-4"。

中西泰人（2013）「水平思考を垂直思考する」『x-DESIGN——未来をプロトタイピングするために』慶應義塾大学出版会。

中西泰人・岩嵜博論・佐藤益大（2011）『アイデアキャンプ——創造する時代の働き方』NTT 出版。

中西泰人（2017）「新たなかたちのひろばの創造と三つの美学——享楽の美・冗長の美・未完の美」『KEIO SFC JOURNAL』17（1）、74-98。

中西泰人・本江正茂・石川初「スマートシティとキノコとブッダ」https://note.com/cityfungibuddha（最終アクセス：2022 年 7 月 30 日）

馬場正尊・Open A 他（2016）『エリアリノベーション——変化の構造とローカライズ』学芸出版社。

馬場正尊・Open A 他（2015）『PUBLIC DESIGN　新しい公共空間のつくりかた』学芸出版社。

林屋辰三郎・梅棹忠夫・多田道太郎・加藤秀俊（1962）『日本人の知恵』中央公論社。

ブラウン、ティム（2019）『デザイン思考が世界を変える　アップデート版──イノベーションを導く新しい考え方』千葉敏生訳、早川書房。

森永泰史（2021）『デザイン、アート、イノベーション』同文館出版。

ヤング、ジェームス（1998）『アイデアのつくり方』今井茂雄訳、CCC メディアハウス。

Lévi-Strauss, Claude（1962）*La Pensée sauvage*, Paris: Plon.

Leifer, Larry J. and Martin Steinert（2011）"Dancing with Ambiguity: Causality Behavior, Design Thinking, and Triple-loop-learning", *Information Knowledge Systems Management* 10（1–4）, 151–173.

McKim, Robert H.（1972）*Experiences in Visual Thinking*, Monterey, CA: Brooks/Cole Pub. Co.

Scott, Doorley and Witthoft Scott（2012）*Make Space: How to Set the Stage for Creative Collaboration*, Hoboken, NJ: Wiley.

第II部
新領域創造のプロセスと実践

第5章 ヘルスケア変革のための コミュニケーションの研究と実践

秋山美紀

はじめに

　人の健康に寄与する実践と研究は、多様な人々が参加し、次々と異なる分野を融合させることで発展してきた。ヘルスケアの分野で筆者がとりわけ注目しているのは、かつては受益者と見なされてきた者たちが、イノベーションを起こし課題を解決するアクターになるという変化である。もちろん現在でも、提供者と受益者、専門家と非専門家といった区別が完全になくなったわけではない。しかし、インターネットに代表されるコミュニケーション環境の進化によって「知の所在」が変化し、さらに少子高齢化といった社会の変化もあいまって、人々の意識や考え方に大きな変化が起きつつある。いわゆる「団塊の世代」800万人全員が75歳以上になる2025年を目前に、従来の社会保障制度では対応しきれない課題が次々と見えてくる中、かつては当たり前だった二分法的な考え方は薄まりつつある。多くの人が、自分自身や帰属するコミュニティの健康に関する課題を解決するアクターとして参加することに対して前向きになってきたと感じている。

　このような背景を踏まえながら、本章では、ヘルスケアの世界をより良きものへと変えていくダイナミックなプロセスとしての「ヘルスコミュニケーション」という融合領域を紹介し、その意義を論じていく。ヘルス（Health：健康）とコミュニケーション（Communication）から成るヘルスコミュニケーションがどのような領域を指し、どのような方向に向かっているのかは、次節以降にて詳説するが、個人、集団、社会といった多層にまたがるコミュニケーションは、現象であると同時に、人や社会の認識や通念を変え、

世界を変革していく動力とも捉えられる。

　第Ⅰ節ではまず、なぜコミュニケーションがヘルスケアの変革のために重要なのか、これまでの社会の変化とともに述べていく。続く第Ⅱ節では、ヘルスコミュニケーションという実践および学問領域の発展過程と今後の方向性を論じていく。人の健康を捉える上で、相互作用を念頭においたモデルを紹介し、総合的な課題の把握が重要であることを述べる。第Ⅲ節では、そうしたモデルを前提にした筆者の実践例を紹介する。そして第Ⅳ節では、今後の展望や課題を述べていくこととする。

Ⅰ　相互作用こそが変化をもたらす

1　コミュニケーションがなぜ重要なのか

　カタカナ表記が日本語として定着した英単語のうち、誰にでも馴染みがあるもののひとつが「コミュニケーション」であろう。その語源は、ラテン語で共通するものという意味を持つ名詞 "communis（コミュナス）"、あるいは共有するという動詞である "communicare（コミュニケア）" だとされる。この語源から、コミュニケーションの本質とは「何かを共有していくプロセス」であることが読み取れる。今日に至るまで、様々に定義されてきたコミュニケーションという言葉であるが、「シンボルを介した相互作用のプロセスである」という捉え方が一般的である。シンボルとは、言葉（言語や文字）、図、ジェスチャーやしぐさ、表情、声のトーンなど、何かしら意味を伝えうる表象を指す。それらを介した相互作用は常に動的なものであり、そのプロセスを我々は「コミュニケーション」と呼んでいる。

　人類の誕生とともにあり続けてきたコミュニケーションが研究の対象となった背景には、新しい通信手段の誕生もあった。電話が普及し始めた 1950 年代あたりから、情報の伝達に主眼を置いた多くのコミュニケーション研究が行われるようになり、メッセージの送り手と受け手の間にある「伝わる」「理解できる」を左右する様々な要素も明らかにされてきた。本章は、そうしたコミュニケーションの既存研究やモデルを紹介することが目的ではないので、筆者が重要と考えるコミュニケーションの特徴のみを確認するにとど

めていく。

　まずは、人はコミュニケーションを通して、他者に影響を受けたり影響を与えたりしながら変化し続けていくものであるということを確認しておきたい。「シンボリック相互作用論」を著したブルーマー（Blumer, H. G）は、（1）人はある事柄に対してそれが自分にとって持つ意味に基づいて行動をし、（2）その事柄が持つ意味は人が他者と行う社会的相互作用により導き出され、（3）導き出された意味は自己内の相互作用の過程を通じて操作されたり修正されていくことを基本的な前提に人間社会を考察している（Blumer 1986）。つまり、我々はコミュニケーションによって、物事に意味を見出したり、新たな人間関係を構築したり、新たな役割を獲得したりといった様々な変化を起こすのである。この点は、我々の実践で前提に置くべき最も重要なことだと考えている。

　一方、コミュニケーションには目的や意図を持つものと、目的や意図のないものがあり、日常的にどちらも行われ、両者は混在している。自分がある目的を持ってコミュニケーションをしたつもりでも、無意識の表情やしぐさ、持ち物などが、自分の意図とは全く異なる印象やメッセージを伝えてしまうこともある。また特に目的のない何気ないおしゃべりの中で、期せずして課題解決のヒントやひらめきを得たり、創発が起きることもある。ゆえに、コミュニケーションという相互作用は、常に不確実で曖昧さを含むのである。この点も、実践の際に肝に銘じるべきことだと考えている。

　また、目的や意図を持つコミュニケーションにも、いくつかの種類がある。代表的なのは「説得的コミュニケーション」で、メッセージの送り手は受け手の前提に合わせて、相手が受け入れやすくかつ影響力を持ちうる方法でメッセージを送り、相手の認知の構造や感情・行動を変えようとする。例えば、保健医療職が患者や住民に生活習慣の改善を促すための情報提供をするといった場面では、健康行動科学の分野で蓄積されてきた様々な理論やモデルが活用されている。このような説得的なコミュニケーションは、どのように伝えるのが効果的かという一方向の情報伝達に焦点を当てることが多い。これに対して、経験・感情・意見・考え等の分かち合いそのものを目的とするコミュニケーションもある。時間と空間を共有する中で、互いの気持ちが通じ

合ったり、共通の認識を持って目標に向かっていけるようになるといった効果を持つ双方向のコミュニケーションである。病気や障害と向き合う者が集う患者サロンやピアサポートのような場がこれに当てはまる。2種類のコミュニケーションは、必ずしも排他的な関係にあるわけではなく、混在する場合もある。思いや考えの共有や分かち合いを踏まえるからこそ、説得が功を奏するということもあるだろう。

　このような特徴を踏まえると、コミュニケーションは人や社会を変革していく可能性を秘めた重要なものであるとポジティブに捉えられると同時に、その実践や研究を行う上では、やっかいな不確実性や曖昧さも引き受けなければならないということが見えてくる。本章で紹介するヘルスコミュニケーションは、健康の維持・増進のためのひとつの手段であると同時に、組織・コミュニティ・社会の構成員が様々な健康課題に気づき、それを共有し、相互作用しながら、ともに手を携えていくというダイナミックなプロセスをも包含する。次項では、なぜそのような領域で研究や実践を行うことが重要になっているのかを、ヘルスケアや社会の変化とともに述べていく。

2　変化の過程にあるヘルスケア

　我が国のヘルスケアの領域において、多様な主体の相互作用を意識したコミュニケーションの実践と研究が重要性を増している。この背景には、高齢社会の深化とあいまった社会システムの変化がある。

　例えば、可能な限り住み慣れた地域で自分らしい暮らしを最期まで続けることができることを目指した体制づくりである「地域包括ケアシステム」は、各自治体においてここ10年で大きく進展してきた。近年、住民が主体となって介護予防サービスを提供する取り組みが次々と萌芽し、試行錯誤を経て発展しつつある。比較的元気な高齢者自身がサービスの担い手として活躍する通称「通いの場」も各地にできている。そうした中には、サービスを「提供する側」「提供される側」という区別はほとんどなく、お互いに支え合う仕組みがうまく機能している現場もある。ケアの対象も高齢者ばかりでなく、コミュニティのニーズに合わせて障害（児）者や子育て世代を含んだりと、行政の縦割りを超えた広がりが見られる。地域に暮らす様々な人が、行政、

介護事業所、福祉事業所、商店街など多様な主体とともに、認知症のある人を見守るといった取り組みも増えている。ボランタリーな住民たちのコミュニティが、アイデアや意見を持ち寄り、そこに暮らす人々のケアの一端を担うような協働が、各地に萌芽し成長しつつあるわけだが、そうした住民を対象にした調査研究からは、社会的役割を持つことと、主観的健康感や幸福感、QOL（Quality of Life：生活の質）が関連していることも示されつつある。

　一方、医療の世界では、多くの専門職が協働・連携をしてサービスを提供することが過去 30 年間で大きく進展した。特に近年、医療の場が病院から在宅へとシフトしてきた中で、異なる組織に所属する多職種が、組織や職種の壁を越えて円滑なコミュニケーションや情報共有を行い、チームとして質の高い医療を提供するようになってきた。例えば、在宅で緩和ケアを受けるがん患者のために、訪問看護師、訪問薬剤師、訪問理学療法士らが医師と協力しながらケアを提供することも、昨今では当たり前になっている。また、長くつき合っていく慢性疾患の増加により、患者本人や家族によるセルフケア、さらに周囲の者たちも支援者として役割を果たす機会が多くなっている。

　このような中、「健康」の捉え方そのものも多様性を包摂するものに変化してきている。約 75 年前の 1946 年に採択された世界保健機関（WHO）憲章には、「健康とは、単に病気や虚弱でないということではなく、身体的にも、精神的にも、社会的にも、すべてが満たされた状態にあること」と書かれている。身体や精神（心）の状態のみならず、社会の中での状態、人とのつながりといった要素も含めた状態が「Health（健康）」だという定義は、当時としては画期的なものであった。しかし国民の多くが何かしら健康課題を抱える高齢者となりつつある今日、この「すべてが満たされた状態」という定義に当てはまる人は少なくなった。さらに、医療技術の進歩のおかげで昔は助からなかった命も救えるようになり、子どもや若年層で難病や障害を持ちながら社会で暮らす人も増えた。社会を見渡せば、うつや認知症など精神の疾患や障害を持つ人、脳卒中を経験しその後遺症とともに生きる人、虚弱な高齢者等々、治りにくい病気や障害の症状を抱えながらも人生を前向きに生きている人たちが大勢いることに気づく。

　このような変化は多くの先進国で共通であり、上述の WHO の健康の定

義をもっと包摂的なものに再定義する必要があると、医学界においてもこの10年にわたり活発に議論が行われている。本人がたとえ社会的、身体的、感情的に大変な状況になってもそれを受け入れ、セルフコントロールできるようになる力が健康であると捉え直す試みも行われている（Huber et al. 2011；2016）。健康は、QOL、生きがいや目標、良好な人間関係といった、本人を中心に据えた項目で測定すべきという提案である。

　自分や家族が完治できない病気にかかったり、持っていた機能を喪失するという体験をする人は、社会が高齢化するほど増えていく。諦めることも受け入れながら、それでも生きていく意味を見出し、気持ちを取り戻していく力を人間は持っている。人は喪失を経験し悲嘆するが、人生を考え直す中で、今、持っているものを再度見直し、自分自身の人生を再構成化することで、再び前向きに生きていけるということは、高齢者や難病患者を多く支えてきた医療者や介護者も痛感している（例えば中島 2011；中野 2012）。そのようなマインドセットを持てるようになるプロセスにコミュニケーションがある。例えば、大切な人を亡くした人に寄り添うグリーフケアが悲しみから立ち直らせてくれるということは、多くの研究によっても示されている。また、難しい病気と闘っている人がソーシャルメディアやブログで発信する情報が、同じような立場の人を勇気づけるということも、頻繁に起きている。

　人を取り巻く環境要因にも目を向けた国際生活機能分類（ICF）の考え方は、社会に生きる多様な人々の個々の健康の実現を考える上で役に立つ。2001年のWHO総会で採択された国際生活機能分類、ICF（図5-1）は、もともと「障害」の分類から発展したモデルだが、心身機能の喪失や構造の欠陥という障害があることで社会的に不利になるというかつての一方向のモデルとは全く異なる新しい考え方を示している（大川 2004；上田 2005）。上段の生活機能では、「心身機能・構造」、「活動」、「参加」という要素が双方向の矢印で相互作用し合い、さらに下段の「環境因子」や「個人因子」という背景因子とも相互作用することを示した、多元的なモデルである。つまり、「環境因子を変えることで、社会参加が叶い、その人の健康状態が改善する」という可能性も示されている。例えば、障害者にやさしいまちづくりにより、どんな人も地域活動に参加が可能になり、それによって心身の健康状態が良

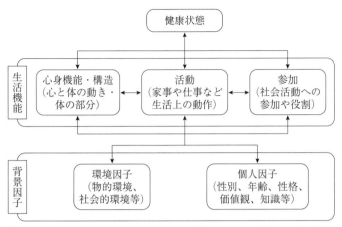

図5-1　ICF: International Classification of Functioning, Disability and Health（＝国際生活機能分類）

出典：WHO・厚生労働省（2002）を修正。

くなっていくといったことである。

　実際、ほとんどの人は「健康」か「病気」かという二分法では捉えにくい状態にある。病気を患っていても調子が良いこともあれば、病気がなくても調子が悪いこともある。誰もが日々変化する自身の健康状態をコントロールしながら、社会の中で役割を果たすためには、これまで社会が構築してきた「健康観」や我々が盲目的に信じてきた社会通念を変えていくことも求められており、そこにおいてもコミュニケーションが担う役割は大きい。

　次節では、ヘルスコミュニケーションという融合領域がどのように発展してきたのか、その中で筆者が特に重要と考える点を掘り下げていくこととする。

Ⅱ　ヘルスコミュニケーションという領域の誕生と拡大

1　ヘルスコミュニケーションとは何か

　ヘルスコミュニケーション（Health communication）は、"Health" に関連するあらゆるコミュニケーションを包含する言葉であり、多様な実践と方法論を包含する研究領域でもある。欧米においては、コミュニケーション研究の一

部として、医療や健康に関するコミュニケーションを扱うヘルスコミュニケーションという領域が1970年代後半から発展してきた経緯がある（木内・奥原ほか 2020；石川 2020）。さらに患者教育や公衆衛生学などとも結びつきながら、実践的な学問領域として一足先に体系化が進んでいた欧米から日本にこの呼称が入ってきたのは比較的最近のことで、我が国においては2009年に日本ヘルスコミュニケーション学会が設立された（木内・奥原ほか 2020）。厄介なのは、このHealthという言葉もCommunicationと同様に多義的であることで、日本語訳は必ずしも「健康」だけでなく、「保健」、「医療」、「公衆衛生」といったように、文脈によって使い分けられてきた。

　ヘルスコミュニケーション先進国である米国においては、国立がん研究所（National Cancer Institute, 以下NCI）と疾病管理予防センター（Centers for Disease Control and Prevention, 以下CDC）が、ヘルスコミュニケーションを「健康を向上させる個人の意思決定を促し、影響を与えるコミュニケーション戦略に関する研究と活用」と定義している。米国では2000年に策定された国民の健康増進のための向こう10年間の施策「Healthy People 2010」において、コミュニケーションを戦略的に用いることが目標とされ、ヘルスコミュニケーションが重点領域に追加された（US Department of Health and Human Services 2000）。さらに2020年代初頭の新型コロナウイルス感染拡大によって、手洗いやマスク、ワクチン接種といった健康行動を促すヘルスコミュニケーションは一層注目されるようになっている。

　一方、日本ヘルスコミュニケーション学会は、ヘルスコミュニケーション学を「医療・公衆衛生分野を対象としたコミュニケーション学」と定義し、「コミュニケーション学という独自の理論、方法論を持った学問の医療・公衆衛生への応用」であるとも述べている。日本においては、医療系の大学や大学院において、「医療コミュニケーション」を冠した講座が開講されてきた際に、医師と患者間、あるいは医療職種間といった医療分野に限定された"Medical Communication"とヘルスコミュニケーションが同義だと誤解されてきた側面が否めない。実際のところ、これまで実践に基づく研究が最も蓄積されてきたのは、保健医療の専門家と患者のコミュニケーションであるが、ヘルスコミュニケーションはそこに限定されるわけではない。一般住民や草

の根の市民活動家、行政関係者などの多様な主体が、対面、ソーシャルメディア、マスメディアなど様々な場面で行う健康に関連する相互作用を包含する。学問分野としても社会学、心理学、文化人類学、公衆衛生学、政策科学、福祉学、情報学などからのアプローチがあり、諸科学横断的なものである（Guttman 2000; Committee on Assuring the Health of the Public in the 21 Century 2022; Zoller 2005）。

　主に欧米におけるヘルスコミュニケーションの文献をレビューした Schiavo は、以下のような定義を示している。

　　　ヘルスコミュニケーションとは、多面的で学際的な領域の研究であり、理論であり、実践である。個人、地域、保健医療専門職、患者、政治家、組織、特定団体、公衆に影響を与え、参加させ、支援することを目的とし、健康に関する情報、考え、手段をやり取りするために、様々な集団やグループに働きかける、それによって、最終的に個人や地域や公衆の健康を向上させるような健康・社会行動、慣習、政策を支持、導入、採用、維持させるものである。（Schiavo 2013）

　この定義は、多様な主体が情報・考え・手段等をやり取りし共有していくという双方向性や、参加させ支援するというエンパワメントに関する要素が汲み取れる点で、前述の CDC の定義よりはさらに多様性を包含するものになっているが、今後、実践の広がりとともにまた見直されていくことになるだろう。最近のヘルスコミュニケーション研究を見ても、ソーシャルマーケティングや健康情報学など、隣接分野と融合しながら、この分野が発展していることがわかる。

2　ミクロ・メゾ・マクロに働きかけるヘルスコミュニケーションへ

　人の健康に影響を与える要因を多元的に捉える概念として、"Ecological Model" がよく用いられている（McLeroy, Bibeau, Steckler and Glanz 1988；Shortell et al. 2004）。図 5-2 に示すように、最もミクロレベルの要因には、個人内にある要因があり、次に生活習慣などの個人の行動、そこに影響を及ぼす家族や

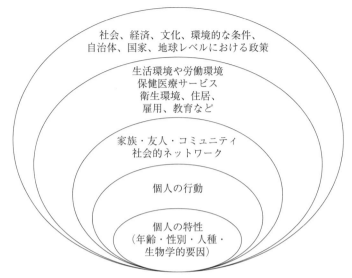

図 5-2　Ecological Model of Health（エコロジカルな健康概念）
出典：Shortell et al.（2004）、木原（2010）を一部改変。

友人、帰属する組織やコミュニティといった社会的ネットワーク要因、その
外周に生活環境や労働環境があり、最もマクロなものとして公共政策等が含
まれている。これらがすべて健康に影響することを念頭に、ヘルスプロモー
ションの実践においては、健康課題を抱える人を取り巻くコミュニティや社
会への働きかけ、さらに健康政策や環境政策に影響を与えるコミュニケーシ
ョン手法に関する蓄積も進みつつある。具体的には地域や職域等の環境を改
善するためのコミュニティの組織化、健康リスクに関する法規制や健康増進
に関わる政策形成に向けたヘルスアドボカシーなど、よりマクロなレベルで
の活動を含むコミュニケーション戦略である。

　米国立がん研究所も、複数の変化を念頭にコミュニケーションプログラム
を組み合わせる「多戦略型ヘルスコミュニケーションプログラム（multi-strate-
gy health communication programs）」（図 5-3）が重要であると述べている（National
Cancer Institute 2004）。特に人々の健康課題が複雑化し、また健康格差が問題
となる今日、正しい知識を伝授する健康教育のみでは健康は改善されにくい
ことも明らかになっている。そこで、平行してコミュニティを再構築しその

- 個人
  - 各個人の意識、知識、自己効力感、スキル、行動の変化
- 集団
  - インフォーマルな集団への働きかけ
- 組織
  - 企業やNPO等の構成員に向けた働きかけ
- コミュニティ
  - 政策・方針・プロダクトの変更による行動変容。コミュニティに影響を及ぼすことで人々の信念を変える
- 社会
  - 社会通念を変えるなど、社会レベルの波及を想定したヘルスコミュニケーション事業

様々なレベルでの変化を意識して、ヘルスコミュニケーション戦略を立てる

図5-3　多戦略型ヘルスコミュニケーションプログラムの例
出典：National Cancer Institute（2004）"Making Health Communication Programs Work" を一部修正。

課題対応力を育てていく活動（Israel, et al. 2010；Bolton et al. 2016）や、社会通念や規範を変えて健康政策に影響を与える活動の必要性が認識されるようになっているのである（Rajiv and Lapinski 2009；Zoller 2005）。特に先進諸国における生活習慣病やうつ病等の健康課題は、知識不足が問題なのではなく、家族形態の変化、働き方や職場のあり方、人とのつながりの希薄化といった様々な社会的要因によると指摘されている（Tsai et al. 2015；Fujiwara et al. 2016；Kobayashi et al. 2015）。そのような中で、人とのつながり方やソーシャルキャピタルに関する実証的な研究も多くされるようになっており（Fujiwara et al. 2016；Kobayashi et al. 2015）、つながりやコミュニティをどう形成するのかという点にも関心が払われるようになっている。

　我が国のヘルスコミュニケーションの実践では、これまで保健医療の専門家が持っている知識を一般市民にうまく伝えることに焦点が当たっていたが、今後はそれに加えて、情報を受け止めた一般市民が他者との相互作用の中でその意味を見出し、行動を実践し、それを周囲やコミュニティに波及させていく営みにも注目していくべきと考えている。保健医療の専門家は引き続き重要なアクターではあるが、「啓発」「教育」という上からの目線だけでなく、住民が主体となる学びの場や支え合いの場を、コミュニティの中に作ること

や、自発的な「学び」を支援し強化するような相互作用を、より意識してい
くことになるだろう。

　次節では筆者自身が模索してきた、コミュニティにおける相互作用を考慮
したヘルスコミュニケーションの取り組みを紹介する。

Ⅲ　コミュニティに創発を生むヘルスコミュニケーション

1　「からだ館」15 年の活動で見えたこと

　筆者は山形県の庄内地域において、多様な組織と連携しながら住民の学び
の場や交流の場をつくる活動に取り組んできた。慶應義塾大学鶴岡タウンキ
ャンパス内の公共図書館に、健康情報ステーション「からだ館」を立ち上げ、
ヘルスコミュニケーション理論を援用しながら住民が当事者となる仕掛けづ
くりや、インフォーマルな資源を地域に育てていくという活動を 15 年にわ
たり続けてきた（秋山 2013；2021；秋山・武林 2015）。

からだ館の沿革

　「からだ館」は、がんなどの病気と向き合いながら暮らす地域住民を情報
で支援するヘルスコミュニケーションのプロジェクトとして、2006（平成
18）年より企画を始め、翌 2007 年 11 月に、鶴岡市と慶應義塾大学、東北公
益文科大学の三者が共同運営する図書館の一角に拠点をオープンして活動を
開始した。主な活動目的は、住民が治療の選択や健康に関する意思決定を行
えるためのヘルスリテラシーの向上とエンパワメントである（秋山 2013；
2021；秋山・武林 2015）。プロジェクトの推進にあたっては、当初から、医
科学的な知見の提供のみならず、心理的なサポートプログラム、社会的なつ
ながりづくりにも力を入れ、住民が生涯を通じて生活の質を維持・向上させ
ていくことを目指してきた。

　高齢化が急速に進行する庄内地域におけるニーズに呼応し、医療・介護・
生活全般において、住民が自ら納得のいく意思決定を行い、望ましい行動を
継続できるようにと、我々は、(1) 調べる・相談する、(2) 出会う・分かち
合う、(3) 楽しく学ぶ、という 3 つの機能を提供し続けてきた。これらの機

能はヘルスリテラシーの向上という視点から相互に関連しており、実際の活動もオーバーラップしながら進められている。

機能1——調べる・相談する

　住民が必要なときに適切な情報を得られる物理的な場として、公共図書館の活用は有用である。治療に関する意思決定においては他の人の闘病体験が役に立つことも多いという認識から、図書の選定にあたってはエビデンス（ガイドライン等）とナラティブ（闘病記等）の両方の情報をバランスよく収集し、漫画など読みやすい形式のものも積極的に選書してきた。2022（令和4）年4月現在、からだ館コーナーには1,700冊の書籍と多くのパンフレットが置かれている。書籍には、各種疾患とその治療やリハビリテーションに関する科学的エビデンスを分かりやすく示したガイドライン、医療者とのコミュニケーションに関するもの、介護に関するもの、患者当事者や家族が発信する闘病記等も含まれる。最新の医療や健康に関する情報はインターネット上にも多くあるため、相談者が必要とする情報にたどり着けるよう、常駐するスタッフが、オンライン・オフラインの情報へのナビゲートを支援している。

　住民がアクセスしやすい市の中心部にある図書館内にこうした場を設置したことで、学びや経験の分かち合いをする交流拠点の役割も同時に果たすことができている（秋山 2021）。

機能2——出会う・分かち合う

　病気と向き合う人が思いを共有できる場を作ることは、からだ館の開設当初からの重要な役割である。がん種や年齢を問わず参加ができる月例がんサロンや、若い人向けのがんサロン、難病の当事者と家族の集いなど、病気と向き合う人が思いや経験を分かち合える場の運営をサポートしている。患者同士のピアサポートは、専門家によるサポートと相互補完的に当事者の回復や成長を助けることが知られている（Solomon 2004）。身近な家族にも言いづらい悩みや心配ごとも、当事者同士だと話しやすく、共感され受容されるという安心感がある。さらに人の話を聴くことによって自分の気づきも促され、

各自の回復や成長へとつながっていくという点が、ピアサポートの特長である（Solomon 2004；秋山 2022a）。

　こうした場で、心の元気を快復した人たちは、今度は「誰かの役に立ちたい」と考えるようになることも、活動を継続して見えてきたことである（秋山・武林 2015；秋山 2021）。月例がん患者サロンの運営や進行は、スタッフの手を離れ、がんサバイバーたちが行うようになった。また、自身の体験を社会の役に立てたいと、闘病の体験を地域の保健推進員、学生や子どもたちに語ってくれる人たちもいる。自分の得意なことで闘病中の人を元気づけたいというがんサバイバーの申し出から、絵手紙教室など新たな癒やしや愉しみの場も生まれた（秋山 2022a）。

　がんと闘病していた人の発案で始まった「がんピアサポーター養成講座」は 2018 年より 2021 年までのべ 208 名が参加したが、初期の参加者が運営側に入り企画を練り、講座を開催するようになった。さらに養成講座の修了生の中には、地域のがん診療の中核病院に働きかけ、院内で傾聴ボランティアとして活躍するグループも出てきた（秋山 2021；山形新聞 2019）。特に医師や看護師が不足する医療資源の乏しい当該地域においては、より意義が大きいと考える。

機能３──楽しく学ぶ

　専門家と一般市民の知識のギャップを埋める手段のひとつが健康教育であるが（江口 2016）、楽しくなければ学びは長続きしない。特に知識を行動に移すためには、講義型よりも参加型の学びが有用であることは、長年の活動を通して確信している。知識習得の先にある行動変容を確実にもたらすことを念頭に学びの場づくりを模索する中で始めた「からだ館健康大学」では、学習理論やソーシャルマーケティングの理論を参照し、実験やグループワークなどを交え、参加者のエンゲージメントを高める工夫をしてきた。扱う内容は高血圧、糖尿病、認知症、心の健康など様々あるが、例えば減塩や栄養素の摂取などテーマに合わせたメニューで料理を作るプログラムを組み入れるなど、得た知識を日々の暮らしに取り入れられる具体的な手段を必ず提供するようにしてきた。

専門家から一般市民への一方向の知識伝授だけでなく、様々な視点を持つ人が知識を持ちより、相互作用しながら互いに学び合うことにより、地域に知の循環とつながりを作ることができる。例えば認知症をテーマにした勉強会では、認知症の認定看護師、行政の地域支援推進員、そして認知症の親と暮らす市民が講師となり、それぞれの立場から情報提供し、日頃感じていることを語り合う。専門家が話す内容だけではピンとこないことも、当事者の話と一緒に聞くと、より具体的なイメージに共感し、「我がこと」として腑に落ちることも多い。さらに専門家の側も新たな気づきを得られる場になる（秋山 2021）。

　鶴岡在住の大学院生と利用者の良き相互作用も生まれている。2020〜2021年度は、大学院生で臨床心理士の舘野弘樹士と、がん患者サロンにこにこ倶楽部の有志の参加者が主体となり、心のセルフケアのために認知行動療法について学ぶ勉強会「つむぐ会」を毎月1回のペースで開催した。この企画は、修士課程に在籍する舘野君が、がんサバイバーコミュニティの活動に参与し、関係性を築き、協働しながら企画と実践を行うというアクションリサーチの一環であった。彼の参与観察により、参加者同士の活発な相互作用がワークショップの成功に寄与していることが示されただけでなく、参加者がワークショップ内で認知行動療法を習得した後に、地域に出ていき学んだ知識を教える側に回ることによって、適切なセルフケアの知識が地域に広がっていく様子も観察された（舘野 2022）。さらに本章執筆中の2022年度には、参加者が主体となり、認知行動療法を楽しく理解してもらうための「すごろく」づくりも始まっている。

市民によるヘルスコミュニケーションツールの作成

　楽しく学ぶということに関しては、ゲームの要素や特徴を取り入れる有用性が健康教育においても言われるようになっている（例えばPakarinen 2017）。からだ館では、これまでも、住民参加でゲーム的要素を持つ教材を作る試みを行ってきた。2018年度には、のべ90人が参加し、健康に暮らす知恵を出し合い、計10回のワークショップを経て「健幸かるた」を制作した。「健幸かるた」は、絵札の裏に、作句者の思いが綴られており、札を取った人がそ

れを読み上げることで、遊んでいる人に健康や医療に関する会話が生まれる仕掛けも組み込んだ。こうしたゲームは、地域に健康に関する知識や知恵を広げていくための有用なツールであるが、これを作るプロセスに多くの住民を巻き込むことも、知識の普及を左右することが示唆されている。作成のプロセスにあたっては、デザイン思考（Plattner et al. 2011）のアプローチを参照し、様々な人々から共感するような経験や声を聞いて、それを活かした（秋山 2022b）。当事者を含む多くの人々から、意外性のあるアイディアをオープンに受け入れることで、課題そのものの捉え方や解決方法の可能性も広がっていく。

2　ヘルスリテラシーの向上とエンパワメント

　ヘルスリテラシーとは、健康に関する適切な意思決定をするために必要な、基本的な健康・医療情報やサービスを入手し、処理し、または理解する個人の持つ能力の度合いである（Nutbeam 2000；Institute of Medicine, Committee on Health Literacy 2004）。ヘルスリテラシーには、機能的、相互作用的、批判的の3つのレベルがあるとされ（Nutbean 2000；酒井 2021）、表5-1のように整理されている。

　住民が健康を増進し主体的に生きていくためには、健康・医療の情報を正しく読み解き理解できる力（機能的ヘルスリテラシー）を身につけることはもとより、自ら行動を変えたり周囲の支援を取り付けられる力（相互作用的ヘルスリテラシー）、さらに職場や地域コミュニティにおいて望ましくない環境を改善していくような働きかけができる力（批判的ヘルスリテラシー）を身につけることも求められている。

　このような認識のもと、我々は地域において、住民・患者への医療・健康情報の提供のみならず、継続的に学べる場や、仲間とつながれる場を作ってきた。図書館の一角からスタートし、様々な学びの場や出会いの場を工夫しながら作ってきた結果、学んだ人たちが、小さな取り組みを実践するようになり、いつの間にか地域の医療や健康を後方から支援する存在になっていた。開設当初、我々と地域住民との関係は、「提供者」と「参加者」であった。その参加者がいつの間にか「提案者」や「企画者」となり、我々は後方から

Step1	機能的ヘルスリテラシー	情報の読み書きのスキル、提供される健康や医療の情報の意味を理解できる
Step2	相互作用的ヘルスリテラシー	周囲のサポートを取り付けたり、自ら健康行動を起こせる
Step3	批判的ヘルスリテラシー	好ましくない周囲の環境や制度に働きかけられる（健康の社会的決定要因を変えていく行動を起こせる）

表5-1　ヘルスリテラシーのレベル

出典：Nutbeam（2000）を参考に一部改変。

サポートする立場に変わっていった。学んだ者が知識を伝える側に移行したり、知識を得た者が自分やコミュニティの健康課題解決へ向けて具体的な行動を起こしていくという行動が見られるようになった。この一連の変化は、機能的なヘルスリテラシーのみならず、相互的ヘルスリテラシー、批判的ヘルスリテラシーを備えつつある変化であり、エンパワメントのプロセスと捉えている。

IV　今後の展望

1　社会政策を変えるヘルスアドボカシー

すでに述べてきたように、ヘルスコミュニケーションは、個人、集団、組織、コミュニティ、社会という多様なレベルで様々な変化を起こすことができるものである。個人レベルの変化に関しては、健康に関する知識や自己効力感の上昇、健康行動の実践といったアウトカムの改善に有効な知見が蓄積され、新しいメディアの発達とあいまって手法も洗練化されてきている。

その一方で、まだまだ発展の余地がある領域は、メゾやマクロのレベルの相互作用に関する実践と研究である。ステークホルダーを巻き込みながら、コミュニケーションとそれ以外の戦略を効果的に組み合わせることにより健康に関する課題解決が可能になることは多い。例えば、個々人の健康行動を維持できるようなインセンティブシステムや環境の改善、あるいは地域資源や支援へのアクセスの改善といったことである。健康政策を好ましい方向に変えるための働きかけであるヘルスアドボカシーも、今後発展が期待される

領域のひとつである。

　ヘルスアドボカシーで先行する米国における比較的最近の事例に、砂糖含有量の多いコーラ等の甘味清涼飲料水の販売流通に税金を課す、いわゆる「ソーダ税」の導入がある。全米で最初にソーダ税が導入されたのは、カリフォルニア州バークレー市である。砂糖入り清涼飲料水の販売業者に対し、1オンス（約28.5 ml）当たり1セント（約1円）を課税し、そこから得た税収を子どもたちの健康を改善する施策に充てるというものである（詳しくはThe Ecology Center）。バークレー市で最初に運動を起こしたのは、子を持つ親や健康格差縮小を目指す市民および公衆衛生の専門家等で構成されるBerkeley Healthy Child Coalitionというネットワーク型の組織で、2014年11月にソーダ税導入の是非を問う住民投票を実現し勝利を収めた。ソーダ税はその後、ペンシルベニア州のフィラデルフィア市、コロラド州ボルダー市、イリノイ州のクック群やシカゴ市、カリフォルニア州ではサンフランシスコ市やオークランド市など全米の都市に広がった。

　ステークホルダーを動かしたのは、40％の子どもたちが将来糖尿病になるという推計や、アフリカ系やヒスパニック系人口に多い甘味清涼飲料水の摂取と糖尿病有病率との関連といったエビデンスの共有だった。さらに行動経済学者によって砂糖入り飲料水の価格を上げることで医療費を削減できるという試算が示されたことも、ゴールの明確化と正当化に貢献した。

　実際のキャンペーンは、前述のBerkeley Healthy Child Coalitionが公衆衛生の専門家や、学校教員、市民運動家等と連携しながら、街頭看板やポスター、ラジオやソーシャルメディア等を用いて展開した。同時に学校や地域における健康教育も継続して実施された。対する大手ソーダ企業も多額の資金を投入してメディアや街頭等で反ソーダ税キャンペーンを展開し、地域を二分する一大キャンペーン合戦が繰り広げられた。特に投票前の数カ月は、それぞれの陣営が、電話をかけたり一軒一軒の家を回って投票を呼びかけるという光景があった。

　バークレー市がソーダ税を導入した初年度に得た約120万ドルの税収の使い道は、健康の専門家らで構成される委員会によって議論され、子どもの健康増進に関連する施策に充てられた。米国公衆衛生学会誌をはじめとする複

数のピアレビュー誌で、ソーダ飲料売り上げへの影響やそこから試算した糖分摂取量の変化などが報告されている（Felbe et al. 2015；Silver et al. 2017）が、実際に対象層の生活習慣病の罹患や死亡を減らせるかどうかは、長い期間の追跡が必要であり因果関係は示しにくい。今後の報告に注目していきたい。

2　我が国における課題と展望

　日本でも健康増進や疾病予防において、対個人ではなく、組織や社会というレベルに働きかける多戦略型のヘルスコミュニケーションの重要性は認識されている。しかし、実際に健康というアウトカムのために、例えば住環境や購買環境を改善するといった大規模な地域介入はまだほとんど存在しない。また健康政策へ影響を与えるアドボカシーもごく限られた領域や主体に限定されている。その理由としては、研究者や行政担当者がそのためのパートナーシップ形成に関する知識やノウハウを十分に持ち合わせていないということや、保健・医療・福祉・まちづくり・土木といった行政の部門を横断する政策立案が難しいこと、さらに年度単位の予算制度、学校教育や生涯教育、社会規範など、様々な要因が関連している。

　また研究者の視点からすると、実社会における実践には多くの変数が混在し、それらが複雑に絡み合って結果に影響するため、科学的に因果関係を検証しにくいという壁がある。このような "複雑さ" を伴う介入（Complex Intervention）を実施し評価する際の「研究の質」を確保するためのガイダンスも欧米では発表されている（Medical Research Council, 2000；2008）。こうした複雑な介入においては、内的妥当性の確保が難しいこともあるが、一般化可能性や外的妥当性を検討することや、プログラム開発、評価、実施のサイクルを行き来しながら改善していくこと、さらに報告を各フェーズで行い、フィードバックを得ることも重要である。

　欧米の公衆衛生大学院の教育プログラムにおいては、ヘルスコミュニケーションの隣接科目として、ヘルスアドボカシー、ヘルスジャーナリズム、コミュニティ参加型ヘルスリサーチ（CBPR）といった実践的な方法を教授している。ヘルスアドボカシーの授業には、健康政策を好ましい方向に変えるために、どのようなステークホルダーにどのような働きかけを行っていくべ

きかという戦略、マスメディアやソーシャルメディアの活用法、プレスリリースの出し方といった具体的な戦術までが、その授業内容に含まれている。

　よく練られたヘルスコミュニケーションプログラムは単体でも、当該社会における健康課題あるいは優先課題が何かを知らしめたり、組織間関係を強化したりということが可能である。ただし起きた変化を持続させたり、複雑に絡み合う課題を解決するには、コミュニケーション以外の戦略と組み合わせる必要がある（National Cancer Institute 2004）。このことから、ヘルスコミュニケーションの教育も研究も、隣接する分野と融合・連携しながらダイナミックな広がりを見せているのである。これらの分野は、日本が欧米諸国に比して遅れている領域であり、今後は、大学等における教育、実践、研究が相互にかみ合いながら発展していくことを期待する。

おわりに

　本章では、人やコミュニティ、ひいては社会をエンパワーするための手段であり実践的な学問領域でもあるヘルスコミュニケーションについて紹介し、その意義や可能性を述べてきた。人はコミュニケーションによって、他者から影響を受けたり他者に影響を与えたりしながら、変化し続けていく。コミュニケーションは、知識や考え、目指す方向を共有していく手段でもあり、良き創発を生み出す可能性も持っている。

　高齢社会、成熟社会における「健康」とは、身体や精神等の「完全な状態」を目指すことではなく、一人ひとりが人生の「当事者」として最期まで自分らしく生きていくことである。「健康」の実現は本人が主体となるべきであることはいうまでもないが、本人の努力だけではどうにもならないことも多い。ゆえに、課題を抱える個人だけでなく、その人を取り巻く家族や組織というメゾレベル、さらには国の制度や政策といったマクロレベルまでを視野に入れ、その相互作用を考えながら働きかける必要がある。言い換えると、対象者が抱える問題の原因をその個人に帰すのではなく、ピア（仲間）、コミュニティ（組織や地域社会）、システム（制度や仕組み）といった要素との相互作用を踏まえながら、実践を進めていくことが重要なのである。

筆者がこれまで行ってきた多様なヘルスコミュニケーションの実践と研究の根底に流れるひとつの思想は、専門家に委ねてきた健康・医療の様々な課題を住民の手に取り戻すことと言ってよいだろう。一人のアクターとして現場やコミュニティにコミットしそこでの実践に参加すると同時に、研究者である以上、その実践が誰にどのような効果をもたらしたのか、妥当な方法で検証を行い、必要な改善を促していくことも求められる。さらに研究者の役割として、確固たるエビデンスを持って自治体や国へ働きかけたり、異なる分野の有識者と力を合わせて政策立案に貢献するということも重要であると認識している。

　ヘルスコミュニケーションの醍醐味は様々な分野の知見を総動員して、対象者とそれを取り巻くコミュニティ、ひいては社会の規範や制度までを包含したコミュニケーションを戦略的にデザインするということである。人とそれを取り巻く環境との交互作用や偶発性も念頭に置きながら、多層的な取り組みが展開されていくことがより一段と求められている。変革のためのヘルスコミュニケーションの実践および担い手の裾野がさらに広がっていくことを期待している。

参考文献

秋山美紀（2013）『コミュニティヘルスのある社会へ──「つながり」が生み出す「いのち」の輪』岩波書店。

秋山美紀（2021）「ヘルスリテラシー向上のための地域拠点「からだ館」──個人とコミュニティのエンパワメントを目指して」『図書館情報雑誌』115（7）、408-410。

秋山美紀（2022a）「コラム1　ピアサポートを地域の社会資源に」秋山美紀・宮垣元編著『ヒューマンサービスとコミュニティ　支え合う社会の構想』勁草書房、22-23。

秋山美紀（2022b）「コラム16 デザイン思考でイノベーションを起こそう」秋山美紀・宮垣元編著『ヒューマンサービスとコミュニティ　支え合う社会の構想』勁草書房、194-195。

秋山美紀・武林亨（2015）「健康なコミュニティづくりの実践的研究『からだ館』と『鶴岡みらい健康調査』」『KEIO SFC JOURNAL』15（1）、190-203。

石川ひろの（2019）『保健医療専門職のためのヘルスコミュニケーション学入門』大修館書店。

上田敏（2005）『ICF（国際生活機能分類）の理解と活用──人が「生きること」「生きることの困難（障害）」をどうとらえるか』きょうされん、萌文社。

江口泰正（2016）「第4章　ヘルスリテラシーと健康教育」福田洋・江口義正編著『ヘルスリテラシー 健康教育の新しいキーワード』大修館書店、58-69。

大川弥生（2004）『新しいリハビリテーション——人間「復権」への挑戦』講談社。

木内貴弘・奥原剛他（2020）「ヘルスコミュニケーション学の研究方法論の探究——これからの10年に向けて」『日本ヘルスコミュニケーション学会雑誌』11（1）、2-6。

木原正博（2010）「社会と健康を科学するパブリックヘルス『21世紀の課題と New Public Health』」『日本公衛誌』57（12）、1094-1097.

酒井由紀子（2021）「ヘルスリテラシーと図書館——コミュニケーションギャップ解消のために」『図書館情報雑誌』115（7）、404-407。

舘野弘樹（2022）「地方都市における認知行動療法を用いたセルフケアに関するアクションリサーチ——がんサバイバーコミュニティでのセルフケアワークショップの実践」慶應義塾大学政策・メディア研究科2021年度修士活動報告。

中野一司（2012）『在宅医療が日本を変える——キュアからケアへのパラダイムチェンジ』ナカノ会。

中島孝（2011）「災害の難病化とその中に見えた希望——逆トリアージ」『現代思想』Vo.39-7、218-224。

日本ヘルスコミュニケーション学会「ヘルスコミュニケーションとは？」http://health communication.jp（最終アクセス：2022年8月31日）。

山形新聞「元がん患者　傾聴で恩返し」2019年12月31日（22面）。

Blumer, H. G.（1986）*Symbolic Interactionism: Perspective and Method*, University of California Press（＝1991, 後藤将之訳『シンボリック相互作用論——パースペクティブと方法』勁草書房）.

Bolton M., I. Moore, A. Ferreira et al.（2016）"Community organizing and community health: piloting an innovative approach to community engagement applied to an early intervention project in south London," *J Public Health* 38（1）, 115-121.

CDC（Centers for Disease Control and Prevention）, Gateway to Health Communication. https://www.cdc.gov/healthcommunication/healthbasics/whatishc.html（最終アクセス：2020年8月31日）

Committee on Assuring the Health of the Public in the 21st Century（2002）*The Future of the Public's Health in the 21st Century*, Washington, DC: National Academies of Press.

Falbe, J., N. Rojas, A. H. Grummon and K. A. Madsen（2015）"Higher Retail Prices of Sugar-Sweetened Beverages 3 Months After Implementation of an Excise Tax in Berkeley, California," *Am J Public Health* 105（11）, 2194-2201.

Fujiwara, T., Y. Yamaoka and I. Kawachi（2016）"Neighborhood social capital and infant physical abuse: a population-based study in Japan," *Int J Ment Health Syst*. 10, 13.

Guttman, N.（2000）*Public Health Communication Interventions: Values and Ethical Dilemmas*, London: SAGE Publications.

Huber, M. et al.（2011）"How should we define health?," *BMJ* 343, doi: https://doi.org/10.1136/bmj.d4163.

Huber, M. et al.（2016）"Towards a 'patient-centred' operationalisation of the new dynamic concept of health: a mixed methods study," *BMJ Open* 5, e010091. doi:10.1136/bmjopen–2015–010091.

Institute of Medicine, Committee on Health Literacy（2004）*Health Literacy: A Prescription to end confusion*, Washington, DC: National Academics Press, 345.

Institute of Medicine, Committee on Quality of Health Care in America（2001）*Crossing the Quality Chasm: A New Health System for the 21st Century*, Washington, DC: The National Academies Press.

Israel, B.A. et al.（2010）"Community-based participatory research: a capacity-building approach for policy advocacy aimed at eliminating health disparities," *Am J Public Health* 100（11）, 2094–102.

Kobayashi T., E. Suzuki, M. Noguchi, I. Kawachi and S. Takao（2015）"Community-Level Social Capital and Psychological Distress among the Elderly in Japan: A Population-Based Study," *PLoS One* 10（11）, e0142629.

McLeroy, K., D. Bibeau, A. Steckler and K. Glanz（1988）"An ecological perspective on health promotion programs," *Health Educ Behav* 15（4）, 351–377.

Medical Research Council（2000）, "A framework for development and evaluation of RCTs for complex interventions to improve health", Medical Research Council, London.

Medical Research Council（2008）, "Developing and evaluating complex interventions: new guidance," Medical Research Council, London.

National Cancer Institute（2004）, *Making Health Communication Programs Work*（＝2008, 中山健夫監修『ヘルスコミュニケーション実践ガイド』日本評論社）.

Nutbeam, D.（2000）"Health literacy as a public health goal: challenge for contemporary health education and communication strategies into the 21st century," *Health Promotion International* 15（3）, 259–267.

Pakarinen, A. et al.（2017）"Health game interventions to enhance physical activity self-efficacy of children: a quantitative systematic review", *Journal of Advanced Nursing* 73（4）, 794–811.

Plattner, H., C. Meinel, L and J. Leifer（Eds.）（2011）*Design thinking: understand, improve, apply. Understanding innovation*, Berlin; Heidelberg: Springer-Verlag.

Schiavo, R.（2013）*Health Communication: From Theory to Practice*, Hoboken, NJ: John Wiley & Sons.

Shortell S. M., E. M. Weist, M. S. Sow et al.（2004）"Implementing the Institute of Medicine's recommended curriculum content in schools of public health: a baseline assessment," *Am J Public Health* 94, 1671–1674.

Silver L. D., S. W. Ng, S. Ryan-Ibarra et al.（2017）"Changes in prices, sales, consumer spending, and beverage consumption one year after a tax on sugar-sweetened beverages in Berkeley, California, US: A before-and-after study," *PLoS Med* 14（4）, e1002283.

Solomon, P.（2004）"Peer support/peer provided services underlying processes, benefits, and critical ingredients," *Psychiatric Rehabilitation* 27（4）, 392–401.

The Ecology Center. Berkeley vs. Big Soda. http://www.berkeleyvsbigsoda.com/（最終アクセス：2022年9月1日）

Tsai, A. C., M. Lucas and I. Kawachi（2015）"Association Between Social Integration and Suicide

Among Women in the United States," *JAMA Psychiatry* 2015; 72（10）, 987–993.

US Department of Health and Human Services（2000）*Healthy People 2010: Understanding and Improving health. 2nd ed.*, Washington, DC: Government Printing Office.

WHO（1946）"CONSTITUTION OF THE WORLD HEALTH ORGANIZATION",（Available at https://apps.who.int/gb/bd/PDF/bd47/EN/constitution-en.pdf）

WHO・厚生労働省（2002）「国際生活機能分類―国際障害分類改訂版―」https://www.dinf.ne.jp/doc/japanese/intl/icf/icf.html（最終アクセス：2022年9月1日）

Zoller, H. M.（2005）"Health Activism: Communication Theory and Action for Social Change," *Commun Theory* 15（4）, 341–364.

第**6**章 減災ケアのためのコミュニティ情報学

宮川祥子

はじめに

　気候変動の影響で災害が多発する今日、私たちの生活において災害は決して突発的なものではなく、日常との連続で考える必要がある。筆者は、ITを活用して災害支援を行う「情報支援レスキュー隊」および減災ケアのための地域プログラムを開発・提供する「EpiNurse」のメンバーとして被災地で継続的に活動している。

　本章では、これまでアクションリサーチを通じて収集してきた事例を、コミュニティ・レジリエンス（地域コミュニティが災害を乗り越えていく力）と情報ガバナンスの視点から解釈する。そして、これまで「場当たり的」になりがちだった災害時の支援活動に対して、生命・健康・生活を守り回復させていくために必要となるロール・ルール・ツールについての新しい理論を提示する。

I　減災ケアとは

　災害は世界中で発生していて、先進国・途上国の区別なく、健康危機（Health Emergency）を引き起こしている。

　地震や水害といった自然災害だけでなく、COVID−19パンデミックのような感染症蔓延時において、最もダメージを受けるのが、高齢者、乳幼児、病人、障害者といった健康面での脆弱性を持つ人々である。このような状況では、保健・医療・福祉の分野において、災害が引き起こす様々な影響が提供

側のキャパシティの低下と、利用側のニーズの増加の両方に働く。これによって、ニーズがあるにもかかわらず保健・医療・福祉のサービスを受けられなくなる人々が増加するのである。

　他方で、災害が起こっていない、平時の保健・医療・福祉分野は常に効率化のプレッシャーに晒されている。例えば、病院やクリニックでは、医薬品の在庫を最小にして経営を効率化するための在庫管理システムが導入されている。しかしこのようなシステムは、潤沢な生産と円滑な物流に支えられており、私たちはそのことを忘れがちである。ひとたび災害が発生して物流が停滞したり、パンデミックによって特定の医薬品の消費が激増し生産が追いつかなくなると、在庫を少ししか持たない医療機関はたちまち正常な診療を行えない危機的状況を迎えるのである。

　これに加えて、災害サイクルの途中で保健・医療・福祉支援が途切れるという課題もある。災害サイクルとは、災害が発生してから復興・生活再建が行われ、次の災害に備えるという社会的なサイクルのことである。発災→応急対応期→復旧復興期→抑止減災期→事前準備期の繰り返しによって災害に対応していく。この災害サイクルのフェーズが変化するそれぞれのタイミングで、保健・医療・福祉分野で取り残される人々が出てくるという課題である。災害に対応する支援者の入れ替わりが起きること、また、社会的状況の変化によって新たに出てくる被災者の支援ニーズの受け入れ先がないことなどがその原因である。特に、応急対応期を抜けて、復旧復興期に入るフェーズでは、それぞれの被災地域の人口構成、産業構造、従来から抱えている地域課題などの様々な要因により、人々は保健・医療・福祉サービスにアクセスできない状況が生じる。応急対応期よりも長期にわたる復旧復興期に十分な支援を受けられないことは、その後の生活再建に向けた大きな足かせとなる。

　国連は、2015 年に宮城県仙台市で「第 3 回国連防災世界会議」を開催し、そこで新たな防災の考え方である「仙台防災枠組 2015-2030」を発表した。仙台防災枠組では、復興の基本的な考え方のひとつの柱として「より良い復興（Build Back Better）」、すなわち、地域を災害前の状態に戻すのではなく、より災害に強く、より住みやすい地域を作っていくという考え方を提唱してい

るが、保健・医療・福祉へのアクセスが不十分な状態を放置しては「より良い復興」は成立し得ないであろう。

　減災ケアとは、このような課題への対応として求められる、社会的な取り組みである。応急対応期にとどまらず、災害サイクルのすべてのフェーズにおいて、すべての住民が災害リスクを軽減させられるようにするために必要な、一連の取り組みである。「すべての住民が災害リスクを軽減させられるように」と書いたのは、この減災ケアの主体が政府や医療機関ではなく、地域であり、その地域を構成する住民一人ひとりであることを示している。

II　災害対応のステークホルダー──行政、ボランティア、民間支援、ローカルコミュニティ

　仙台防災枠組で提唱された「人間中心の防災」において、災害支援に関わる組織が果たす役割について概観する（図6-1）。

　行政は、発災時だけでなく、平時の防災施策にも責任を負っている。自治体は、平時には、地域ごとの災害対応計画の策定を行い、災害に備えた備蓄

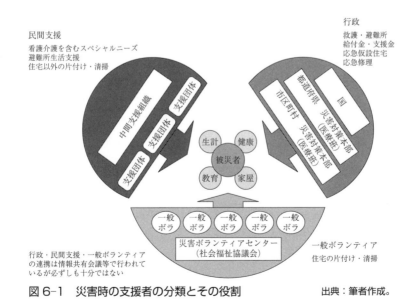

図6-1　災害時の支援者の分類とその役割　　　　　出典：筆者作成。

や、崖崩れ・洪水等のハザードリスクの高い場所を示すハザードマップの作成、危険箇所の整備を行う。また、災害時には、事前に策定した災害対応計画に従って、また災害の状況に応じて、a）被災状況に関する情報収集および情報発信、b）災害対策本部の設置および運営、c）避難所の開設等被災者の支援、を行う。また、行政ではカバーできない分野で活動する支援者の活動を促進するため、d）支援活動を実施する団体等の活動環境整備、e）多様な支援者との協力体制の構築、を実施する。

　行政の中でも最も住民に近い市区町村等の自治体は、被災者にとって、法律で制定されている様々な支援の窓口として機能する。また、自宅に住めなくなった被災者が一時的に身を寄せる避難所の管理者でもある。さらに、応急仮設住宅の供給や、遺体処理、家屋の応急危険度判定、住民への罹災証明発行、災害によって発生する大量の廃棄物の処理など、地域全体の災害復興にかかる業務を行う。

　このように災害発生時の自治体の業務は多岐にわたるが、その一方で、被災した住民の家屋などの私有財産の復旧には、自治体は原則として関与しない。東日本大震災での建物被害は、全壊129,391戸、半壊265,096戸、一部損壊743,298戸と報告されている（内閣府 2012）。津波の被害を受けた家屋を再び住めるようにするためには泥出し、清掃、片づけといった、多くの人手のかかる作業が必要であった。また、避難所には子どもや高齢者、外国人などもいる。このような人々には翻訳や通訳、介護ケア、遊びの提供などの支援が必要になるが、このような特別なニーズへの対応は、行政だけでは手が回らないことも多かった。指定避難所以外の場所に避難した住民も多くいたが、指定避難所の支援で手いっぱいであった行政の支援は滞りがちであった。このような分野の支援を担うのが、一般ボランティアと、NPOやNGOに代表される非営利の組織や民間企業等からなる各種の民間支援団体である。

　日本でボランティアによる災害時の支援活動が大きな注目を集めたのは、1995（平成7）年の阪神・淡路大震災であった。地震で倒壊した高速道路や、その後発生した地域全体を焼き尽くす火災といった状況を目の当たりにして、日本中の各地から学生をはじめとする市民ボランティアや、医療職、建築士などの専門職をはじめ幅広い層の人々が現地に赴き、家屋の片づけや物資の

配布、健康支援、生活再建支援などの救援活動を行った。この気運の高まりがきっかけとなって、これまで法人格を持つことが難しかった市民団体が法人として活動できるようになるための法整備が進んだ。その後1998年に成立した特定非営利活動促進法によって市民団体が法人格を持つ道が開かれ、現在の市民の自由な社会貢献活動を支える原動力のひとつとなっている。

社会のありようを大きく変えるきっかけとなった阪神・淡路大震災でのボランティア活動を受け、災害対策基本法が1995年に改正され、国および地方自治体は、ボランティアによる防災環境の整備に努めることが明記された。一方で、阪神・淡路大震災ではボランティアの受け入れ窓口が決まっていなかったことや、ボランティア初心者に対して準備や活動上の心構えなどのガイダンスを行う仕組みが整っていなかったことから、被災者との感情的な摩擦や、ボランティア同士での意見の食い違いなどのトラブルも見られた。これらの反省にもとづく改善策は、これ以降整備されていった災害ボランティアセンターに取り入れられていった。

2011（平成23）年の東日本大震災では、巨大津波による未曾有の被災状況を前に、主として東北地方の岩手県、宮城県、福島県の災害復興を支援するために全国から多くの市民ボランティアが集まった。この3県には37の市町村があるが、このうち29の自治体で災害ボランティアセンターが設置され、市民ボランティアの受け入れを行った。災害ボランティアセンター経由で東日本大震災で活動したボランティアはのべ150万人以上とされている（全国社会福祉協議会）。ボランティアたちは、被災住民宅の泥出し、清掃や避難所での物資配布等の活動を中心に、被災者の生活再建支援における大きな役割を担った。

ボランティアによる防災が災害時において果たす役割の重要性が社会的コンセンサスとなったことを受けて、災害対策基本法はさらに改正され、行政は災害対応の際にボランティアとの連携に努めることが明記された。その後も、台風、洪水等で近隣住民の助け合いだけでは対応できない規模の災害が発生すると、災害ボランティアセンターが開設され、被災者支援や復旧・復興に向けた地域支援を行っている。現在、日本では、自治体が策定する地域防災計画において、災害ボランティアセンターと連携した被災者支援を行う

旨を明記することが定着している。

　この災害ボランティアセンターを設置・運営するのが社会福祉協議会である。社会福祉協議会は、法律によって定められた特殊な民間団体で、全国・都道府県・市区町村ごとに設置されている。平時には、児童・高齢者、障害者など支援を必要とする人々への福祉サービスや相談活動、ボランティアや市民活動の支援、共同募金運動への協力など地域ごとの特性を踏まえた独自の事業を行っている。

　復旧に多くのボランティアを必要とするような災害が発生すると、社会福祉協議会は災害ボランティアセンターを設置・運営する。災害ボランティアセンターは「被災者中心」「地元主体」「協働」を3原則として運営される。行政をはじめとした関係機関との連絡・調整、被災者からの支援ニーズの受付とボランティアの活動のマッチング、資機材の調達、情報発信等、被災者の生活再建支援活動に関わる多くの調整を行っている。

　民間支援セクターには、災害支援の担い手となる多様な組織が存在している。2011年の東日本大震災では、その規模が甚大であったことから、個人ボランティア、NPO、国際支援NGO、企業等の様々な主体が支援活動を行った。特に規模も活動内容も多種多様であるNPOは、そのスピード感と専門分野の知見を活用して、細やかなニーズに対応し、災害支援の重要な担い手としての位置づけを確立した。東日本大震災において被災地で活動したNPO等の支援組織の数は正確には把握されていないものの、災害支援のNPOネットワークである「東日本大震災支援全国ネットワーク」には2015年7月時点で640の団体が登録されており、この他にも相当数の団体が活動を行ったと考えられる。また、災害発生後に被災地で多くのNPOが設立され、発災後急務であった被災者支援から、長期的なまちづくりや地域資源の開発等の役割を担う団体も出てきた。他方で、被災地でそれぞれのNPOが独自の判断で活動を行うことで、特定の地域に支援が集中してしまったり、同じような支援活動が重複するといった課題も発生した。このため、NPOの活動状況を収集・発信し、調整を担う中間支援組織が求められるようになった。全国災害ボランティア支援団体ネットワーク（JVOAD）[1]は2016年に発足し、行政、社会福祉協議会、NPO、ボランティア等の参加を募って

支援に関わる情報を共有する会議を開催し、支援活動の連携促進に努めている。JVOAD はまた、地域の災害コーディネーションネットワークの構築など、コミュニティ主体の復旧・復興に資する様々な取り組みを行っている。

　このように、日本の防災・減災には、行政・民間組織・企業・個人や地域コミュニティなどの多様な主体が関わっている。しかし、防災や災害発生後の生活再建、復旧・復興において、その主体が住民と地域コミュニティであることは強調しすぎることはない。たしかに、行政や民間支援は、災害復興の重要な担い手ではある。しかし、被災地の外から支援に入るボランティアは、災害の収束とともに、また、次の災害の発生とともに、その地域から撤退する。一方で、人々の生活や地域コミュニティの再建には、年単位の時間を必要とすることもまれではない。このような長期的な支援を担えるのは、地域コミュニティそのものである。地域に根ざした活動を行う多様な支援者が行政と住民の協力を得ながら、困難を抱える人々に寄り添い、伴走するような仕組みを作ることが災害復興における重要課題であり、行政や民間支援は、地域でこのような自発的で自律的な活動が起こることを促し、支援する役割を持つのである。

Ⅲ　災害時の保健・医療・福祉の支援体制

　医療関連の支援者は、発災直後に急増する医療ニーズへの対応を最優先に行動することを求められているが、一方で、長期化する避難生活での健康状態の悪化、孤立や孤独死を防ぐためには、見えないニーズを見つけ出し、声なき声を聞くような地道な活動もまた重要である。そのために、医療支援者が分野横断的に多様な支援者と連携をすること、また連携を行う仕組み作りが求められている。

　緊急支援として被災地に入る外部からの医療支援者は、避難所アセスメントによって集団の健康状態を知ることができる一方で、地域の医療リソースについての情報やネットワークを持たないため、アセスメントによって明らかになった健康ニーズをどこへ伝えればよいかが分からないことがある。

　さらに、被災から時間が経って急性期・慢性期疾患への対応が落ち着いた

頃になると、メンタル面・精神面の健康ニーズが増えてくる。メンタル面・精神面の健康ニーズは、常にあからさまに表面に出てくるとは限らない。体調の悪化や不登校、外出が減るなどのサインからニーズを見つけ出すことが重要になる。このような隠れたニーズは、往々にして医療支援以外の支援活動がきっかけになって発見される。例えば、子どもの遊び支援を通じて子供や親の心理的・精神的サポートの必要性が明らかになったり、物資支援を行っていた団体が避難所で高齢者へのケアが不十分であることに気づき、その後情報共有会議で看護師ボランティア団体と情報共有をして適切な支援につなげたという事例もある。被災地では、ヘルスケアニーズを含む様々なニーズが渾然一体となっている。支援者たちが分野横断的に連携をすることが、ヘルスケアニーズの発見とタイムリーな対応には不可欠なのである。

　日本では、災害時の保健・医療・福祉の支援を行う体制の整備が進められている。災害派遣医療チーム DMAT（Disaster Medical Assistance Team）は、災害が発生するといち早く現地に駆けつけ、災害で負傷した人の手当や、被災して機能しなくなった病院から患者を移送するサポートなどを行う。DMATの活動期間は 72 時間～1 週間程度で、その後は日本医師会が派遣する JMATや、日本看護協会が派遣する災害支援ナースらによる医療チームが被災地での医療支援を引き継ぐ。DMAT や JMAT が医療救護体制を担う一方で、災害を生き延びた人々が劣悪な環境での避難生活で健康を害したり、最悪の場合亡くなってしまうこと（災害関連死）を防ぐための医療専門職も必要となる。このような、被災者の健康を守る保健予防活動（母子や高齢者のケア、感染症予防、栄養管理など）や、避難所を清潔で快適な場所にするための生活環境衛生活動（上下水道、トイレの整備、ゴミ処理、清掃、手洗いなど）を組織的に担うのが保健師による DHEAT（Disaster Health Emergency Assistance Team）である。さらに、福祉的な配慮を必要とする被災者（身体障害者、精神障害者、要介護者など）へのサポートを行うチームとして、DWAT（Disaster Welfare Assistance Team）が組織されている。

　これらの保健・医療・福祉チームは、地域行政の災害対策本部に置かれる「保健医療福祉調整本部」のコーディネーションによって活動を行う。この他にも、心のケアを行う精神保健チームや、歯科医師チーム、栄養士チーム

などの医療専門職チームや、医療系 NGO（非政府組織）、介護福祉系ボランティア団体、看護系ボランティア団体などが、災害発生直後から復旧・復興期の中長期フェーズまで、被災地のニーズに合わせて支援活動を行っている。

　他方で、医療専門職チームと、それ以外の災害支援活動チームの連携は未だ十分とは言えない。上に挙げた事例のような、非医療職がたまたま見つけたニーズをスムーズに医療専門職チームと共有するための組織的枠組みと情報共有ツールが求められている。

Ⅳ　地域主体の減災ケアネットワーク

　災害時の医療危機は、1. 従来の医療が損なわれて平時の医療ニーズが充足されなくなること、2. 災害により新たな医療ニーズが大量に発生すること、の 2 つによってもたらされる。特に平時の医療が脆弱な地域は、医療体制の回復に時間がかかり、結果として長期避難者が通常の医療を受けられない状況が長期化することとなる。したがって、平時の地域医療体制を充実させていくことが、災害時のヘルスリスクを軽減させることにもつながる。しかし、本章の冒頭でも述べた通り、このことは保健・医療・福祉分野の効率化へのプレッシャーとはある意味で相反するベクトルである。

　では、この課題へのソリューションとは何か。それは、平時からの地域の減災ケアコミュニティの構築であると筆者は考える。

　インターネットによる「世界のフラット化」が進む一方で、人の存在が身体にバインドされている以上、物理的な環境を無視することはできない。ネット上では地球の反対側の人と話すことも容易ではあるが、子どもが毎日通う幼稚園、保育園が自宅から 10 km 離れていたら相当に不便だろう。健康、医療、住居、子育て、食事といった身体に関わる事柄は、地域を無視しては成立しない。

　このことは、災害時にはより顕著になる。災害時には、身体の安全、食事、住居、家財、健康といった身体および物理的な環境が危機に晒される。同時に、道路や電気、ガス、水道、通信などのインフラも被害を受ける。いくら世界中に友人がいても、ネットで助けを求めることもできず、また、遠くの

誰かが物資を送ってくれたとしても物流システムが機能しなければ、届かない。そして、歩けなくなった自分を助け出してくれたり、避難所でトイレに連れて行ってくれるのは、地球の反対側の友人ではなく、すぐ近くの誰かなのだ。もちろん、災害時であっても通信ができるよう準備をしておくことは、災害への備えとして重要なことだろう。私がここで強調したいのは、物理的な身体への危機を軽減できるのは、物理的距離が近い人々による減災ケアのコミュニティネットワークだということだ。減災ケアコミュニティとは、単に災害時の助け合いだけを目的としたものではない。日頃から地域で行われている様々な活動——例えば町内会、商店街、子ども会、お祭り、様々なサークル活動、地域に根ざしたNPO活動など——の中に、万一の災害時の助け合い「も」埋め込まれているというものだ。肩肘を張って「防災！減災！」と声高に叫ぶのではなく、日々の地域活動に参加していく中で、自然と、助け合いのネットワークが強化されていくのである。

　前節でも述べたように、外部からの支援は、ダメージを受けた被災地の機能を短期的に補う機能がある。しかし、外部支援は長期的にはその機能は漸減するし、またそうなるべきである。外部支援がよく機能するということは、他方で同等の機能が地域で再興する上での障害にもなりうる。避難所で無料で受けられる医療支援が長期化することが、被災地の医療機関が再開する際のハードルにもなるのだ。外部支援は、現地の機能が復活するまでの「つなぎ」であるべきである。さらに、地域全体が大きなダメージを受けた場合の復興計画も、その内容だけでなく、計画立案や実施のタイミング、計画立案の方法、合意形成の方法なども含め、地域のこれまでの文脈をよく知り、またこれからもこの地域で生活していこうとしている住民が主体となって行われるべきである。これは必ずしも、復興を住民に丸投げすることを意味するわけではない。外部の支援者は、他の地域の好事例や課題を紹介したり、住民同士が近いが故に調整が困難な事柄についてのファシリテーションを行うなど、「よそ者」であることを活かした貢献が可能であろう。

V　減災ケアコミュニティが高める受援力

　減災ケアコミュニティが災害時に発揮するもうひとつの強さは、「受援力」すなわち、外部からの支援を受け入れる能力の向上である。災害が発生し、地域の保健・医療・福祉ニーズへの対応力が大幅に落ち、かつハザードによるニーズの急増があったとき、外部からの支援はそのギャップを埋めるための貴重なリソースとなる。しかし、やみくもに外部から支援に入っても、その支援が最終的にケアを必要とする人のところまで届かないかもしれない。目まぐるしく状況が変化する被災地で貴重な支援を確実にニーズにつなぐためには、ニーズとシーズをマッチさせるためのコーディネートが必要である。さらに、一部の物資に見られるように、不要な支援ばかりが届いて必要な支援が届かないということが保健・医療・福祉分野でも起きる可能性がある。このときに重要となるのが、外部支援のシーズと現地のニーズをマッチングし、コーディネートする調整者である。

　自分が一人の外部支援者として被災地に入るときのことを想像してみて欲しい。必要と思われる物資を担いで被災地の最寄り駅に降り立った後、あなたはどこに行くだろうか。パッケージツアーのように駅にコーディネーターが待っているわけではない。近くの小学校が避難所になっているという情報をネットで得ていたあなたは、そちらに直接向かうことにした。小学校では、何人かのボランティアが働いている。聞いてみたところ、市の災害ボランティアセンターから派遣されているそうだ。ボランティアセンターに一旦戻るのも時間がもったいないと考えたあなたは、避難所の運営をしている職員に直接聞いてみることにした。しかし、みな忙しそうに電話をかけたり住民の相談にかかりきりで、声をかけられそうな雰囲気ではない。邪魔をするのも迷惑だろうと思い、あなたは被災者が暮らしている小学校の体育館で、被災者のためにと持ってきたコーヒーとチョコレートを配ることにした。すぐに長蛇の列となったが、あなたが持ってきたものはすぐになくなってしまう。並んだのに受け取れなかった住民は、どういうことだと大きな声を上げ始めた。困惑したあなたのところに、職員がやってきて、こんなところで勝手に何をしているのかとあなたのことを問いただした……。

今度はこれを支援を受ける側から見てみよう。あなたはある避難所の職員である。その避難所は、毛布や段ボールベッド、着替えといった日用品が不足しており、あなたは市に対して物資をお願いしていたが、市役所も手いっぱいで何の返答もない状況であった。2日前、支援の遅れに業を煮やした住人が、足りない物資を支援して欲しいということをSNSに投稿したため、日本中の支援者からひっきりなしに電話がかかってくるようになった。2回線しかない電話回線は支援者からの連絡で完全に塞がってしまい、市役所との連絡も滞るような状況であった。全国から毛布や衣類などの支援物資が直接送られてくるようにはなったが、ひとつの箱に様々な物資が詰め込まれており、何が入っているかを分別するのは大変な作業である。整理や配分に人手を割けず、結局は箱のまま積んである状況である。そこへ、一人の住民が気色ばんでやってきた。支援者が物資を配っているので並んだところ、物資の数が足りず自分には回ってこなかった。いったいどういうことか、というのである。不審に思って現場に行ってみたところ、体育館の入口で見知らぬ人が住人と揉めているようだ。どうやらこの人は持参したコーヒーとチョコレートを配っていたようだが、必要な人全員には行き渡らなかったらしい。やれやれ、物資が不足している状況での配分には細心の注意が必要で、全員に確実に渡るように方法を決めて行っているというのに、勝手に何をしているのか。この人はどうせすぐに帰ってしまうのだけれど、私たちはこの件でまた住民とのトラブルを抱え込むことになるのか……。

　どうだろうか。この事例はあくまでもフィクションであるが、似たような出来事は全国の被災地でしばしば起きている。被災地で何かの役に立ちたいという思いは非常に尊いものである。しかし、適切なコーディネーションなしに行動をしてしまうことは、支援をする側にとっても受ける側にとっても不幸なことであり、何より被災した住民の利益を損なっていると言えよう。また、現地の地理や交通事情に詳しくなければ、事前にネットで調べた目的地にたどり着けないかもしれない（被災地の通信環境は大抵とても不安定である）。持参した物資は、たまたま訪問した避難所では十分ではなかったかもしれないが、もしかしたら隣の避難所ではちょうど全員に配れる分量だったかもしれない。あなたが看護や介護の専門職だったとして、あなたの行った

避難所ではケアのニーズが少なかったけれど、実は隣の施設は福祉避難所になっていて、老人ホームなどから多くの要介護者が避難していたかもしれない。けれども、よほど運がよくなければ、事前の情報なしに福祉避難所にたどり着くことは難しいだろう。

　応急対応期の物資に限らず、復旧復興期の育児支援、子どもの勉強や遊びの支援、医療機関への送迎（病院が再開してもそこに行く交通機関がない）、障害者・高齢者の生活支援、仮設住宅での見守りや地域コミュニティの再建など、災害サイクルのフェーズによって多様な支援ニーズが生じる。しかし、このようなニーズは家屋やインフラの被害に比べて顕在化しにくく、また、集約することが難しい。現地の情報を持たない外部支援者が何のコーディネーションもなく被災地に入っても、このようなニーズをすぐにつかむことは至難の業であろう。その結果、支援のための労力は無駄に浪費され、しかも必要な人に支援が届かないということが起きるのである。

　では、どうすれば私たちはこのような状況を打開できるのであろうか。そこで必要なのが、減災ケアコミュニティが仲立ちをするコーディネーションである。地域には、自治会、商店街や、育児、介護、障害者支援、子ども支援、環境保護、まちづくりなどの様々なテーマにフォーカスしたボランタリーな団体が多く存在する。これらの活動に対して支援を行ったり、団体間のネットワーキングを促進している自治体も多い。このような団体やネットワークが地域のニーズを集約することができていれば、支援者はこのネットワークにコンタクトすることで直接は見えないニーズを知ることができ、また、ニーズを持つ住民はより早く支援につながることができる。現地の地理に明るくない外部支援者のために要支援地図を作成し、どの避難所にどのような専門性を必要とするニーズがあるのかの情報を共有することで、より効率的で、ミスマッチの少ない支援をタイムリーに提供することが可能となる。

　自治会、商店街、サークルなどの地域コミュニティが災害時に力を発揮できる「減災ケアコミュニティ」となるためには、平時から、災害リスクについて考え、災害への備えを共有する場を継続的に持つことが重要である。ここでキーとなるのが、「リスクに基づく災害対応」という考え方である。リスクに基づく災害対応とは、従来のような地震のとき、洪水のとき、噴火の

とき、といったハザード中心の考え方ではなく、災害が発生したときにそれぞれの個人あるいは家族、地域がどのようなリスクに直面するのか、というリスクを中心に災害対応を考える方法である。例えば、医療へのアクセスは災害時に共通の課題だが、そこが都会の近郊なのか、それとも1日に1便しか船の往来のない離島なのかでは、その対応は大きく変わるであろう。また、都市近郊の住人であっても、若い単身者なのか、子育て中の夫婦なのか、要介護の親と同居なのか、性的マイノリティなのか、動物と一緒に暮らしているのか、外国人なのか、病気や障害を持っているのか……などその人や家族の状況や属性によってリスクは変化する。リスクに基づく災害対応の考え方で住民がそれぞれの潜在的な災害リスクについて理解を深められているコミュニティ、災害リスクを抱える住民が地域コミュニティの様々な団体とつながっており、災害時には彼らのニーズを外部支援者につなげられる減災ケアコミュニティがこの課題へのソリューションなのである。

VI　情報学が創る減災ケアコミュニティ

　住民一人ひとりが自分や家族にとっての災害リスクとは何かを考えそれに備えること、そして、コミュニティの人々が潜在的な災害リスクを共有し有事にはタイムリーな支援につなげること――「何でもネットで調べられる」と考える世代の読者は意外に思うかもしれないが、地域で起きる災害には、このような地域レベルでの減災の取り組みが不可欠である。では、情報技術は減災にとって無用の長物なのだろうかというと、決してそういうわけではない。地域レベルの減災にできるだけ多くの人に取り組んでもらうためには、真っ白い紙を渡すよりは避難ルートを書き込むための地図や基本的なリスクのチェックリストがあるほうがよいだろう。紙よりもスマートフォンアプリのほうがよい場合もある。またその情報を災害時に効果的・効率的に活用するためには、情報集約のテクニックと適切な支援者に伝えるための通信技術、わかりやすく地図上に表示するなどのデータ可視化技術が必要だろう。

　ところでこうした方法を検討していくときに、ひとつ、忘れてはいけないことがある。それは「情報技術＝スマホやインターネット」ではない、とい

うことだ。情報技術とは、様々な現象やデータから「情報」を抽出し、それぞれの目的のために最大限利用可能にする技術の集合体である。その中には、コンピュータ、インターネット、ドローン、人工知能、バーチャルリアリティなどの最先端のデジタル技術も含まれるだろうし、例えば患者の様子をSOAP（S［subjective］：主観的情報、O［objective］：客観的情報、A［assessment］：評価、P［plan］：計画［治療］）と呼ばれる書式に則って看護記録として記述する、あるいは分厚い紙のファイルから必要な情報を探し出しやすくするためにABC順に並べてインデックスシールをつける、書類の種類ごとにファイルを色分けする、といったよりプリミティブでアナログな整理技術も含まれる。確かに、地球上のすべての情報源を串刺しにして知りたいことを探してくるような検索は、到底アナログの情報技術では実現し得ない。地球上どころか、ひとつの企業や小さな地域の情報ですら網羅できないだろう。こんな目的には、断然デジタル技術に軍配が上がる。しかし、災害時のように情報通信インフラや電力インフラが途絶しがちであったり、毎日ヘトヘトでスマホを触る元気もない、というときにはアナログの情報技術のほうが役に立つこともある。要は、デジタル＞アナログ、ではなく、状況に応じて最適な技術を選択するということだ。情報技術の社会応用に関心がある読者には、ぜひこのような考え方を身につけてほしい。

　以下では、減災ケアのためのアナログとデジタルの情報技術の活用事例として、西日本豪雨災害で活用された「いまから手帳」（図6-2）と「まびケア」（図6-3）を紹介する。

　「いまから手帳」は、災害に遭ったときに必要な支援がタイムリーに受けられるよう、被災の状況や生活での困りごとなどを記録できる紙の手帳である[2]。災害が発生して避難を余儀なくされたとき、あなたが持ち出せるものはそれほど多くはない。ものも場所も極端に制限された中で、罹災証明の発行、仮設住宅への申し込みなどの様々な手続きが矢継ぎ早にやってくる。手続きが遅れれば、その分自分たちの生活再建が遅れていく。そのような中で、自分や家族の日々の生活や健康維持のためのセルフケアを行っていくことは簡単ではない。慌ただしい日々の中でセルフケアはついついおろそかになりがちで、気がついたら体調が悪化していた、避難所までは歩いて来られた高

図6-2　いまから手帳

齢者が立ち上がれなくなっていた、という二次的な健康被害が避難所ではしばしば起きている。避難所には時々保健師や民間の支援者がやってきて、困りごとはないか、健康状態はどうかなどを聞いてくれるが、心身ともに疲弊した中で誰にどんなことを伝えればよいかをぱっとまとめることは難しいし、誰にどんなことを伝えたかも日々の慌ただしさに紛れて忘れていってしまう。

　「いまから手帳」は、このような、被災後の二次的な健康被害を防ぎ、生活の困りごとを明らかにして受けるべき支援を受けられるようにするというセルフケアを助けるツールとして作られた。2018（平成30）年の西日本豪雨災害の被災者に向けて配布されたこの紙の手帳は、自身も倉敷市真備町で被災し、その後、避難所での健康支援に尽力した神戸市看護大学の神原咲子教授らによって開発されたものである。自分と家族の体調、生活再建に向けて行ったこと、生活上の困りごとをカレンダー形式で記録できるようになっており、これまでのことを振り返ったり、支援者に相談するときに、この手帳を見ることで自分と家族の生活の様子を的確に把握し、伝えることができるようになる。

　災害は、自分の生活だけでなく、地域の状況も一変させてしまう。電気、

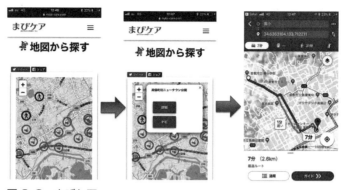

図6-3　まぴケア

ガス、水道、通信といったインフラだけでなく、地域の店舗が被災したり流通システムがダメージを受ければ、買い物もできず、宅配便も届かない。被災した自宅を片づけて再び生活を始めようとしても、ホームセンターが被災していれば片づけに必要なスコップ、土嚢袋、バケツ、長靴、ゴミ袋、軍手などは手に入らない。少し遠くまで足を伸ばそうにも、自家用車は水没してしまい使えない。片づけでけがをしたときの絆創膏や消毒液、熱中症予防の補水液も手に入らない。避難所では毎日同じような揚げ物中心のお弁当だが、野菜が欲しいと思ってもスーパーやコンビニは開いておらず、お惣菜も手に入らない。いつも通っているクリニックも被災していつ再開するか分からない。毎月処方してもらっている糖尿病の薬はどうしようか……。

このような困りごとに応えるために、西日本豪雨災害で生活環境が一変してしまった被災地の生活情報を集約し、届けるためのWebサイトとして作られたのが減災のための情報ポータル「まぴケア」[3]である。「あそこのクリニックが週2日診療を再開したらしい」「入浴の無料券は○○コンビニで配布している」「○○小学校避難所の仮設トイレが男女別になって使いやすくなった」「災害ゴミの搬出ボランティアは来週いっぱいで終わるらしい」といった、地域の人々の生活を支える情報は、避難所の掲示板や口コミなど様々なチャンネルで共有される。しかし、一覧性がなかったり、情報が古くて役に立たない（被災地の状況はめまぐるしく変わるため情報がすぐに古くなってしまう）、必要なときに情報が手に入らないなどの不便も多い。まぴケア

では、市民から投稿された生活再建に役立つ情報に、位置情報を付与して地図コンテンツとして提供した。地図で見ることで、自分の生活圏の中で最も便利な支援リソースを必要なタイミングで探し出すことができるようになる。

　「いまから手帳」は、アナログの紙の手帳である。このため、手帳に書かれた内容を他の人と共有したり、多くの人の手帳のデータを集約して分析するような利用目的には向いていない。一方で、「いまから手帳」の利用者からは、「この手帳があると安心する」「手帳が味方になってくれている気がする」という声が少なからず聞かれる。スマホの中のアプリではなく、紙の手帳という物理的な存在が安心感をもたらしているのかもしれない。いまから手帳の目的は、若者から高齢者までの幅広い被災者のための個人と家族の日々の記録、記録を振り返ることによるセルフケア意識の向上、そしてタイムリーな支援につながることによる安心の提供である。この目的に鑑みると、アナログな情報技術の採用が功を奏していると言えよう。

　まびケアは、災害時に行政が自治体の Web サイトなどを通じて提供する支援情報とは異なる特徴を持っている。ひとつは被災地域の IT 企業が中心となって Web サイトを構築し、オープンストリートマップなどのオープンなテクノロジーを利用していること、そしてもうひとつは地域の情報をその地域の人々から提供してもらう「クラウドソーシング」という手法でコンテンツを作成し、コンテンツを再利用できるようにクリエイティブ・コモンズ・ライセンスで提供していることである。このような、地域の IT 企業や市民自身が参加して、地域の課題を解決していく取り組みは、「シビックテック」と呼ばれ、市民が積極的に地域に関わり、課題と目標を共有し、ともに考え、ともに作るという、公共領域での新しい問題解決手法として注目されている。災害時に、地域の中で動的に発生し、「賞味期限」も短い情報を広く市民から集め、タイムリーに提供するためには、デジタルなシビックテックの活用が最適だという例である。

　いまから手帳は、2022 年 8 月、筆者も理事を務める（一社）EpiNurse が開発した、ロシアからの侵攻でウクライナから逃れてきた避難者のための生活支援カレンダーとしてそのノウハウが継承されている。また、まびケアは、全国的に利用可能な生活再建マップ「まちけあ」にバージョンアップし、新

型コロナウイルス感染症への対応として、医療用抗原検査キットの取扱薬局マップなどが提供されている。使われている情報技術がデジタルであれ、アナログであれ、困りごとを抱えた人々を孤立させず、コミュニティとのつながりを作り、平時から減災ケアにつながるコミュニティツールとしてデザインすることが肝要である。

Ⅶ　VUCA 時代の減災ケアのための情報戦略

　近年、複雑化したシステムや状況を表現する言葉として、VUCA というキーワードが用いられる。VUCA という言葉は、Volatility（変動性）、Uncertainty（不確実性）、Complexity（複雑性）、Ambiguity（曖昧性）の頭字語である（Bennis and Nanus 1985）。1980 年代からリーダーシップ論の文脈で最初に用いられたこの言葉は、2016 年の世界経済フォーラム（ダボス会議）で使われ、世界的に注目されるようになった。VUCA というキーワードは、様々な事象が相互に複雑に関連する現代において、何かが起きたときの影響範囲の予測が困難になっているという状況を表現している。実際、急激な技術革新による市場プレーヤーの交代、気候変動による大規模な災害と生産への影響、イギリスの EU からの離脱（Brexit）、新型コロナウイルス感染症の世界的な流行など、予測が困難で、臨機応変な対応が必要となる状況に日々直面している。

　このような、不安定で、不確実で、複雑で、曖昧な状況下では、意思決定は、ますます困難を極める。それは、情報のあり・なしだけが問題になるのではなく、どのような情報を得ればよいのかが分からない、どのように情報が得られるのかが分からない、全体を読み解くのに必要な情報が得られるかどうかが分からない、状況が変化したときに以前得た情報がまだ有効であるのかどうかが分からない、という、一段階レベルの高い問題に直面するからである。この意味で、大規模災害とはまさに VUCA な状況であると言える。避難所でいま食料を食べるかどうかという意思決定は、その場に食料があるかないかだけではなく、追加の食料がいつ届くのかに依存する。食料支援がいつ届くのかは、支援者が食料ニーズを正しく把握しているかどうか、どの

ようなスケジュールになっているか、そして現地まで支援物資を輸送する手段があるかなどに依存する。正しい意思決定をするためにはこのような複雑な問題を解かなければならないが、一方で、被災地の避難所で得られる情報は極めて限定的である。不十分な情報をもとに意思決定を行わなければならない状況もままあるということだ。

　VUCA 時代の減災のためには、従来型の「A が起きたら B をする」という一般化されたルールに則って人々が行動するのではなく、一人ひとりがそれぞれのリスクを知った上で、状況に応じてリスクを最小化するために行動することが必要なのである。そして、そのためには、自分や家族に関する情報、災害のリスクに関する情報、地域のリソースに関する情報が平時から蓄積され、利用可能な状態になっていることが肝要である。前節で述べた「コミュニティ情報学」アプローチは、まさに VUCA 時代の減災ケアのための情報戦略であると言えよう。

Ⅷ　減災ケアのためのロール・ルール・ツール

　これまで、地域コミュニティと外部支援の連携、よりよい連携のための情報戦略、VUCA 時代のリスクに基づく減災アプローチについて、具体的な事例を含めて述べてきた。ここで、これまでの議論をロール・ルール・ツールという考え方で整理してみる。

　ロールとは、誰がどのような役割を担うのかということである。これまでの議論には、個人と家族、地域で活動する団体や自治会などの住民組織や社会福祉協議会といった地域コミュニティ、外部の民間支援団体、そして行政が登場している。これらのロールを整理してみよう。

　まず、被災して生活上のリスクを抱える個人や家庭は、同時に、地域の復興の主役でもある。冒頭で述べた 2015 年の国連防災世界会議で採択された仙台防災枠組で提唱されている「人間中心の防災」「より良い復興」を推進するためには、個別の住人や世帯が潜在的に抱えている災害に対する脆弱性を知り、必要な、そして現実的に実現可能な対応を考えるという、リスクに基づくアプローチで災害に備える必要がある。

地域コミュニティは、人々の被災からの生活再建を支える主体である。平時には、地域の特徴に合わせた災害への準備を行い、また、助け合いのネットワークを構築する。発災時には、住民に対して支援を行うのと同時に、外部からの支援を受け入れるためのコーディネーション機能も担う。

　NPOなどの民間支援に代表される外部からの支援者は、被災地域の行政や支援コーディネーターを担う団体と連携しつつ、災害によって発生したニーズに対応するために現地で活動を行う。

　行政は、平時からの防災啓発活動と、災害発生時の避難所の開設や公的支援の申請窓口などの機能に加え、地域コミュニティや外部支援のコーディネーターと連携し、地域的なニーズを把握して解決のための対応を行ったり、個別の要支援者に対して必要な公的サービスを提供するという役割を担う。

　それぞれの登場人物が、上に述べたようなロール（役割）を果たすためには、それぞれがどのように振る舞うべきかというルールが合意され、共有されることが必要となる。このルールは、必ずしもフォーマルな制度として実装されるものばかりではなく、セミフォーマル、あるいはインフォーマルな形で、当事者やコミュニティの中での暗黙の合意として共有されるものも含むと考えてよい。大事なことは、フォーマルであってもインフォーマルであっても、復興の主体である地域住民が参加できる形でルールの策定と改訂のプロセスがデザインされることだ。

　個人や世帯は、リスクに基づく減災アプローチに則って災害への備えや災害時の行動を想定する。計画を立てるだけではなく、災害時に自分を助けてくれそうな、あるいは自分が助けられそうな他の住民や団体と平時からつながっておくことや、自分の支援コミュニティ（例えば要介護の人であればケアマネジャー、医療的ケア児であれば訪問看護ステーションなど）と災害時の対応について話し合うところから始めてはどうだろうか。普段自分が関わっている地域の様々なコミュニティネットワークの中で、できることから取り組んでいくのがよいだろう。

　地域コミュニティ、外部支援者、行政は、それぞれの役割に応じた災害対応を行うだけでなく、支援ニーズを持つ人を取り残さないためには、三者の連携が大切だ。ゴミの集積所がいっぱいで災害ゴミを搬出できずに困ってい

る、などの災害時に発生する地域全体の課題は、外部支援者だけでは解決が難しく、行政がその課題を共有して対応する必要がある。また、地域コミュニティの支援者が複合的な困りごと——例えば、自宅の修復が必要だが家族の介護サービスも止まってしまい時間を作れない、など——を抱えた家族を発見した場合、外部支援者や行政保健師と情報を共有することでよりニーズに合った対応ができる場合もある。多職種が連携を行うためには、災害時に行政・地域コミュニティの支援コーディネーター・外部支援者・行政が共同で開催する情報共有会議などのセミフォーマルな場に加えて、災害に備えて自治体が地域防災計画を策定する際に、行政が災害ボランティアセンターや民間支援者と連携することを明記するなどのフォーマルなルールを作っておくことで、災害が発生した際にスムーズに連携体制を作ることができる。

　最後に、個人のリスクに基づく災害への備えや、支援者の多職種連携を実現するためのツールを見てみよう。本章で紹介した「いまから手帳」や「まびケア」は、セルフケアツールとして活用できるだけでなく、被災した個人と支援者をつなぐためのツールとしても活用できる。また、近年、災害時の個別避難計画やマイ・タイムラインといった、リスクに基づく防災減災のためのツールが提供されている[4]。これらのツールは、個人や世帯が抱えるリスクと取るべき対応を見える化すると同時に、住民と地域コミュニティの支援者が協働して災害時の対応を検討するために役立つツールとしても期待できる。重要なのは、災害への備えを住民参加型で実施していくことである。その際には、行政が公開するオープンデータの活用、住民参加型の情報集約システム、公開できる情報はできるだけオープン化していくといった、シビックテックの流儀が参考になる。

　地域コミュニティ、外部支援者、行政の多職種連携を支援するためのツールは、これまでいくつかのトライアルがなされているものの、未だ決定的なものはなく、今後の取り組みが待たれるところである。民間支援セクターでは、筆者が代表理事を務める（一社）情報支援レスキュー隊（IT DART）が開発した、支援者のための被災状況共有システムが 2019（平成 31）年 6 月の山形県沖地震、また同年 9 月の台風 19 号（Hagibis）による水害被災地などで活用された実績がある[5]。また、社会福祉協議会が災害ボランティアセン

ター運営のための IT ツールを整備したり、地域の災害支援コーディネーションを担う団体が情報共有システムの開発プロジェクトに着手するなどの取り組みが進んでいる。このように、民間企業と比べて遅れがちと言われているNPO などの非営利組織でも、ツールを整備することの重要性が共有され、プロジェクトの発足などの気運が高まっている。デジタル庁が 2021 年 12 月に発表した基本方針にも、防災分野の情報化が盛り込まれており、今後の取り組みに期待したいところである。

おわりに

住民一人ひとりが災害発生の直後から復旧復興期に至るまでの長い期間を乗り切り、生活を再建させていくためには、すべてのフェーズにおいて健康を維持し、生活上の困りごとに気づき、支援を得ながらそれに対応していくという減災ケアの考え方が必須となる。減災ケアを実現するためには、住民、地域コミュニティ、民間支援、行政という災害対応に関連するすべてのステークホルダーがその重要性を理解し、平時からの備えを行うことがその第一歩となるだろう。被災によってもたらされる健康の課題や生活上の困難は、住宅や道路の被害などに比べて見えにくく、周囲だけでなく本人もそれに気づかないこともある。近代看護の母と言われるフローレンス・ナイチンゲールは、人々をケガや病気の回復から妨げている要因を発見し、それらを問題として定義し、さらにそれらの問題に対する一連の対応を「看護」と名づけた。そして、当時の最先端の情報技術であった記述統計学を活用し、こうもりグラフと呼ばれる可視化手法を開発し、看護の必要性を世に訴えた（服部・宮川編 2022）。このような社会起業家としての側面を持つナイチンゲールが取った手法と同様に、社会に埋もれがちな困難を見つけ出し、それを可視化し、情報技術を上手に活用して、より災害に強いコミュニティを育んでいくというアプローチを協働的に構築していくことが減災ケアにおいても重要であろうと筆者は考えている。本章が防災減災、そして社会的課題の解決に関心がある読者をなにがしかインスパイアすることができれば幸いである。

1) JVOAD ホームページ：https://jvoad.jp/（最終アクセス：2022 年 10 月 19 日）
2) Web 版 https://app.imakara-techo.com/login（最終アクセス：2022 年 10 月 19 日）もある。
3) https://mabi-care.com/（最終アクセス：2022 年 10 月 19 日）
4) 例：東京都防災ホームページ「手書きで作るマイ・タイムライン」https://www.bousai.metro.tokyo.lg.jp/mytimeline/1006417.html（最終アクセス：2022 年 10 月 19 日）
5) https://www.gisa-japan.org/content/files/conferences/2019/papers/D23.pdf, https://jglobal.jst.go.jp/detail?JGLOBAL_ID=201902229534224778（最終アクセス：2022 年 10 月 19 日）

参考文献

全国社会福祉協議会「被災地・災害ボランティア情報　東日本大震災 11 年」https://www.saigaivc.com/earthquake/311/（最終アクセス：2022 年 10 月 19 日）

内閣府（2012）「平成 24 年版防災白書」https://www.bousai.go.jp/kaigirep/hakusho/h24/index.htm（最終アクセス：2022 年 10 月 19 日）

服部桂・宮川祥子編（2022）『人工知能はナイチンゲールの夢を見るか』日本看護協会出版会。

Bennis, W. and B. Nanus（1985）*Leaders: The Strategies for Taking Charge*. New York, NY: Harper & Row.

第7章 持続可能な社会構築のための グリーンインフラ

一ノ瀬友博

はじめに

21世紀は環境の世紀と呼ばれてスタートしたが、気候変動や生物多様性喪失といった地球環境問題はいっそう深刻になっており、人類の福利に深刻な影を落としている。世界各地で急増している異常気象による災害はその一例である。人類が存続するために、私たちは人間社会の持続可能性向上に今すぐ取り組まなければならない。このような状況の中で、グリーンインフラ、生態系減災、自然に根ざした解決策といった考え方や方法が注目を集めている。本章では、地球と日本が置かれている状況をひもときつつ、持続可能な地球と地域社会を構築する方法について議論する。

I 地球の持続可能性

約1万年前に最終氷期が終了して以降、地球の気候はかつてないほど温和で安定して推移してきた。この好条件の下で、人類は農業を開始し文明を発展させ人口を増やしてきた。中世から近世にかけての寒冷期は人類の生活に影響を及ぼしたことが知られているが（ル＝ロワ＝ラデュリ 2019）、その変化はそれ以前の気候変動に比べればささやかなものであった。人類は他の生物と同様に環境に影響を及ぼしてきており、更新世に起こった大型動物相の絶滅は人類による狩猟が原因であるとされているが（Zimov et al. 1995）、地球規模で影響を及ぼすようなものではなかった。しかし、1750年頃から始まった産業革命以降、人類の人口増加と資源の消費は地球システムに劇的なイン

パクトを与えてきた。特に 1950 年以降において顕著であり、グレートアクセラレーションと呼ばれるほどの影響を及ぼしているとされる（Chapin et al. 2018）。人類の活動が及ぼす地球規模の影響は、第二次世界大戦以降盛んに議論されるようになり、1972 年にはローマクラブが成長の限界を発表するなど、警鐘が鳴らされてきた。1992 年にブラジルのリオ・デ・ジャネイロで開催された環境と開発に関する国際連合会議（地球サミット）では、地球規模の持続可能性に関わる環境問題が議論された。気候変動に関する国際連合枠組条約（気候変動枠組条約）と生物の多様性に関する条約（生物多様性条約）が提起され、この会議の場で署名が開始された。

　近年エコシステムという用語が一般的にも使用されるようになってきたが、生態学で用いられる生態系（ecosystem）は、ある地域におけるすべての生物および、相互作用する物理環境を含む生態学的なまとまりのことである。古典的な生態学では、そこには人間は含まれてこなかった。しかし、人新世に入り人類が地球上のほぼすべての生態系において主要な構成要素となっているため、人と自然を相互に連結した構成要素とする社会生態システムとして捉え、適切な生態系管理を行う必要性が指摘されるようになってきた。人類が地球環境や生態系に及ぼす影響が、巡りめぐって人類の福利に様々な影響を及ぼす可能性がある。このような状況の中で、「持続可能性」という概念が注目を集めるようになってきた。1987 年にブルントラント委員会は国連において、生態系の保全と人類の発展への要求の双方を満たす持続可能性のフレームワークを提唱した。そこで持続可能性は、将来世代の要求を満たす能力を損なうことなく、現在世代の要求を満たすように環境と資源を利用すること、と定義されている（World Commission on Environment and Development 1987）。環境倫理学でいう世代間倫理を重視した定義である。現在の私たちの選択によるトレードオフが、将来の社会生態システムに影響しうるため、私たちは潜在的なトレードオフを評価し、意思決定に活かさなければならない。

　近年、レジリエンスという言葉も盛んに使われるようになってきたが、分野によってその意味する内容が異なり、注意が必要な用語である。元々は物理学において応力（stress）に呼応して用いられる言葉で、弾力と訳される。

心理学においては、ストレスに対し精神的に適応する過程や能力、また適応の結果のことを指すとされる。生態学においては、撹乱（かくらん）などに対し、生態系がその基盤的な機能、構造やフィードバックを維持する能力であるとされる。生物がうまく適応している変動に対しては、生態系のレジリエンスが高い。しかし、人新世における急激な気候変動や生物種の大量絶滅、広範囲にわたる土地利用の変化など、グローバルな環境変動は生態系のレジリエンスを超過してしまう可能性がある。レジリエンスを超過してしまった場合、生態系は代替状態へ突然変化することになり、影響を及ぼした変化（生態学的には撹乱という）が取り除かれ環境が元の状態に戻っても、生態系が元の系に回復しない恐れがある。このような変化をレジームシフトといい、代替状態においてレジリエンスが生じ、元の系に戻れなくなる（Chapin et al. 2018）。例えば、気候変動により生物の生息適地が変化した場合、生物はその変化に対応して移動分散する能力を有する。しかし、気候変動のみならず、土地の改変により生息地が分断されていた場合、移動能力が低い生物は絶滅し食物連鎖をはじめ生態系に大きな影響を及ぼしうる。気候が元の状態に戻っても、失われた種は蘇るわけではないので元の系に戻ることができなくなる。

II　グリーンインフラとは

　グリーンインフラとは、グリーンインフラストラクチャー（Green Infrastructure）を略したものである。グリーンインフラは1990年代から欧米を中心に使われるようになってきた用語である。しかし、世界的に統一された定義は、未だ存在していない。McMahon（2000）は、グリーンインフラを、緑地、樹林地、野生生物の生息地、公園、その他の自然性の高い地域のネットワークであるとし、それは新鮮な大気と水、自然資源を維持し、市民の生活の質を豊かにするものであるとしている。そのコンセプトは、オルムステッド（Olmsted, F. L.）のパークシステムに遡るという。この考え方の延長線上にあるのが、欧州委員会の定義である。欧州委員会は、「グリーンインフラとは、価値の高い自然、半自然地域をその他の環境要素とつなぐ戦略的に計画されたネットワークで、都市と農村の両方において、広範囲にわたる生態系サー

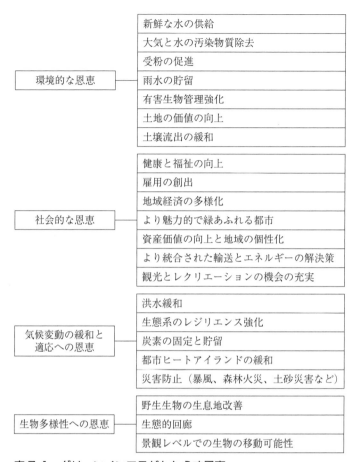

環境的な恩恵	新鮮な水の供給
	大気と水の汚染物質除去
	受粉の促進
	雨水の貯留
	有害生物管理強化
	土地の価値の向上
	土壌流出の緩和

社会的な恩恵	健康と福祉の向上
	雇用の創出
	地域経済の多様化
	より魅力的で緑あふれる都市
	資産価値の向上と地域の個性化
	より統合された輸送とエネルギーの解決策
	観光とレクリエーションの機会の充実

気候変動の緩和と適応への恩恵	洪水緩和
	生態系のレジリエンス強化
	炭素の固定と貯留
	都市ヒートアイランドの緩和
	災害防止（暴風、森林火災、土砂災害など）

生物多様性への恩恵	野生生物の生息地改善
	生態的回廊
	景観レベルでの生物の移動可能性

表 7-1　グリーンインフラがもたらす恩恵

出典：European Commission（2013）より筆者作成。

ビスを提供し、生物多様性を保全するように計画され、管理されるものである」としており（European Commission 2013）、生態系の保全が強調されている。欧州委員会は表7-1のようにグリーンインフラによる恩恵を整理している。

　一方、アメリカ合衆国環境保護局は、「グリーンインフラは、地域社会が健全な水環境を維持し、多様な環境からの利益を得つつ持続可能な地域社会を維持するために選択しうる手法であり、雨水を排水するパイプといった単一の目的しか持たない雨水のグレーインフラのようなものではなく、雨が降

った場所で雨水を管理するために植生や土壌を活用するものである」と説明している（アメリカ合衆国環境保護局［EPA］2022）。ヨーロッパに比べて、アメリカでは特に水循環に着目している。

　日本ではグリーンインフラが、2015年に閣議決定された国土形成計画（全国計画）に記載され、初めて国の法定計画に位置付けられた。そこでは、「グリーンインフラとは、社会資本整備、土地利用等のハード・ソフト両面において、自然環境が有する多様な機能（生物の生息・生育の場の提供、良好な景観形成、気温上昇の抑制等）を活用し、持続可能で魅力ある国土づくりや地域づくりを進めるもの」と定義されている。

　日本でグリーンインフラにいち早く取り組んできたグリーンインフラ研究会では、「自然が持つ多様な機能を賢く利用することで、持続可能な社会と経済の発展に寄与するインフラや土地利用計画を、グリーンインフラと定義する」（グリーンインフラ研究会ほか 2020）としている。かなり幅の広い定義であるが、土地利用計画をわざわざ明記しているのが特徴的である。防災を例にとれば、構造物としてのインフラも重要であるが、それ以前に災害の危険がある場所に居住しないという計画がグリーンインフラとして重要な役割を果たす。

Ⅲ　グリーンインフラが注目される背景

　グリーンインフラの事例は、欧米を中心に数多く存在する（Benedict and McMahon 2006）。その目的は、防災、生物多様性保全、コミュニティ再生や環境教育など様々で、地域の課題を反映したものである。その多くは最近始められたものではなく、これまでの取り組みも含めてグリーンインフラの事例として紹介される。日本でもグリーンインフラが、急速に注目を浴びている。国土交通省は、2020（令和2）年3月にグリーンインフラ官民連携プラットフォームを立ち上げ、国、地方公共団体、民間企業、大学、研究機関等、多様な主体が幅広く参画し、各自の知見、ノウハウや技術を持ち寄り、グリーンインフラを広げていくとしている。学術分野においても、関連する数多くの学会でグリーンインフラに関わる研究会が立ち上がったり、数多くのシ

ンポジウム、集会が開催されるようになってきている。基本的な考え方自体は取り立てて新しいわけではないグリーンインフラがなぜ耳目を集めているのか、その背景は以下の通りである。

ひとつは、「はじめに」で述べた気候変動と生物多様性喪失という地球規模の課題に対応するためである。特に、気候変動は自然災害の激甚化という形で私たちの生活に直接的な影響を及ぼす。これまでのコンクリートを中心としたインフラ（グレーインフラ）だけでは対策が十分でなくなりつつあることは、ほとんどの専門家の見解が一致するところである。2013年5月に発表された欧州委員会のグリーンインフラ戦略では、これまでは洪水防止などのために自然をグレーインフラに置き換えることによって解決してきており、そのことによりヨーロッパの自然資本は減少し続け、結果として長期的な持続可能性を危機にさらし、環境変化による悪影響に対する回復力を失っていると指摘している（Eurpean Commission 2013）。

次は、この地球規模の環境問題が深刻になる中で、社会的な課題解決や経済活動も自然環境との両立が必要不可欠となっていることである。地球の環境収容力を表す指標であるエコロジカル・フットプリントでは、一人あたりに必要な地球上の面積が計算されるが、現在の私たちの生活は1年間で地球1.75個分の自然資源を必要としており、2022年でみると、1年の3分の2にも満たない7月28日で地球1個分を使い尽くしているという（Global Footprint Network 2022）。そのような背景もあり、ビジネスの世界でも自然からもたらされる資源を資本（ストック）と捉える自然資本経営という考え方が、急速に広まってきた（藤田・日経BP社 2017）。ESG投資のように環境への貢献が企業価値を大きく左右するようにもなってきている。さらに、2015年にG20からの要請を受け、金融安定理事会（FSB）により民間主導の気候関連財務情報開示タスクフォース（TCFD）が設置され、企業が気候関連情報を開示することが求められるようになってきた。TCFDに続いて自然関連情報開示タスクフォース（TNFD）が設置され、生物多様性保全に関わる情報開示についてのベータ版フレームワークが2022年3月に公開された。このように気候変動・生物多様性への対応は、企業にとって付加価値ではなく、経営の根幹に関わるようになった。

最後は、グリーンインフラがもたらす様々な効用の定量的評価が可能になってきたことである。緑や森林、農地、そして自然環境がもたらす様々な恩恵は古くから知られていた（亀山ほか 2021）。それらは近年生態系サービスとして整理され、自然資本に対するフローとして理解されている。インフラとして整備するためにはその効用が定量的に評価できることが求められる。典型的なグレーインフラとされるダムや鉄道、下水道などでは、その需要に応じて設計することが可能であるが、グリーンインフラがもたらすとされるような効用を、定量的に評価することが難しかった。しかし近年は、自然環境の教育効果、公園緑地の健康増進効果、街路植栽の大気汚染軽減効果、景観向上による土地の資産価値向上など、多様な評価方法が開発され、インフラとして定量的に評価することが可能になってきた（Austin 2014；Coutts 2016）。

IV　自然災害と災害リスク

　災害のきっかけとなる地震、噴火、津波、高潮、洪水、土砂崩れといった自然現象は地球上で常にどこかで発生している。このような自然現象はハザード（hazard）と呼ばれる。ハザードが発生してもそこに人間も財産も存在しておらず、誰も被害を受けなければ災害とは言わない。人間がいなくてもハザードは生態系に様々な影響をもたらす。先に述べたように生物に大きな影響を及ぼすハザードを、生態学では攪乱と呼ぶ。攪乱は重要な自然のプロセスであり、湿地や海岸のように攪乱によって維持される生態系は多数存在する。ハザードは自然生態系に欠かすことができないし、ハザード自体を制御することは現在の科学技術をもってしても極めて困難である。よって、災害リスクを下げることが、防災・減災の世界的な目標となっている。

　災害リスク（disaster risk）は、ハザード（hazard）、暴露（exposure）、脆弱性（vulnerability）、キャパシティ（capacity）の4つによって決定されるとされる。

$$disaster\ risk = \frac{hazard \times exposure \times vulnerability}{capacity}$$

今後気候変動によってハザードの強度が高まることが予測されているが、ハザードを直接コントロールすることは難しいので、災害リスクを低減させるためには暴露と脆弱性を下げ、キャパシティを高める必要がある。暴露とは災害の危険に晒されていることであり、危険性の高い場所に居住したり、貴重な財産が存在していることをいう。洪水が頻繁に起こってきた低地に都市開発が拡大しているような状態は、暴露を高めていると言える。脆弱性とは、ハザードが起こった場合に、その影響を回避したり減少させる機能が低下していることである。脆弱性には様々な要素が入りうる。例えば、地震が頻繁に起こる立地にもかかわらず耐震性のない石積みの住居で生活しているような状態や、津波に度々襲われている地域にもかかわらずその事実が伝えられていなかったり、避難訓練もされていないというような状況も該当する。キャパシティという言葉は、ここでは災害に対する組織やコミュニティ、社会の対処能力すべてを指す。つまり、人や組織の知識や技術に加え、社会的な関係性やリーダーシップなど幅広いものを含む。災害リスクの低減のためにはこのキャパシティを高める必要があり、そのような取り組みはキャパシティ・デベロップメントと呼ばれる。

V　生態系減災

　生態系に立脚し、災害リスクを下げることが生態系減災（Ecosystem-based Disaster Risk Reduction; Eco-DRR）である。健全な生態系は災害からの影響の緩衝帯として機能し、人々や財産が危険に晒されるリスクを軽減するとされ、そのような機能を総称して生態系減災と呼んでいる（一ノ瀬 2021a）。生態系減災は、生態系がもたらす恵み、生態系サービスの4つの分類のうちの調整サービスに含まれる。

　生態系減災が世界的に注目されるようになったのは、2004年12月末に発生したスマトラ沖地震がきっかけであった。マグニチュード9.1という世界最大規模の地震によりインド洋沿岸を大規模な津波が襲い、22万8千人近い死者・行方不明者を出し、観測史上最悪の自然災害となった。クリスマスから新年の休暇の時期ということもあり、多くの欧米からの観光客が沿岸リ

図 7-1　北川の霞堤

出典：福井県若狭町で筆者が撮影。

ゾートに滞在しており、犠牲者は 2 千人にも上ったため、欧米でも衝撃を持って受け止められた。沿岸に位置する都市は大きな被害を受けたが、各地でマングローブ林が津波の威力を軽減したことが確認された（Kathiresan and Rajendran 2005）。森林植生が持つ土砂災害防止機能など、同様の機能は専門家には周知のことであったが、史上最悪の自然災害によって生態系がもたらす恩恵が広く人々に認識されるという皮肉な結果になった。

　その翌年、神戸市において第 2 回国連防災世界会議が開催された。そこで採択された行動指針である兵庫行動枠組には、生態系の持続可能な利用・管理を通じて災害リスクと脆弱性を軽減することが書き込まれた。東日本大震災を経て、2015 年には第 3 回国連防災世界会議が仙台で開催され、仙台防災枠組 2015-2030 が採択された。そこではさらに踏み込み、「生態系に基づくアプローチによる政策の立案・計画や、災害リスク低減に役立つ生態系機能を保全し、危険に晒される地域の農村開発計画や管理をすること、生態系の持続可能な利用及び管理を強化し、災害リスク削減を組み込んだ統合的な環境・天然資源管理アプローチを実施すること」が明示され、生態系減災が国際的に大きく位置付けられた。

　生態系減災は日本の歴史の中でも伝統的に使われてきたものである。例えば、霞堤と呼ばれる河川の堤防は、切れ目のある不連続なもので、洪水時には開口部から河川区域外に水をゆっくりとあふれさせるように工夫された技

図7-2　東日本大震災による津波を受けても残った防潮林
出典：宮城県名取市で筆者が撮影。

術で（図7-1）、戦国時代から用いられている。開口部は普段から湿性生息地として数多くの生物に利用されている例も多い。都市開発に伴い開口部を堤防で締めきってしまう例が増えているが、極端な大雨の際には洪水による被害額を軽減する効果が大きいことが筆者ほかの研究で明らかになっている（Yamada et al. 2022）。海岸線に沿って整備されてきた防潮林は、東日本大震災の際にも一定の津波減衰機能を果たしたとされている（図7-2、久保田ほか2013）。

Ⅵ　人口減少・超高齢化時代のインフラのあり方

　日本は急速な人口減少と超高齢社会を迎えている。近年の自然災害の多発で国土強靱化が叫ばれているが、防災に限らずこれまで整備してきた膨大なインフラの更新すら危ぶまれる財政状況にある。高度経済成長期には、増大する人口を収容するために災害リスクの高い立地においても都市開発を進めてきた（一ノ瀬 2021a）。それらの街や人を守るために、堤防やダムといったグレーインフラを整備してきた。当時は、インフラへ投資する余力があり、維持管理にも十分な予算を割くことができた。人口減少・高齢化により税収が落ち込む中で、これまでのような対策はかなわない。

急激な気候変動は地球規模で様々な影響を及ぼすが、日本においては集中豪雨の増加が懸念されている。「経験したことのないような豪雨」というようなフレーズをたびたび報道で耳にする状況になっている。国土交通省では2020（令和2）年7月の熊本豪雨をきっかけに本格的に流域治水の取り組みが始まっている。

　日本においては様々な災害リスクを可視化したハザードマップが整備されている。洪水リスクについては、国が管理する一級河川に関しては異なる発生頻度でハザードマップが整備されているものの、二級河川や内水氾濫に関しては、十分にリスク評価がなされていない。滋賀県においては、内水氾濫も含め「地先の安全度マップ」が整備、公表されており、暴露を低減させる土地利用を目指そうとしている。筆者は、総合地球環境学研究所の研究プロジェクト「人口減少時代における気候変動適応としての生態系を活用した防災減災（Eco-DRR）の評価と社会実装」において、異なる降雨条件に対する日本全国の洪水リスクを機械学習により推定するモデルを作成し、被災人口や被害額を評価している。その成果の一部は、「自然の恵みと災いからとらえる土地利用総合評価（J-ADRES）」として公開している（総合地球環境学研究所 Eco-DRR プロジェクト 2022）。

　東日本大震災以降、沿岸の津波被災地で巨大防潮堤の整備が計画され、その是非が大きな議論になった。筆者が被災後から継続的に研究を続けてきている気仙沼市舞根地区のように巨大防潮堤建設に対して地域住民が一致団結して反対するような例も見られたが、被災地全体からするとごくわずかで、沿岸には巨大防潮堤が次々に整備されていった（一ノ瀬 2021b）。当時から景観に及ぼす影響をはじめ、様々な懸念点は指摘されていたが、最近は防潮堤があることにより豪雨時に内水氾濫を引き起こしてしまった例や、低地に居住者がいないような地域にもそこまでの整備が必要であったのかというような趣旨の報道が増加している。

　津波は洪水と異なり、発生頻度は低いものの、ひとたび発生すると甚大な被害を起こしうる。グレーインフラによる対策は、限られた空間で明確な基準に基づきその性能を発揮できる。しかし、莫大な予算を必要とし、管理にもコストが発生する。そして耐用年数が決まっているため適切な更新が欠か

図7-3　石狩海岸の海岸砂丘

出典：北海道石狩市で筆者が撮影。

せない。一方、グリーンインフラをはじめとした自然の機能を活用した対策には、その機能を十分に発揮するためにより空間を必要とする。例えば、海岸砂丘からなる海岸生態系が成立するには、日本海側で最低1km、太平洋側で2kmの幅が必要との指摘もある。高度経済成長期に、日本の海岸線に沿った低地はほとんど開発し尽くされ、自然の砂浜や干潟が残る地域は極めて限定的である。とは言え、人口減少局面を迎えているので、災害リスクが高い立地の利用を避け、自然再生を進めていけば、自然のプロセスによって維持されるグリーンインフラとして機能しうる。例えば、数少なく自然の海岸生態系が残される北海道の石狩海岸では、最大4m程度の津波リスクが存在するが、海岸砂丘はそれよりもはるかに高く、自然の防潮堤が津波リスクをほぼゼロに抑えている（図7-3）。気候変動による海面上昇がリスクを引き上げる可能性はありうるが、土砂の供給がなされれば自然のプロセスで海岸生態系は適応していくと考えられる。

　自然生態系がその生態系サービスを十分に発揮しうる自然再生が可能な空間が確保できるのが望ましいが、いくら人口減少時代を迎えているとはいえ、どこでもそれができるわけではない。それでも、グレーにするか、グリーンにするかという二者択一ではなくて、グレーとグリーンを組み合わせるハイブリッドインフラという考え方も示されており（Nakamura et al. 2019）、ハイ

ブリッドも含めグリーンインフラと呼ばれている。

VII　自然に根ざした解決策

　ここまでグリーンインフラと生態系減災について主に取り上げてきたが、主に気候変動を対象とし、生態系を基盤とした適応策は、Ecosystem-based Adaptation（EbA）と呼ばれる。近年、気候変動と生物多様性喪失に対処するための様々な方策が提案されるようになってきているため、国際自然保護連合（IUCN）はそれらを包含する考え方として「自然に根ざした解決策（Nature-based Solutions; NbS）」を提唱している（古田 2021b）。その定義は、社会課題に順応性高く効果的に対処し、人間の幸福と生物多様性に恩恵をもたらす、自然あるいは改変された生態系の保護、管理、再生のための行動、とされている。IUCN は自然に根ざした解決策が取り組む社会課題として、気候変動、自然災害、社会と経済の発展、人間の健康、食料安全保障、水の安全保障、環境劣化と生物多様性喪失の 7 つを挙げている。環境に関わる問題は人間の福利に直結している。IUCN が提唱する自然に根ざした解決策は、生態系を基盤とした社会イノベーションのアプローチと言えるだろう。2020 年には、IUCN は自然に根ざした解決策の世界標準を公表した（IUCN 2021）。これは個々のプロジェクトを画一的に評価しようというものではなく、プロジェクトの実施者や資金提供者が自己評価と継続的な改善のために活用することを意図したものである。その世界標準は、8 つの基準から構成されている。すなわち、社会課題、規模のデザイン、生物多様性の純便益、経済的実行可能性、包括的ガバナンス、トレードオフの比較考量、順応的管理、主流化と持続可能性、である。生態系サービスには、様々なものがあるため、生態系を基盤としたアプローチにはその多機能性が特徴である。しかし、具体的な課題に取り組む際にはその機能の発揮においてトレードオフが生じうる。例えば、脱炭素社会を実現するために再生可能エネルギーとして太陽光発電を拡大する過程で、生物多様性保全上重要な土地が発電所として開発され、生物多様性喪失につながってしまう危険性がある（Kim et al. 2021）。自然に根ざした解決策だけでなく、グリーンインフラ、生態系減災でもトレードオフが

課題となる。世界基準では、便益、費用、リスクの3つの観点から分析し、適切なバランスをとる必要性が示されている。基準の詳細や評価の方法については、IUCN が公表している文書（IUCN 2021）や解説記事（古田 2021a）を参照いただきたい。

おわりに

　本章で述べてきたような私たちが直面している地球環境問題は全人類に関わるもので、その解決は特定の学問分野ではとうていかなわない。個々の現象の計測や解析は自然科学のそれぞれの分野で可能であるが、解決のためには人間側の制度や仕組みの設計が必要不可欠である。慶應義塾大学湘南藤沢キャンパス（SFC）では、総合政策学部、環境情報学部という2学部で一体的に教育研究が進められ、両学部があいまって大学院では超学際的な政策・メディア研究科を構成している。近年、欧米の大学において、地球環境問題や持続可能性を目標として掲げる学部や大学院が新設されているが、統合的に地球環境問題にアプローチするという視点では、SFC の2学部1研究科は、世界に先駆けてその基盤を確立してきた。そして、本書のテーマである「社会イノベーション」については、2008年に政策・メディア研究科修士課程に社会イノベータコースが設置され、数多くのイノベータを輩出してきた。筆者も設置時から担当教員の一人として携わっている。気候変動や生物多様性喪失に対する対応として、2050年が目標として掲げられる。1990年に設立された SFC は、2050年に60周年を迎える。これからの30年間に総合政策学、環境情報学があいまって地球環境問題解決に資する社会イノベーションを起こす責務があると筆者は考えている。

謝辞
　本章の内容は、環境研究総合推進費 JPMEERF20154005、JPMEERF19S20530（いずれも研究代表者一ノ瀬友博）、総合地球環境学研究所研究プロジェクト「人口減少時代における気候変動適応としての生態系を活用した防災減災（Eco-DRR）の評価と社会実装」（研究代表者吉田丈人）の研究成果の一部である。多くの共同研究者の皆さんと進めてきた研究であり、この場をお借りしてお礼申し上げる次第である。

参考文献

アメリカ合衆国環境保護局（EPA）（2022）「Green infrastructure」http://water.epa.gov/infra structure/greeninfrastructure/index.cfm（最終アクセス日：2022年8月29日）

一ノ瀬友博（2021a）『生態系減災 Eco-DRR——自然を賢く活かした防災・減災』慶應義塾大学出版会、215。

一ノ瀬友博（2021b）「東日本大震災からの復興に生態系減災は実装できたのか」『農村計画学会誌』39（4）、362-365。

亀山章・小野良平・一ノ瀬友博（2021）『造園学概論』朝倉書店、vii、204。

久保田徹・仲座栄三・稲垣賢人・R. Savau・M. Rahman・入部綱清（2013）「海岸丘と海岸林の複合作用が津波に及ぼす影響に関する研究」『土木学会論文集 B2（海岸工学）』69（2）、I_301-I_305。

グリーンインフラ研究会・三菱UFJリサーチ＆コンサルティング・日経コンストラクション（2020）『実践版！グリーンインフラ』日経BP社、520。

総合地球環境学研究所 Eco-DRR プロジェクト（2022）「自然の恵みと災いからとらえる土地利用総合評価（J-ADRES）」https://j-adres.chikyu.ac.jp/（最終アクセス日：2022年8月29日）

藤田香・日経BP社（2017）『SDGs と ESG 時代の生物多様性・自然資本経営』日経BP社、254、258（図版）。

古田尚也（2021a）「IUCN が提案する NbS の世界標準」『BIOCITY』86、31-45。

古田尚也（2021b）「NbS 誕生の歴史と社会背景」『BIOCITY』86、21-29。

ル＝ロワ＝ラデュリ、エマニュエル（2019）『気候と人間の歴史 I　猛暑と氷河 一三世紀から一八世紀』藤原書店。

Austin, G.（2014）*Green infrastructure for landscape planning*, Abingdon, Oxon: Routledge,.

Benedict, M. A. and E. T. McMahon（2006）*Green Infrastructure - linking landscape and communities*, Washington D.C: Island Press, 299.

Chapin, F. S., P. A. Matson and P. M.Vitousek（2018）『生態系生態学』森北出版。

Coutts, C.（2016）*Green Infrastructure and Public Health*, Florence: Taylor and Francis.

European Commission（2013）Green infrastructure（GI）- enhancing Europe's natural capital - COM（2013）249. 11pp., European Commission, Brussels.

Global Footprint Network（2022）This year, earth overshoot day lands on July 28. https://www.foot printnetwork.org（最終アクセス日：2022年8月29日）

IUCN（2021）自然に根ざした解決策に関する IUCN 世界標準の利用ガイダンス——自然に根ざした解決策の検証、デザイン、規模拡大に関するユーザーフレンドリーな枠組み. 初版. 57pp., グラン、スイス：IUCN.

Kathiresan, K. and N. Rajendran（2005）"Coastal mangrove forests mitigated tsunami", *Estuarine, Coastal and Shelf Science* 65（3）, 601-606.

Kim, J. Y., D. Koide, F. Ishihama, T. Kadoya and J. Nishihiro（2021）"Current site planning of medium to large solar power systems accelerates the loss of the remaining semi-natural and agricultural habitats",

Sci Total Environ 779, 146475.

McMahon, E. T.（2000）"Green infrastructure", *Planning Commissioners Journal*, 37, 4–7.

Nakamura, F., N. Ishiyama, S. Yamanaka, M. Higa, T. Akasaka, Y. Kobayashi, S. Ono, N. Fuke, M. Kitazawa, J. Morimoto and Y. Shoji（2019）"Adaptation to climate change and conservation of biodiversity using green infrastructure", *River Research and Applications*, 1–13.

Yamada, Y., K. Taki, T. Yoshida and T. Ichinose（2022）"An economic value for ecosystem-based disaster risk reduction using paddy fields in the kasumitei open levee system", *Paddy and Water Environment* 20, 215–226.

World Commission on Environment and Development（1987）*Our common future*, Oxford; New York, NY: Oxford University Press.

Zimov, S. A., V. I. Chuprynin, A. P. Oreshko, F. S. Chapin, J. F. Reynolds and M. C. Chapin（1995）"Steppe-Tundra Transition: A Herbivore-Driven Biome Shift at the End of the Pleistocene", *The American Naturalist* 146（5）, 765–794.

第8章 減災まちづくり

國枝美佳

ショウ ラジブ

はじめに

　本章では、各種領域が融合する、減災のまちづくりを目指す実践プロセスについて記述し、その過程と今後の可能性について論じる。具体的には、東日本大震災で壊滅的な被害を受けた女川町に焦点をあてる。環境、インフラ、人間の行動を総合的に俯瞰して、融合と分離という手法を取りながら創出（イノベーション）している女川町。そこから地域づくり、関係づくり、復興、減災、社会イノベーションについて学べるのではないだろうか。

I　宮城県女川町とインドと慶應義塾大学

1　東日本大震災におけるインドの支援活動

　宮城県の東端、牡鹿半島の頸部に位置する女川町。町域の東部は太平洋に面し、西部・南部・北部の三方を山々に囲まれる「海と山のまち」である。世界三大漁場のひとつである三陸漁場が近いことから、年間を通じて豊富な魚種が水揚げされ、町民の多くが漁業と水産加工等の製造業に従事している。

　東北を襲った東日本大震災の地震は 2011 年 3 月 11 日、14 時 46 分に起きた。震源地は女川町から東南東 130 km の三陸沖で、マグニチュード 9.0、女川町では 6 強の震度が観測された。地震発生からおよそ 50 分後の 15 時 35 分、女川湾口一帯に最大津波高 14.8 m、最大浸水高 18.5 m、最大遡上高 34.7 m の巨大津波が襲来。浸水区域は 3.2 km² にも及んだ。

　地震と津波で、827 名の尊い命が奪われ、3,934 の家屋、1,631 の住居以外

の建物が被害にあった。人口は震災以前の6割まで減少し、漁業及び水産加工拠点、商店街などの産業基盤はほぼ流失した。およそ1,000隻あった船の8割が失われたなかで漁業を復興させるために漁港と漁船の復旧が課題であった（宮城県女川町 2015）。

震災直後より様々な支援活動が展開されたが、なかでも、インド政府は国家災害対応部隊（NDRF）の46名を人道支援のために女川町に派遣することを決め、これがNDRFにとって初の海外派遣となった。NDRFチームは2011年3月29日から4月5日まで活動し、主に町の中心部で行方不明者の捜索に従事した。震災発生から2週間以上が経過した時点で、瓦礫の中から7名の遺体を搬出した。またほかの貴重品とは別に5,000万円相当の現金を回収し当局に引き渡した。こうしたNDRFチームの活動は地元当局、メディア、一般市民から高く評価された。

2 女川-インドKIZUNAプロジェクトの始まり

NDRFが引き上げてからしばらく、女川町とインドのつながりには、NDRFの通訳の一人が続けていた女川-インド学会などの活動があった。そして震災から10年が経ち、この間にボランティアや起業家が女川町に受け入れられ、女川町の自律的な発展に関わってきた。

こうしたなか、本章の筆者の一人である國枝は、母親のいとこ夫妻が被災し、母を中心に女川町の復興を見守ってきた。その後のプロジェクト立案のきっかけは、筆者がハーバード大学院に研究留学中でのささやかなやり取りであった。当時来日していたインド人の親友が帰国前日に「女川に行きたい」と言った。なぜ女川を知っているのか聞いてみると、「東日本大震災の際、NDRFの初海外派遣のコーディネーターだった。はじめての派遣だったし、日本側も混乱していたため情報収集も連絡調整もすべて手探りだった」と言うのだ。震災10年の式典のストリーミング映像を見ながら、何かできるのではないかと考えるきっかけを与えられた気がした。

こうして、学内の助成金[1]を用いて「女川-インドKIZUNAプロジェクト」[2]が誕生した。目的はインドと女川のつながりを強化すること、そのプロセスを経験することで、学生に、防災・教育・リーダーシップ・マネジメ

ントといった複合的な学びの場を提供し、その経験をもとに未来を先導する
リーダーの育成を目指すことにした。

　このプロジェクトの立ち上げにあたり、早速、慶應義塾大学湘南藤沢キャ
ンパス（SFC）内の防災専門家に呼びかけると、本章のもう一人の筆者であ
るショウがすぐに反応をした。ショウは、2年前（2019年）に設立していた
研究ラボである India Japan Laboratory（IJL）[3] を、この新プロジェクトの母体
とすることを提案した。このラボは、インドと日本にフォーカスをあてて
様々な調査分析を行い、その知見を積極的に発信している。また IJL は、そ
の後の COVID-19 の困難な状況の中でも、レクチャーシリーズ、ウェビナ
ー、オンラインハッカソン、2国間・多国間の研究プロジェクト、研究出版
物の発行などを企画し、インド-日本双方の学生、実務家の意見交換を促進
してきた。

3　被災地と SFC との関わり

　女川町と SFC とのつながりは他にも様々にある。建築家でもある慶應義
塾大学環境情報学部の坂茂は世界各地そして女川町でも活躍している。東日
本大震災の直後、避難所をまわり、紙筒（紙管）でできる避難所プライバシ
ー確保のための間仕切りや空気の流れが実現する蚊帳空間を提案、実行して
きた。

　2011年4月、宮城県の仮設住宅事業者の公募を知った坂は、TSP 太陽と
共同で事業に応募し、選定された。そして5月末、当時町長だった安住宣孝
氏にはじめて仮設住宅のプレゼンテーションをし、1カ月後に内諾をもらう。
町議会の議決を経て県の了解を得られれば、8月はじめには着工できること
が決まった。しかし町議会などの議決を待っていてはコンテナの発注が間に
合わない。事業を計画通り遂行するためには町長の内諾をもって見切り発車
をしなければならなかった。坂は「町長が腹をくくってくれたおかげで作業
が進められた」と振り返る（日経アーキテクチュア編 2017）。

　おしゃれで、入居後すぐに使える木製の収納棚を備え付けた仮設住宅 189
戸（460人入居）が野球場の敷地にできあがった（坂茂建築設計 2011）。坂が
「居住性を高め、高密度化して生み出す空間のコミュニティ形成の場所を活

用するなど、被災者の生活環境を改善すべきというメッセージを込めた」海上輸送用コンテナを使った仮設住宅は積み上げ3階建てにしたため、「仮設住宅を予定していた3つの学校グラウンドを潰さずに済んだ」（女川町復興対策室都市計画係の小林貞二係長）と好評だったという。

　また、この仮設住宅プロジェクトでの実績を買われた坂茂建築設計が、JR女川駅と複合施設「女川温泉ゆぽっぽ」の設計を女川町に依頼されることとなった（坂茂建築設計 2015）。JRの終点でもある女川駅は、町の復興のシンボルとして7mかさ上げされた台地から町全体を包み込むように立つ。「包み込む」印象を与えるのは、海抜0mから見ると、カモメ科のウミネコの広げた翼のようなデザインが仙台から女川に入る際に通る山谷の稜線と呼応しているからだ。

II　減災の女川町を目指す

1　主役は 60 歳以下の町民

　女川町の復興は、以下で述べるように、当初より未来志向的であったことが特徴といえる。それを理解する上で、女川町長須田善明氏のインタビューが参考になるだろう[4]。原文を以下に引用する。

　　震災当時は県議会議員でしたが、その 10 ヶ月後に町長になりました。何しろ県全体が被災している訳で、そのまま県議会議員として県全体の復興に携わることも出来ましたが、身を転じたのは、自分がこれからも生きていくこの町の未来と自分自身に納得したかったからです。「復興後のまちを責任世代としていつかの未来に担うことになるなら、その一歩目の今からその責任を背負うべき」という思いです。

　　しかし町長になってすぐ「復興の対象は我々世代ですらない」と気づきました。この復興の時間軸とベクトルは未来に向けられるべきだ、ということです。復興事業の対象は当然ながら被災した私達自身ですし、スピードが求められます。しかし同時に、復興を通じて作り上げたまちは将来世代にいつかは委ねられるのです。だとすれば、住まいや工場の

再建などを"とにかく早ければいい"とただ急いで再建すればいいのではなく、壊滅から出発する我が町だからこそ、次の世代や更に次の世代に託せるまちはどうあるべきかを描き、そこに向けて復興まちづくりを最速化して進めるべき、と考えました。（中略）震災以前から今もここで暮らす方々は、ここに残るしかなかった人々と、他に出て行けたけどもここに残ることを自ら選択した人々です。私自身がそうだったように、自分たちの町の未来を、全員が自分ごとで捉えて考えたんです。自分達がこれからも生きていく町だからこそ、そして皆で一緒に作る町だからこそ未来志向になれましたし、自分が作った町だと誇りに思ってくれる人が少なからずいるのではないでしょうか。（後略）（Kitamura et al. 2021, 56 より転載）

　当選当時 39 歳の若い町長や次の世代を担う若者へ未来のまちづくりのバトンタッチが行われた女川だからこそ、女川は復興の成功例のひとつとなったのだといえるのかもしれない。

　また、実際に町民に話を聞いても、過去のインタビューを読んでも、復興計画や町づくりで当時 30–40 代の町民が中心となり、50–60 代は静かに支えていく構造があったことが明らかになる。そしてその後 10 年経ち、当時の30–40 代の人たちが今の 20–30 代の人たちを支えようとしていることが、実際の行動やことばの端々からうかがえる。

　　「女川町は次の世代を担う若者へ未来のまちづくりのバトンタッチをした。女川の復興計画もほぼ終了しましたね。私は町議を引退し本屋を継続しています。海がみえる女川の町で楽しみながら仕事をして、充実した日比を送らせていただいています。」（酒井考正氏）（Ibid., pp.40–41）

　「次世代にバトンを渡すことが使命」と話すのは女川町役場に勤務する土井英貴氏である。震災時は災害対策本部に所属し、庁舎前の 2 階建て公民館に避難していた町民をより高い庁舎の屋上へ誘導した。土井氏は 10 年後の女川町についてこう話す。

「復興まちづくりのフェーズから次の『持続可能な地域経営の実現』を図るため活動人口創出や民間との連携に注力しています。年齢、立場に関わらず復興まちづくりのプロセスを経て、町民や関係者の一体感はより一層強まったと思いますね。」（土井英貴氏）(Ibid., pp.28–29)

　同じく次世代に伝えることについて使命感を持つトレーラーハウスホテル「エルファロ」を経営する佐々木里子氏は以下のように言う。

「女川の町の人って本当にいい人ばかり。若い人が活動しやすいように年配の方も応援してくれるし、町は人が作るってこういうことなんだなと。女川、大好きです。私も女川の先人の一人として、後世にこの経験をしっかり伝えていきたいと思っています。」（佐々木里子氏）(Ibid., pp.24–25)

　一方で、急速な変化や復興のプロセスについていけない、あるいは疎外されていると感じる人もいなかったわけではない。次のような振り返りもある。

「（震災3年後は）自宅や家族を亡くした人のことをいつも考えていました。悲しい思いでした。町が赤土になったり、瓦礫がなくなったら寂しくなりましたね。瓦礫がなくなったら震災がなかったことになるんじゃないかなと思ったんです。どんどん変化していく町についていけなかったですね。（震災10年後は）『悲しいつらい』というフェーズから新しいターニングポイントを迎えたと思います。（中略）ぱっと見て女川は大丈夫かもしれないけど、まだまだ大変です。町の復興と自分の気持ちがやっと追いついてきたかもしれないですね。」（宮里彩佳氏）(Ibid., pp.46–47)

「（震災10年後の今、女川は）まるっきり違う町になりました。それはよい面もありますけど、無くしてしまったものもあります。核家族化が進んで、食文化の伝承や人と人との繋がりは薄くなったのかもしれません。

親戚もみんないなくなりました。10年にしてようやく疲れを感じるようになった気がします。」（島貫洋子氏）（Ibid., pp.32-33）

「先祖が作ってきた町が無くなり、自分たちの代で再建する。そして次の世代に繋げるのが私たちの役目です。女川から出てもいいと思っているんです。残る必要はありません。でも女川で育った人が『出身は女川だ』って誇れるようになってほしいですね。」（遠藤琢磨氏）（Ibid., pp.38-39）

2 居場所・コミュニティスペースが生まれる

　2012年にトレーラーハウスホテルの「エルファロ」がオープンした。オープンを実現したのは旅館「奈々美や」の娘だった佐々木里子氏。震災時、津波から逃げる際「後から追いかける！」と言った両親と旅館は津波にのみこまれた。オープン時にはまだ港から船も出られない女川だったが、明けきらない朝に動き出す女川が元気になるよう願いを込めてスペイン語で「灯台」という名のホテルにした。「エルファロ」は、町外からくる人がしばしの間、羽を休めるところでもあり、町の人々の雇用促進にもつながっている。宿泊客の大半はリピーターで、「みんなに会いにきた」と言ってくれることが何よりもうれしい、と佐々木さんは話す（Ibid., pp.24-25）。

　「居酒屋ようこ」も、そうした場所である。店主の伊東陽子氏が震災わずか4カ月で復活させた「居酒屋ようこ」は、常連客も増え女川の人々が集う場になっている。「（震災10年目で）新店舗が開店して6年。こんなふうに休みなくお店を営業できるのは、通ってきてくれるお客さんがいるからです。喜んでくれる人がいるからがんばれましたね。」（Ibid., pp.44-45）

　本章をまとめているなかでも、「おながわみなと祭り」が12年ぶりに開催された、といううれしいニュースが飛び込んできた。「おながわみなと祭り」は、震災後は港の工事で開催できず、2020年と2021年は新型コロナウイルス感染拡大の影響で開催が見送られてきたが、「一丸となってこの祭りのために動いてきた」（おながわみなと祭り協賛会　高橋正典会長）と、海上獅子舞がテレビで紹介された。そして高橋会長は「鎮魂の思いも込めて祭りを実行

する意味も大きいと思う」と結んだ。町民のよりどころである、伝統芸能の海上獅子舞とみなと祭り。獅子舞の伝統の復活・普及に熱心に取り組んできた鈴木成夫氏や岡裕彦氏（Ibid., pp. 20-21, 16-17）をはじめとする女川町関係者の顔が目に浮かぶ。

Ⅲ　東北地方の復興の様子

　本章の共著者であるショウは、編著『Tohoku Recovery』において、阪神・淡路大震災、東日本大震災を通じた日本の変容を描いている（Shaw 2015）。例えば、それまで政府主導の震災マネジメントが政府―市民社会連携が主流になったこと、研究や教育のエンジニアリング偏重から社会に根付いた解決法になり、多くの社会変革が見られるようになったことが挙げられている。参加型のフィールド調査、介入研究の手法によってポジティブに捉えることができる変化が起きていることを同書が明示している。例えば、同書第3章では岩手県と宮城県の漁業復興計画の違いが明らかにされている。宮城県は漁業偏重を脱して、民間資本を活用する姿勢を見せた。その結果、漁獲量は震災前の30トンから震災で3分の1の10万トンに落ち込んだが、この10年で約25万トンに回復し、被災港は復旧し、水産加工施設は営業再開しており、沿岸地域の瓦礫も一掃されている。女川町では1,294戸の仮設住宅が建設されたが、一般的なプレハブ仮設住宅ではなかった。なぜなら町が外部の専門家の意見やイノベーションを取り入れたからである。その専門家は、前述の建築家である坂茂だ。

　また、寺院が被災者の一時避難所となり、その後も避難所として機能している事例がある（同書第6章）。女川に隣接する石巻や東松山の市町村での聞き取り調査の結果、合計21の寺院が一時的な避難所として今も機能していた。ここに、寺院と地域の関係を強化するための土着の文化に根付いたお祭りや獅子舞などの伝統芸能を継続、そして若い世代に伝えていく意義が見出せる。こうした活動は、伝統芸能の存続のためだけではなく、減災という観点でも意義があるのだ。興味深い視点として、大災害をくぐりぬけてきた寺院は観光客の避難所となることが可能、というものがあった。平常時から参

拝客や観光名所として一般に多くの人々が訪れており、地域の小・中学校よりもアクセス、避難しやすいということが理由だ。そうなると、同じく被災している寺院や地域の人々の負担感を減らす仕組みづくりができるかということを考えていく必要がある。

学校を中心とした復興と、被災に対して強靭なコミュニティの形成について、同書第9章で取り上げられている。

宮城県は2012年に防災教育主任を各校で任命し、主要な学校には防災担当主幹教諭がいる。主幹教諭は学校の防災教育活動を指導し、地域との連携を促進する調整の役割を期待されている。女川町では小・中学校が一緒になり、新校舎に移って約2年（2022年8月現在）が経つ。

2022年3月当時の防災教育主任、木村幹夫氏から女川の小・中学校で実施している様々な教育活動について説明を受けた際の話によると、木村氏は震災後、保護者を通してコミュニティと協働し、子どもたち自身が様々な場面でいざというときに自分たちで安全確保できるように工夫していた。またこれらの小中学校では、有事の際の児童の引き渡しを想定して校内の人の動きを考慮した上で、保護者が車から降りることなく校舎の反対側で子どもを引き取ることができるような仕組みが日常に組み込まれていた。これは「津波てんでんこ」という三陸地方特有の考え方が住民の意識に脈々と流れていることを象徴するような事例である。「津波てんでんこ」は、「津波が起きたら、ほかの人のことは気にせず、それぞれで逃げろ」という意味である。

このように、Shaw（2015）で描かれている成功例は女川でもみられている。コミュニティの復興は、早期の概念構築、復興のための合意形成、多種多様なステークホルダーの参画によるコミュニティの再形成や強靭性の構築にかかっている（Aldrich 2019）。

Ⅳ　女川から学ぶ

1　学生の視点

新型コロナウイルスによる制約下で半年以上のオンライン講義や冊子を通して学んでいたSFCの学生の一部（修士学生のみ）は、2022年3月はじめ、

ついに女川を訪問することになった。訪れた学生が報告書（Sukhwani 2022）をまとめ、フィールドワークから得た教訓を以下のようにまとめている。

1-1　震災復興には地域の伝統の本質を見極めることが大切

1-2　防災への若者の参画は長期的な目標達成に不可欠

1-3　社会の変化への適応が婦人会存続のカギを握る

1-4　災害リスク軽減のために民間セクターの本質を主流化する必要性

1-5　大規模な復興で「Build Back Better」を実現するには、自然との調和が不可欠

1-6　地域のアイデンティティ・独自性を再発見することが、社会・経済の復興につながる

1-7　官民連携の深化が震災復興のスピードアップにつながる

1-8　環境の持続可能性は、すべての人が共有する責任として承認される必要がある

1-9　環境の持続可能性、社会・経済活性化は、すべての人が共有する責任として承認される必要がある

1-10　森林の効果的な管理には、戦略的なコミュニティの関与が必要

1-11　原子力発電所の再稼働は安全基準と地域社会の支援に依存する

1-12　学校での体験型防災教育が住民の意識改革につながる

　上記の学生視点の教訓は担当（引率）教員として少々物足りない。より野心的で住民の意見を取り入れた、イノベーションとしての要素が強いもの、あるいは自らを防災減災行動に奮い立たせる"何か"が出てくることを求めて模索を続けることにした。

2　プロジェクトの今後

　本章を執筆している段階で、女川‒インド KIZUNA プロジェクトはまだ始動から 2 年目の半分も終わっていないような状況である。新型コロナ感染拡大により、当時支援活動を行った NDRF 関係者（例えば、NDRF 隊長であった Alok 氏、インド側で NDRF 送り出しを担当した Sujata 氏など）を日本に招聘

することもいまだにできていない。インド-日本国交樹立70年の節目の2022年内には、彼らに今の女川を見てもらい、NDRF派遣準備の様子を振り返り、追体験を共有し、NDRF派遣と受け入れを通じて学んだ教訓について話し合う予定だ。災害の第一報が入ったら、どう行動するか。協調的な救援介入を計画するために、何について、どのくらいの情報が必要か？　チームはタイムリーな情報を提供するために誰に頼ることができるか？　地方自治体がほとんど機能していないとき、どうするか？　そして、何が役に立ったかを洗い出して、いつかやってくる次なる震災に向けて備える。このプロセスや話し合い、共有を繰り返し行うことは訓練でもあり、減災につながる行動である。

　さらに、これらの重要な問いのいくつかを再検討することは、被災地のみならず、国内外を問わず、同様の救援活動に取り組む将来の世代のためにも役立つはずである。例えば、地震、津波、震災の多いインドネシアからの留学生は、女川のプロセスを参考に減災の町や人づくりに関わることができるだろう。どのような情報が役に立つか、どのような調整が必要か、を常に考えるようにすることは「次への備え」につながるのではないか。

女川でワインを造る?!

　減災を考える上で、ある程度自給自足ができるバランスのよい体制づくりも必要になってくる。例えば、「食」というキーワードで女川の現状を考えると不安な面もある。水産物が有名な女川だが、野菜や米は地域外から持ってこなければならない。外食も全体的に高価な印象だ。大地震や津波が来ると、町は陸の孤島となりかねない。そのためには穀物倉庫や地元で採れる野菜や果物なども増やす必要があるだろう。また、女川湾を囲む豊かな森林にどのような山菜やキノコがあるのか、シカジビエの可能性を探ることができるのではないか。あるいはアクアポニックスという"従来の養殖と水耕栽培を組み合わせたシステム"を導入することができるのではないか、などとアイデアは次々と脳裏を横切る。

　ただ、現実問題これらのイノベーションを実施するとなると、現在の女川町の人口構造問題に向き合う必要がある。小・中学校を地元女川で過ごした

大半の子どもたちは、高校進学を機に生活の中心が石巻になる。そこから女川に戻ってくる子どもは年々少なくなり、これからの女川を担っていく層が薄くなっているのである。町の発展の担い手となるのが、高校生から大学生、若い社会人という理想的な状況を作るにはどうしたらよいか。

そこで筆者が考えたのが、地元にいながら受けられる「高等教育」での展開である（ソリューション 1）。2020 年以来のパンデミックは、都市圏では、内向きになったり、医療の面でも多くの困難をもたらした一方で、リモートワークやオンライン授業が普及するきっかけにもなった。これらの学び方、働き方を女川に持ってくることはできないだろうか。

このことをいざ町民の方と対話を始めると、自分では思いつかないようなアイデアも出てきた。ぶどうを植え 10 年越しで女川ワインを造ろうとする人は、女川の材木でワイン樽ができないか探りたい、と話した。それは、その樽産業を作り出すことで "資金がまわるような仕組み" になるのではないかという話に発展した。沿岸地域でのワイン造り、樽作りについて調べ始めると、「海底熟成酒」という牡蠣やホタテ養殖のいかだからぶら下げた熟成日本酒やワインの可能性も見えてきた（ソリューション 2）。

しかし、調査資金がなければ、このことをじっくり調査して可能性を探ることもできない。そこで、慶應義塾の未来先導基金ではなく、民間財団の資金を申請。しかし秋頃に不採択の通知があった。申請書には次のような内容を記述した。

森林調査、およびワイン樽の実現可能性調査（適材適所）

まず、宮城県女川町森林資源を調査し、ミズナラなど樽材としての適材を見極めることを目的とする。宮城県女川町（面積 6,535 ha，人口 6,171 人）には合計 4,951.89 ha の森林があり、そのうち県有林 231.15 ha、民有林（町林含む）が 4,720.74 ha である。針葉樹、広葉樹は約半分で樽材に適材のナラは 3.80 ha ある（森林組合［令和 4 年 2 月］）。女川町市街地の背後に中生代の地質からなる急峻な山地があり、沢に沿った林道がある。林道から作業道を開設して作業を開始するが、表土が大変すべりやすいため、足場の確保が必須である。森林造成や管理をする作業として造林から下刈、除伐、防鹿柵の設置

でニホンジカの食害から造林木を保護していくことが必要である。

　東日本大震災後、主産業である水産業を中心に復興を遂げた女川町だが、「森は海の恋人」（畠山 2006）と言われるように、森と海は密接に関係している。女川町において森林に対する人々の関心が薄れてきていたところに、東日本大震災が発生した。人口減に拍車がかかり、森林管理が行き届かなくなり、ニホンジカがうなぎのぼりに増えて、その結果森林被害も顕著となっている。その中で、地元の方たちが放置森林の手入れを進め、「魅力ある里山を次世代に」とのスローガンのもとで平成 27 年町内有志が「女川 Wood サークル」を結成し、町内の森林所有者に間伐の必要性を説得し、里山森林再生のための取り組みを続けている。「女川 Wood サークル」は令和 3 年度は森林・山村多面的機能発揮対策交付金を通して、里山林保全活動、新入竹除去・竹林整備を実施している。

　女川浜日蕨 0.4 ha の土地にぶどうの苗を植え、10 年かけてワイン造りをする事業が始まっている。この畑の周りには共有林が 1,000 ha あると言われているが、荒廃が進んでいる。そのため以前ほとんど見かけることがなかった野生のシカが近年、20-30 頭の群れで出没するようになり、ブドウ畑をシカその他の野生動物から守る対策を立てておく必要がある。

　一方で、荒廃が進んでいる森林資源を活用することで里山を管理することで、シカによる森林荒廃や森林荒廃からくる土砂崩れを防ぐことができる。そのひとつのアイデアとして、1,000 ha の森林の中で、木樽に適するブナやミズナラの木を見つけ、樽材として資金がまわるような仕組みづくりをする。

　また「森は海の恋人」という考え方に立ち返り、牡蠣（かき）の養殖漁場を守るため、沿岸の森林が注目されている。牡蠣やホタテの養殖が盛んな女川町でも海に面した森林は魚に日陰や餌などを提供し、漁獲量を増やしていると考えられる。森林管理を強化することで、女川町の中心産業である水産業（養殖）との関係を明らかにすることができる。

　森林資源の管理やシカの駆除や対策には人手が必要とされるが、11 年前の東日本大震災以前よりも、森林資源を管理する人材は不足してきた。そこで、南三陸町などの近隣市町村やワイナリーがあり、共通の課題がある：①北海道空知郡浦臼町の町やワイナリーなどとの交流を確立させ（藤江 2022）、

最終的に物流や経済発展につなげるためには②双方の現場を見学し、ワークショップ型の知の交流を図る、③女川町の森林に入って調査するためのアウトドア人材の募集とスタディツアーの実施が必要になる。森林資源を調査し、最終的に女川産樽ができるかどうか、またその適材を特定することを目標としている。そして筆者は具体的な成果として、1）ワイン樽など適材適所の特定、2）防災・減災のための森林資源管理計画の策定および実際の森林資源管理、3）調査研究の結果を「森林資源図鑑」としてまとめ、「森は海の恋人」意識の浸透と女川町の小・中学生、出身高校生など未来を担う世代の環境教育に活用する、という3つを提案した。

「食のコミュニケーション」への注目

　図8-1内で示したソリューション3は食に関するものである。2022年5月、インド人と日本人のグループが女川町に向かった。本章の筆者である教員2名がガイドしたのは銀座や渋谷でインド料理店を経営するインド人夫婦。今回の目的は、女川町で（南）インド料理出店の可能性を見極めることだった。この発案の背景には、「食が人々のコミュニケーションと相互理解を促進する」という「食のコミュニケーション」に対する強い想いがある。これ

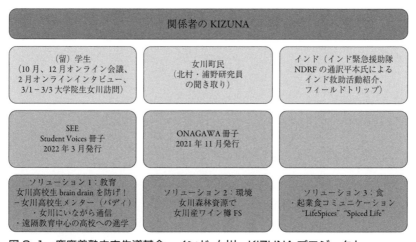

図 8-1　慶應義塾未来先導基金　インド-女川　KIZUNA プロジェクト

については、町民のインタビューが印象的だ。

> 「5年くらい前、女川にインドの舞踊団を見に行った時、初めてNDRFのことを知ったんです。インドの女性が華やかで本当にきれいでたくさん元気をもらったんですよ。お店に来てくれたときは、ベジタリアンの人もいたからがんばって対応しました。」（伊東陽子氏）（Kitamura et al. 2021 pp.44-45）

> 「（NDRFについて）炊き出しで本場のカレーを作ってくれて……あの寒い季節に体が温まる材料で、お年寄りまで食べられる優しい味付けで本当においしかった。気持ちに寄り添ってくれるサポートが本当にありがたかったですね。人間を助けるのは人間なんだと感じさせられました。」
> （佐々木里子氏）（Ibid., 24-25）

　現地では、あらかじめ空き店舗を見せてもらいたいと依頼していたため、女川道の駅の商業施設に案内された。前のテナントが厨房器材を置いて行ったため、追加投資は最小限で済む。イートインが共有で、周りのテナントは人の流れが少なくなる午後4時頃に閉店する。24時間営業の道の駅施設の一部だが、4時以降になると軽食すら入手できない。それなりにビジネスチャンスはありそう、という想いで施設をあとにした。しかし数時間後、他のテナントからインド料理だとスパイスや玉ねぎ炒めでにおいが移るかもしれない、という懸念が出て、翌日別の候補地を見ることになった。次の日、厨房施設は最低限しかない他の施設と独立した形にある店舗を紹介してもらった。しかし、何よりこの商業区では早朝や昼過ぎた夕方になると、人通りはほとんどない。このような経緯から、フードトラック（キッチンカー）はどうか、という話になった。以下の引用は、このプロジェクトに携わった学生の卒業プロジェクトで記された記録の一部である。

事前調査の結果
　第1回事前調査を通じ、販売方法が明確となった。検討している販売方法は、フード

トラックによる移動販売である。営業の柔軟性と、開業にかかるコストの低さが主な理由である。また移動販売を検討する中、長野県松本市殿野入でかつて古民家食堂 “sab-ou しが” を経営されており、現在フードトラック営業で成功されている方にお話を伺った。そこで、女川町における移動販売に対し十分に期待できることが 3 つ判明した。

　まず 1 つ目に、プロジェクトの目的の一つである「女川町民の野菜の摂取量改善」に効果的であることだ。固定販売と比較すると、複数エリア内で販売することができ、より多くの方々に料理を提供できることから、町民の健康づくり、健康なまちづくりにより貢献できると考えている。

　2 つ目に、野菜の入手や調理にも柔軟性が高いことから、サステナブルな食材の物流改善が期待できる。移動販売は、調達野菜を特定せずその日その日で入手できる野菜を調理する方が効率的かつコスト削減につながるため、今ある食材を使用し、必要とする方々に届けやすい。また販売方法にも柔軟性があり、特定のメニューだけでなく「女川町民の野菜の摂取量改善」の目的のもと、その日調達した野菜そのものを販売することも容易に可能だ。女川町と内陸地域間の、効率的かつ効果的な食材の物流を構築できると考える。

　3 つ目に、移動販売はイベントとの親和性が高く、持続的な売上向上が見込めることだ。女川町は、東日本大震災以降まちの復興に力を入れており、様々なイベントが開催されている。また町内イベントに出店することで、より地域に馴染むことが期待でき、売上向上だけでなく、インドと女川町の交流を深めることにも大変効果的であることが言える。加え、持続的な売上向上を実現するにあたり、フードトラックのコンセプトを決めること、同じフードトラックの仲間を作ることが重要であるとのことだ。自身に合った客層やイベントについての情報を得やすいことから、効率的な運営が可能となる。現在検討しているフードトラックの運営は、幸いにも（1）女川町−内陸地域間の食材の流通改善とそれによる町民の野菜摂取量の向上（2）女川町−インド間の関係構築を大きな目標として掲げており、目標が明確である。また女川町の魚を使用したインド料理を提供することも大きな特徴の一つである。そのため、これらの目標や特徴を、コンセプトとしてまとめ、仲間を作り、そして運営していくことができれば、持続可能な営業が期待できると考える。

　第 2 回事前調査では、宮城県内陸の加美町にあるオーガニックレストラン GENJIRO を訪れ、仕入れ先を検討したほか、周辺の道の駅にて、入手可能な野菜を調査した。また実際に加美町を訪れることで、調達に必要な時間やトラックに必要な機能について検討した。その中で、特に GENJIRO でお伺いした遠藤みどりさんから、知り合いの方を紹介していただけたことは、本プロジェクトにおける、加美町での「入手性の高い食材の確保」「仕入れ先の確保」「調達ルートの作成」を実現するための調査先として大いに期待できるものであった。紹介していただいた方は、KamiRu という “加美町で旬の食材を使用したキッチンカー” で、健康を意識したお弁当を販売している方である。本プロジェクトで実施する予定の「仕入れ先の調査」では、その方を訪問することを通じて、地元食材の流通状況を基に、仕入れ拠点の確保、ないしはその拡大に寄与する情報を収集することを検討している。

出典：齋藤（2022）より転載。

V 改めてイノベーションとは？

　ここまで当たり前のように使ってきた概念である「イノベーション」について、改めて振り返ってみよう。武鑓（2018）は、インドでイノベーションが起きる背景に、「インフラが未熟で、制約が多いからイノベーションをして制約を乗り越える必要がある」を挙げているほか、「言語・食事・宗教の多様性がイノベーションを生む土壌をつくっている」、そして何より「高度な IT 技術を身につけた優秀な人材が豊富にいる」を強調している。また、ヒンディー語で「ジュガード（jugaad）」というエスプリは、どちらかというとネガティブな「なんとかする」「その場しのぎ」が転じて「しぶとく改善」「危機を機会にする」という意味があるといわれているが、厳しい環境の中でなんとかするには、相当な工夫や奇想天外なくらいの発想が必要で、それとともに実行力があるとポジティブな改善が実現する。

　女川町も漁業一本でやってきたが、近代経済の中ですでにビジネスモデルとして破綻していたところに、東日本大震災を経験し、町のインフラは津波によって流された。インドのようにインフラが未熟で、制約が多かったが、思い返せばジュガードのエスプリで未来志向の歩みが始まった。中心となったのは町の 30-40 代の住民で、海外を経験した外部の人も迎え入れたためか、近隣被災市町村と比較して活力ある復興を果たしているように見える。

　本章では女川町訪問をした学生の視点からインド料理や地産地消の関係づくりやコミュニケーションのプロジェクトについて、女川の海と森そしてワイン樽プロジェクトについて自由に書いてきたが、章をしめくくるにあたって、もう一度これらの取組みがどのように減災まちづくりにつながっているかを考えてみたい。

　女川町が経験してきた減災まちづくりのキーワードは「みんなで決めること」かもしれない。女川町は高い防潮堤を建設しないことを選んだ。津波はまたやってくる。それはどうしても変えられない事実である。しかし、防潮堤があることにより、人間は“守られている”と過信し、安心感が生まれ、社会ではなく物理的な防潮堤に頼ることになる。海をよく知る漁業関係者から海の情報を得ること、周りに助けられながら減災に取り組むことを女川町

で実現しているのである。議論を重ねてみんなで危機感や安心感を共有して、相互信頼感を醸成して、いざという時の "てんでんこ"、そしてその後の再会を信じて行動しよう。町の中の人、町の外の人が力を合わせることでイノベーションが生まれているからこそ、いろいろな可能性も見えてきた。

1) 慶應義塾創立 150 年記念未来先導基金の助成金交付により「インド−女川 KIZUNA プロジェクト」が実現した。
2) 正式名称は「インド−女川 KIZUNA プロジェクト」だが、女川中心に書いている本章では、「女川−インド KIZUNA プロジェクト」と表記する。
3) ラボの詳細は web サイト（www.indiajapanlab.org）を参照。
4) 女川町、町長室、女川観光協会に多大なるご協力をいただいた。

参考文献

齋藤優花（2022）「女川町における食材流通改善プロジェクト──インド料理の移動販売を軸に」慶應義塾大学総合政策学部卒業論文（未公刊）。

武鑓行雄（2018）『インド・シフト──世界のトップ企業はなぜ、「バンガロール」に拠点を置くのか？』PHP 研究所。

畠山重篤（2006）『森は海の恋人』文藝春秋。

坂茂建築設計（2011）"Voluntary Architects' Network（VAN）東日本大地震 津波 支援プロジェクト Disaster Relief Projects for East Japan Earthquake and Tsunami", http://www.shigerubanarchitects.com/SBA_NEWS/SBA_van_p2.htm（最終アクセス：2022 年 5 月 23 日）

坂茂建築設計（2015）"Onagawa Station + Yupo'po／女川駅 + ゆぽっぽ Onagawa Town／宮城県女川町，2015", http://www.shigerubanarchitects.com/works/2015_onagawa/index.html（最終アクセス：2022 年 5 月 23 日）

藤江千暁（2022）「ケニアの Human-Wildlife conflict 対策──北海道浦臼町でのドローン予備実験」慶應 SFC 学会。

宮城県女川町（2015）『女川町東日本大震災記録誌』。

日経アーキテクチュア編（2017）『NA 建築家シリーズ　坂茂（増補改訂版）』日経 BP 社。

Aldrich, Daniel P.（2019）*Black Wave How Networks and Governance Shaped Japan's 3/11 Disaster*, Chicago, IL: The University of Chicago Press.

Kitamura, M. et al.（2021）"ONAGAWA: Voices on the Great East Japan Earthquake and Tsunami in Onagawa and Message of Friendship to India", Keio University India Japan Laboratory.

Shaw, Rajib（ed.）（2015）*Tohoku Recovery: Challenges, Potentials and Future*, New York, NY: Springer.

Shaw, Rajib（ed.）"India Japan Innovation Potentials", *Keio SFC Journal* 21（2）.

Sukhwani, V. et al.（2022）"Social, Economic and Environmental Perspectives from Onagawa: 10 + years from EJET and beyond", Keio University India Japan Laboratory.

第Ⅲ部
社会イノベーションの評価と展望

第9章

「新しい公共」概念と その政策形成過程を振り返る

阪神・淡路大震災から民主党政権に至る道筋

松井孝治

はじめに

　本章では、2009 年に発足した鳩山由紀夫内閣が提唱した「新しい公共」という概念の生成と政策形成について、その道筋を振り返る。筆者自身がこの政策形成過程の当事者であったという経験を踏まえ、その視点・立場からの「手記」というかたちで、その流れを跡づけていくことにしたい。当時の議論や取り組みは、今日求められる参加型民主主義のあり方を見通す上で重要な論点を提示していると思われるが、その流れを内観し、まとまった形でとどめた記録は乏しい。その意味で、この記録が果たす役割も少なくないだろうと思われる。

　以下では、まず概念形成の経緯と背景から振り返り、その後の政策過程を辿っていくことにしよう。最後に、こうした流れを踏まえて、今日における展望を書き記すこととしたい。

I　大震災が示した中央集権の脆弱さ

1　官邸職員として経験した阪神・淡路大震災

　「新しい公共」という概念の形成において、筆者に最も大きく影響を与えたのは 1995（平成 7）年の阪神・淡路大震災の発生とその救援、復旧、復興過程である。震災当時、筆者は内閣官房内閣副参事官として村山富市首相の国会での施政方針演説の草稿を各省庁と調整中であった。連休明けの早朝の大震災、演説は 3 日後に決定閣議を控え、その前に検討閣議にかける必要が

あり、大至急、冒頭にこの震災について加筆しなければならない。朝一番で災害対策官庁であった国土庁の官房総務課に電話するが、総括補佐どころか出勤しているのはアルバイトの女性のみ。ニュース報道で阪神高速が横倒しになり、街のあちこちから煙が上がっている映像が朝から繰り返し放映されているにもかかわらずだ。もっともこれを酷いと思うのは現在の価値観で、当時の官邸も各省庁も、およそ危機管理機能は不十分なものであった。

　私事となるが、筆者は、京都市内の旅館の二男として生まれた。両親は、商売の跡継ぎは長男と見定めて、兄には家業を継げ、弟（筆者）は世のために働けと、事あるごとに2人に語って聞かせた結果、兄は家業を継ぎ、筆者は大学から上京して官僚への道を進む。学生時代の愛読書は、城山三郎の『官僚たちの夏』。世のため国のために働くなら中央省庁しかない、そんな思い込みで国家公務員試験を受験し、希望の通商産業省（現・経済産業省）に入省し、通商政策局、産業政策局、機械情報産業局などで実務経験を積んだ後、1994年から官僚機構の中枢、首相官邸の内閣参事官室で首相の国会演説草稿書きや予算委員会などの対応に当たっていた。そんな筆者の価値観を大きく揺るがせたのは、上述の阪神・淡路大震災の発災の初動期、官邸も各省庁も大混乱の極みにある中、続々と被災地に入り、見知らぬ被災者のために汗をかく若者たちの姿であった。

　インターネットをはじめとする情報通信革命の嚆矢の年、1995年の初めのこの大災害は、警察、消防、自衛隊という、独自の指揮命令系統と通信網をもつ自己完結型実働組織以外の個人が、携帯電話やパソコン通信などで横の繋がりをもって、国家的な緊急事態に、自律的に行動した史上初めての事例であった。しかもそれらの多くは全くの無償の働きであった。

2　「新しい公共」の原点
　当時の官邸には、これだけの大災害を即時的に察知する「眼」や「耳」もなく、被災地に、救援や復旧、復興の実力部隊たる自衛隊を機動的に出動、配備する権能も意識も必ずしも十分ではなかった。その不足を、名もない若いボランティアの学生諸氏をはじめとする多数の国民が、相互に連絡をとりあって有機的に埋めていく様を報道で見ながら、また予算委員会などで与野

党双方から、政府の初動の遅れや官邸の主導性の欠如を指摘されながら、世のために働くのは中央省庁しかないという筆者の錯覚は無残にもその実態を露呈した。

さすがに日本の中枢の危機管理体制の脆弱を痛感した官僚組織は、新官邸竣工までの数年のうちに見違えるように強力な、官邸を中心とする危機管理体制を作り上げたのであるが、人々の日常生活の安全を守る警察や消防の機能を闇雲に中央集権で肥大化させればよいかといえば、筆者は必ずしもそうは思わない。災害多発国家である日本での救助、救援、復興活動などの本質は、基本的に地域社会に根ざすべきであって、必要な時にはそれがシームレスに国家レベルで同期、連動する体制をいかに構築できるか、そのことこそが日本という国家や社会に必要な基礎的な力、ファンダメンタルズだと思う。大震災後にその基礎力が日本の国家や社会に本当に十分備わるに至ったかと言えば、まだまだ不十分なのではなかろうか。

日本の社会では、古来、「社会の役に立つ」ことや「人助け」というのは、多くの国民、地域社会に共有され、実行されてきた。にもかかわらず、現在の統治機構の中では、あくまでも中央の政と官が、行政各部の縦割りごとにこれを仕切るのだという思い込みが、我が国が近代国家の形成を急いだ明治以来、政官界には深く存在し続けてきた。中央集権体制で国家機能の中に吸い上げられてきた人々の中にある他者や社会への思いが、情報通信革命の進展の結果、そして一時的に中央が機能麻痺に陥るという未曽有の規模の大災害ゆえに、中央を介さず横でつながり始めたのが1995年の震災であったとつくづく思う。

筆者が、政と官が公共の「主」であるというような傲慢な考え方を捨て、民間企業や地域住民の力を借りて、社会全体でいかに他者を支えるか、官界で働く者の一人として何をなすべきかを考え始めたのはまさにこの時期からであった。これが筆者にとっての「新しい公共」の原点である。

II 「公共性の空間」の"独占排除"への流れ

1 「行政改革の理念と目標」にみる公共性の構造転換

　官邸での2年間で、各省庁の縦割りの弊害と官邸の中空を痛いほど思い知った筆者は、通産省の大臣官房総務課に戻った1996年の夏、官邸（総理秘書官ら）から、秋口に今後の政局を展望する演説を行いたいので、その草稿を作れとの発注を受ける。思案の末に、自らの官邸での2年間を顧みて、官邸機能強化や縦割り是正を目的とした省庁再編を、首相自らが提起するという演説案を起草する。同年9月11日の午後、日本記者クラブにおける橋本龍太郎首相の演説[1] の反響は極めて大きかった。あれよという間に、翌月の総選挙の自民党公約の目玉となり、翌々月には首相直轄の行政改革会議が発足し、省内では議論もあったが、筆者自らが通産省代表として出向することになった。橋本首相は事務局主導の議論を嫌い、自身の強力なイニシアティブで会議を終始リードし省庁再編案をまとめたが、実は行政改革会議の最大の成果は、省庁再編というよりは、内閣主導の強化であった。また、独立行政法人制度の導入や、最終的には覆るものの郵政民営化に代表される行政実施機能の効率化の議論も真剣になされたことを忘れてはならない。

　筆者は、縦割りの解消と国家的課題への司令塔機能の強化が重要であるとの確信のもと、橋本首相の行政改革の精神にその後も深くコミットしたのであるが、同時に今後の我が国を待ち受ける困難な数十年を乗り切るためには、統治機構の中枢部の改変、例えば官邸や各省庁の機能を強化するといった対策とともに、国民自身がその意識を変革しなければならないと考えた。ここでは、筆者が1997年の夏に起草し、同年12月に決定される行政改革会議最終報告中の「行政改革の理念と目標」[2] という文書の問題意識をご紹介したい。

　起草にあたり、筆者はその冒頭（1　従来日本の国民が達成した成果を踏まえつつ、より自由かつ公正な社会の形成を目指して「この国のかたち」の再構築を図る。）に以下の一節を付した。

　　今回の行政改革は、「行政」の改革であると同時に、国民が、明治憲

法体制下にあって統治の客体という立場に慣れ、戦後も行政に依存しがちであった「この国の在り方」自体の改革であり、それは取りも直さず、この国を形作っている「われわれ国民」自身の在り方にかかわるものである。われわれ日本の国民がもつ伝統的特性の良き面を想起し、（中略）それを洗練し、「この国のかたち」を再構築することこそ、今回の行政改革の目標である。

「伝統的特性の良き面」とは、文中の「明治期の近代国家の形成が、合理主義的精神と『公』の思想に富み、清廉にして、自己に誇りと志をもった人たちによって支えられた」点を指す。憲法上の国民主権にもかかわらず、今や国民の多くは、自らを統治者ではなく、依然「統治の客体」、「被統治者」であるという認識に甘んじていること、そして国民自身がかつて有していた「公」の思想や我々自身の子孫への思いや先祖への感謝が希薄化していることへの危機感でもあった。国民受けを狙った安易な政策の提案合戦に興じる政治の問題点もさることながら、そうした政治を求めてきたのはほかならぬ国民自身であり、その点を変革しなければこの国の在り方は変わらないのではないかとの思いがこの当時から滲んでいる。

さらに「行政改革の理念と目標」（2　「この国のかたち」の再構築を図るため、まず何よりも、肥大化し硬直化した政府組織を改革し、重要な国家機能を有効に遂行するにふさわしく、簡素・効率的・透明な政府を実現する。）では、以下の一節を記した。

今回の行政改革の基本理念は、制度疲労のおびただしい戦後型行政システムを改め、自律的な個人を基礎としつつ、より自由かつ公正な社会を形成するにふさわしい21世紀型行政システムへと転換することである、と要約できよう。その際、まず何よりも、国民の統治客体意識、行政への依存体質を背景に、行政が国民生活の様々な分野に過剰に介入していなかったかに、根本的反省を加える必要がある。徹底的な規制の撤廃と緩和を断行し、民間にゆだねるべきはゆだね、また、地方公共団体の行う地方自治への国の関与を減らさなければならない。「公共性の空

間」は、決して中央の「官」の独占物ではないということを、改革の最
も基本的な前提として再認識しなければならない。（下線筆者）

　この、「『公共性の空間』は、決して中央の『官』の独占物ではない」、と
の記述こそ、冒頭に述べた阪神・淡路大震災における認識を反映したもので
あり、後述する「新しい公共」の萌芽である。

2　「コミュニティ・スクール」の創設と民の参画

　震災後のボランティア活動の活発化は、20世紀末から21世紀初頭にかけ
て、政策的な展開をもたらす。ボランティア団体のほとんどは法人格も持た
ず、社会的認知にも欠けていて、政策的な優遇も受けられないことから、国
会でも与野党間に幅広く法制化の議論が喚起され、1998年には特定非営利
活動促進法が立法化された。そのことも契機に、いわゆるNPO法人の認証
数は、特に当初の数年間、倍々ゲーム的に伸張するなど、様々な公共的活動
がNPOによって担われる実態が急速に進展していく。

　そうした状況の中、2000（平成12）年には文字通りSFC（慶應義塾大学湘
南藤沢キャンパス）発の公共分野における「民」参画の具体的プロジェクト
が公式に立ち上がる。金子郁容氏らの発案の、公教育の現場における民の役
割が大きく位置づけられた制度としてコミュニティ・スクール制度の提案で
ある。

　小渕恵三内閣で設置された教育改革国民会議が2000年12月下旬に森喜朗
首相に提出した最終報告には、「新しいタイプの学校（"コミュニティ・スクー
ル"等）の設置を促進する」との表現が明記された。さらに翌年、総合規制
改革会議が2001年12月に出した第一次答申[3]には、次のような記述が盛
り込まれた。

　　　地域の特性やニーズに機動的に対応し、一層特色ある教育活動を促す
　　ためには、公立学校全体を一律に競争的環境下に置くというよりも、地
　　域との連携、裁量権の拡大と教育成果等に対する厳格なアカウンタビリ
　　ティを併せ持つ、新たなタイプの公立学校「コミュニティ・スクール

（仮称）」の導入が有効である。（中略）こうした新しいタイプの学校の導入により、保護者を始めとする地域住民にとっての選択肢の多様化のみならず、伝統的な公立学校との共存状態を作り出すことにより、健全な緊張感のもと、それぞれの学校間における切磋琢磨を生み出し、結果的に学区全体の公立学校の底上げにつながることが期待される。

今は常識となっているが当時としては画期的な提案である。文部科学省も動く。2004（平成 16）年 3 月には、中央教育審議会が「今後の学校の管理運営の在り方について」として、地域運営学校（コミュニティ・スクール）について、その意義や制度の在り方について答申し、同年の国会で、地方教育行政の組織及び運営に関する法律（地教行法）改正案が成立し、秋には施行され、コミュニティ・スクールが実現の運びとなる。

3 「コミュニティ・ソリューション」路線への転換とその頓挫

その翌年、2005 年の夏、小泉純一郎政権は郵政民営化を旗印に掲げて解散総選挙を断行し、大勝利を挙げる。民主党は、2000 年代前半までは小泉政権下で野党として有事法制の修正協議に応じて成立に協力するなど、小泉政権と是々非々で向き合う二大政党制の実現を志向していたが、2005 年の郵政民営化法案の扱いをめぐっては、自民党内の郵政民営化反対派と共闘を図る。参議院で法案否決を勝ち取るも、郵政解散の結果、民主党は大敗した。岡田克也代表は、この選挙結果を受けて即日辞任表明し、その後任に前原誠司氏が就任した。

前原体制で、民主党は総合政策企画会議を設立する [4] とともに、民主党シンクタンク・公共政策プラットフォーム「プラトン」を設立する [5]。筆者はその両者の事務局長として、前原誠司代表の政策ビジョンの作成を命ぜられることになる。前原誠司議員は京都大学の高坂正堯教授の教え子であり、外交安全保障面では自民党の安全保障政策と同様もしくはより現実的な主張を展開する一方で、国内政策に関しては、市場原理主義とは一線を画し政府の役割は十分に発揮させるが、必要な改革は断行するとの考え方を基軸に、代表としての基本政策を立案したいという希望であった。そこで筆者は、ビ

ジョン作成に当たって、同僚である鈴木寛参議院議員を通じて金子郁容氏をお招きし、その教授を請うた。

　金子氏が力説したのは、55年体制で自社両党が合意してきた伝統的な政府による問題解決を第一の道、小泉政権がその導入を強く推進しつつあった民営化路線など市場原理による問題解決を第二の道、とするならば、民主党政権が志向すべきは、コミュニティによる課題解決路線、すなわちコミュニティ・ソリューションではないかとの主張であった。

　民主党の「次の内閣」で「国土交通相」も歴任した前原代表は、社会資本整備の重要性は認識しつつも、国総体としては、「コンクリートから人」への重点シフトが必要と考えていた。その中で福祉や教育など対人行政サービスの質的向上と政府の肥大化抑止の両立を図る切り札としてのコミュニティ・ソリューション路線は、自民党政治への対立軸として極めて有効なものだとして、この提案を軸に前原ビジョンをまとめることになった。しかし、2006年2月の「偽メール事件」により前原代表は引責辞任に追い込まれるに至り、前原ビジョンはお蔵入りとなった。

　2006年4月に前原代表辞任後の民主党を率いた小沢一郎代表は、一転して翌2007年夏の参議院選挙を目標に、政権奪取への実利的道のりを着々と歩む。筆者は、小沢体制では役職を離れていたので同体制下での政策転換に内心忸怩たるものがあったが、小沢民主党は参院選で勝利し、筆者も初回2001年の選挙の倍近い得票を得て当選した。かくして、ねじれ国会を勝ち取った小沢執行部は、安倍政権、そして福田政権を揺さぶり続ける。

III　鳩山由紀夫政権と「新しい公共」の提起

1　新たな国民主権の政治を目指す

　2009年3月、政権獲得に向けて自民党政権と対峙し、順調に成果を上げつつあるかに見えた小沢一郎代表の秘書が西松建設事件で逮捕され、事態は急転する。小沢代表の引責辞任後の代表選挙では鳩山由紀夫幹事長と岡田克也氏の一騎打ちの結果、後継には鳩山氏が選任される。筆者は、ある経緯から代表選では鳩山氏の支援に回り、代表側近からの依頼で、代表選挙公約や

最終演説の一部校正を手伝った。そのことで鳩山氏との属人的人間関係が生まれることになった。所信表明演説でも用いたチョーク工場の逸話[6]の言及はこの際に鈴木寛参院議員と筆者で鳩山氏に進言したものである。

　筆者は直嶋正行政調会長や枝野幸男氏、福山哲郎氏らが中心となり組成された政権公約チームには入らなかったが、2009民主党マニフェストと関わりが皆無だったわけではない。鳩山代表からは、政権公約の冒頭の見開きページに位置付けられた5原則5策という政権構想（いわゆる政治主導体制を具体化する基本方針）の作成を任されていた。同時に、筆者は、政権構想実現の立場から党内に設置された政権移行「ロジ」（作業）チームの一人として、来るべき鳩山政権を実務で支えるチーム員となる。

　このような経過を辿った結果、2009マニフェストには「新しい公共」という記述は存在しない。しかし、「ロジ」チームの一員として鳩山代表に接する機会が増えるにつれ、鳩山氏が常々語る友愛社会をどのように国民に発信し、政策に展開するかが重要な課題となり始める。5原則の原則4「タテ型の利権社会からヨコ型の絆の社会へ」、原則5「中央集権から地域主権へ」はその萌芽である[7]。

　マニフェストの最初の見開きページに大きく掲載される代表メッセージには、「国民の生活が第一」という小沢体制以来のスローガンに加えて、「政治とは、政策や予算の優先順位を決めることです。私は、コンクリートでなく、人間を大事にする政治にしたい。官僚任せではなく、国民の皆さんの目線で考えていきたい。縦に結びつく利権社会ではなく、横につながり合う『きずな』の社会をつくりたい。すべての人が、互いに役に立ち、居場所を見出すことのできる社会をつくりたいのです。」という一節を加えた[8]。

　さらに、総選挙での勝利が確定的になるなかで、急遽取りまとめた開票センターでの記者会見用に準備した「国民のさらなる勝利に向けて」という談話には次の一節を記した[9]。

　　私たちは、政治と行政が誰のために存在しているか、もう一度、その原点に立ち返り、国民と政治家と官僚との関係をとらえなおさなければなりません。（中略）「政治主導」が、単に政治家の官僚への優位を意味

するのではなく、常に国民主導・国民主権を意味しなければならないことを肝に銘じなければなりません。

　「官僚たたき」「役人たたき」、そういった誰かを悪者にして、政治家が自らの人気をとるような風潮を戒め、政治家自らが率先垂範して汗をかき、官僚諸君の意識をかえる、新たな国民主権の政治を実現していきます。

2　「新しい公共」概念の誕生

　鳩山内閣発足の9月16日、筆者自身も官房副長官に任ぜられるのだが、その当日に明らかにした「基本方針」10) は、組閣の数日前から筆者が起草して、初閣議で閣議決定した文書である。ここには次のようなフレーズがならぶ。

　「経済合理性のみを評価軸とした経済から、人間のための経済への転換です」「国民一人ひとりに『居場所』と『出番』のある社会の構築を目指します」「『働く』ことを労働対価の獲得という側面だけで捉えず、子育てや介護、教育や福祉、医療の一部を、社会全体で補い合い、支え合う、新しい社会モデルの構築を目指します。支援することが、支援される側だけでなく支援する側にとっても喜びであり、生きがいであると実感できるような住民参画型社会を築き上げてまいります」「すべての人々が互いの存在をかけがいのないものと感じあえる、そんな『居場所と出番』を見いだすことのできる『友愛の社会』を実現すべく、その先頭に立って、全力で取り組んでまいります」。

　ここで、鳩山首相肝いりの「友愛社会」のパラフレーズとして、この直後に発表する「新しい公共」のキー・スローガンとなる「居場所と出番」のある社会へと踏み込んだのである。

　その翌月、2009年10月に行った首相の所信表明演説 6) と、2010年1月の施政方針演説 11) で、「新しい公共」の概念を詳述し、その後の政策展開の口火を切ることになる。ここでコミュニティ・ソリューションという語を用いなかったのは、ひとつにはカタカナ言葉をできるだけ減らしたかったこと、もうひとつは、鳩山内閣として伝統的公共や民営化路線を否定するので

はなく、それらを含めた公共政策の担い手の再編成や国民の意識改革につなげたいという筆者の思いの反映である。以下、所信表明及び施政方針演説で鍵となるくだりを引用しよう。

　働くこと、生活の糧を得ることは容易なことではありません。しかし同時に、働くことによって人を支え、人の役に立つことは、人間にとって大きな喜びとなります。私が目指したいのは、人と人が支え合い、役に立ち合う「新しい公共」の概念です。「新しい公共」とは、人を支えるという役割を、「官」と言われる人たちだけが担うのではなく、教育や子育て、街づくり、防犯や防災、医療や福祉などに地域でかかわっておられる方々一人ひとりにも参加していただき、それを社会全体として応援しようという新しい価値観です。（2009 年 10 月所信表明演説）

　人の幸福や地域の豊かさは、企業による社会的な貢献や政治の力だけで実現できるものではありません。
　今、市民や NPO が、教育や子育て、街づくり、介護や福祉などの身近な課題を解決するために活躍しています。昨年の所信表明演説でご紹介したチョーク工場の事例が多くの方々の共感を呼んだように、人を支えること、人の役に立つことは、それ自体が歓びとなり、生きがいともなります。こうした人々の力を、私たちは「新しい公共」と呼び、この力を支援することによって、自立と共生を基本とする人間らしい社会を築き、地域の絆を再生するとともに、肥大化した「官」をスリムにすることにつなげていきたいと考えます。
　一昨日、「新しい公共」円卓会議の初会合を開催しました。この会合を通じて、「新しい公共」の考え方をより多くの方と共有するための対話を深めます。こうした活動を担う組織のあり方や人材育成の方法、さらに、活動を支援するための寄付税制の拡充を含め、これまで「官」が独占してきた領域を「公（おおやけ）」に開き、「新しい公共」の担い手を拡大する社会制度のあり方について、五月を目途に具体的な提案をまとめてまいります。（2010 年 1 月施政方針演説）

今、神戸の街には、あの悲しみ、苦しみを懸命に乗り越えて取り戻した活気が溢れています。大惨事を克服するための活動は地震の直後から始められました。警察、消防、自衛隊による救助・救援活動に加え、家族や隣人と励ましあい、困難な避難生活を送りながら復興に取り組む住民の姿がありました。全国から多くのボランティアがリュックサックを背負って駆け付けました。復旧に向けた機材や義捐金が寄せられました。慈善のための文化活動が人々を勇気づけました。混乱した状況にあっても、市街では略奪活動といったものは殆どなかったと伺います。みんなで力を合わせ、人のため、社会のために努力したのです。

　あの十五年前の、不幸な震災が、しかし、日本の「新しい公共」の出発点だったのかもしれません。（中略）

　いのちを守るための「新しい公共」は、この国だからこそ、世界に向けて、誇りを持って発信できる。私はそう確信しています。（同上）

　「新しい公共」の基本理念は、こうして内閣総理大臣の所信表明演説、施政方針演説によって明らかにされることになる。これは橋本行革で筆者がこだわって実現した、首相の基本方針発議権の発露であった。

3 「新しい公共」円卓会議の創設と政策展開

　上記施政方針演説中にも触れられているように、演説の2日前の2010年1月27日、鳩山内閣は「新しい公共円卓会議」を発足させた。座長は、「コミュニティ・ソリューション」の提唱者である金子郁容氏しか考えられなかった。当初からの筆者のこだわりは、「新しい公共」を単なるビジョンに終わらせるのではなく、具体的な政策措置を講ずることであった。円卓会議の設立に先立つこと2カ月前、首相執務室で、財務省主税局長を交えて、当時構想中の寄附に係る税額控除の創設を議論した時に、首相主催の審議会などで方向性をまとめてもらえれば、次年度の税制改正で実現しますとの確約を得たので、控除率や上限などの細かい条件はともかく、当初から、第一段階では寄附の税額控除は必ず実現するとの具体的な目標を持ってスタートさせることとした。

当該税制は、これまでのNPOへの寄附に係る所得控除税制の認定要件のパブリックサポートテストを大幅に緩和したこと、経過措置として認定NPOの仮認定制度を導入したこと、対象に認定NPOに加えて学校法人や社会福祉法人、公益社団・財団法人などを追加したこと、そして中低額所得者にも効果の大きい税額控除を所得控除との選択制にしたことに特徴がある。パブリックサポートテストの緩和や仮認定制度の導入については、NPO事業者、就中、「シーズ・市民運動を支える制度をつくる会」の松原明氏の熱心な働きかけや円卓会議座長の金子氏の熱心な要請が大きく貢献した。寄附対象法人に公益法人や学校法人などを加えることは筆者自身の強いこだわりに基づくものであった。

4　国民参加型の財政分配としての寄附税制

税額控除方式は、もともと筆者の発案であるのだが、寄附に係る一定部分の税額が還付されることは、自らの納税の一部分の使途を、一定の公益性の範囲内で自己決定することを意味する。本来なら納税義務を果たした後、自らの納税をどう配分するかは、自らも含めて国民が民主的に選任した政権の判断に委ねるしかないのだが、この税制は、公共性を担う特定の法人に寄附するという個人判断を、政府が、いわばマッチングでサポートするものである。筆者が考えたのは、自分が母校に10万円寄付した場合、約5万円（国税、地方税合算で）が本人に還付されるのであれば、それは本人が5万円母校に寄附することを条件に、国と地方公共団体に残りの約5万円近くを当該母校にマッチング寄附させることと等価であり、いわば「自腹を切る」ことを条件に、国や地方自治体の財政発動を寄附者が実質的に決定することを意味する。予算の母校への分配を求める陳情などとは比較にならぬ財政発動への積極的関与だといえる。

筆者は、この寄附税制は、議院内閣制が想定する間接民主制に基づく財政統制とは別種の参加型民主主義に基づく措置と考えている。いかに各政党や所属国会議員が有能であろうと、現時点で一般会計にして年間百兆円を超える国家予算の使途に、国民・有権者・納税者一人ひとりが、きちんとした当事者意識を以てその配分を民主的にコントロールすることはとてつもなく困

難なことである。それに比して、納税額の一定範囲で、自らが価値あると考える公益目的に私財を投じ、それに見合った金額の財政支援を国や自治体に求めることは、参加型民主主義の財政的発露だと考えられるのである。

5 「新しい公共宣言」と市民公益税制

鳩山内閣は2010年の年明け以降、特に普天間基地問題で揺れに揺れることになるのだが、3月末には党税調・市民公益税制プロジェクトチームは新たに創設する寄附税制の骨格をまとめた。4カ月弱で実に7回の総理出席の新しい公共円卓会議を開催した上で、最後は内閣総辞職の閣議の直前に、鳩山総理は半時間の時間を捻出して、第8回（最終回）の「新しい公共円卓会議」を開催し、「新しい公共宣言」をまとめることになる 12)。市民公益寄附税制ともいえる NPO、学校法人、社会福祉法人、公益社団・財団法人等への寄附に係る税額・所得控除制度の創設を盛り込んだほか、実は昨今の課題でもある新しい資本主義に言及していることは見逃されがちなポイントである。

　「新しい公共」が作り出す社会は「支え合いと活気がある社会」である。すべての人に居場所と出番があり、みなが人に役立つ歓びを大切にする社会であるとともに、その中から、さまざまな新しいサービス市場が興り、活発な経済活動が展開され、その果実が社会に適正に戻ってくる事で、人々の生活が潤うという、よい循環の中で発展する社会である。
　気候変動の影響が懸念される一方で、少子高齢化が進み、成熟期に入った日本社会では、これまでのように、政府がカネとモノをどんどんつぎ込むことで社会問題を解決することはできないし、われわれも、そのような道を選ばない。これから、「新しい公共」によって「支え合いと活気のある」社会が出現すれば、ソーシャルキャピタルの高い、つまり、相互信頼が高く社会コストが低い、住民の幸せ度が高いコミュニティが形成されるであろう。さらに、つながりの中で新しい発想による社会のイノベーションが起こり、結果として「新しい成長」が可能となるであろう。

現代の企業も「新しい公共」の重要な担い手である。実際、企業は、社会から受け入れられることで市場を通して利益をあげるとともに持続可能な社会の構築に貢献することにより、「稼ぎ」と「つとめ」の両方を果たすことが可能なはずだ。しかし、昨今のグローバル経済システムは、利潤をあげることのみが目的化し、短期的利益を過度に求める風潮が強まり、その行き過ぎの結果、「経済的リターン」と「社会的リターン」を同時に生み出すことができない状況も起こっている。「新しい公共」を考えることは、資本主義のあり方を見直す機会でもある。(いずれも「新しい公共宣言」より)

　「新しい公共宣言」は、単に政府への要望をまとめた通常の審議会答申とは異なる。企業に対しては、「企業には、その持続可能性を高めるサステナビリティのためにも、社会貢献活動 CSR やメセナ活動を通じた社会との関係の重要さを認識していただきたい。経営理念や経営者の意思として、企業の本業の社会性を高めるとともに、直接的に社会に利潤を還元する寄付行為や、社会がそれを受け入れる仕組みを作るなどを、企業活動の一環として位置づける方策を進めていただきたい」と要請しつつ、政府に対しても次のように注文を付ける記述を加えた。

　政府として、これまでの「官」のアプローチを新しい社会に相応しいものにするために、公務員制度改革(リボルビングドア等)、予算編成改革(事業仕分け等)、情報公開、規制改革、地域主権等の推進を行うとともに、市民セクター、企業、行政の人材交流の推進、政策形成のあり方についての対話や協働の場の設置等を進めることを期待する。さらに、思い切った制度改革や運用方法の見直しなどを通じて、これまで政府が独占してきた領域を「新しい公共」に開き、そのことで国民の選択肢を増やすことが必要である。国民がその意思を持つとともに、政府が「国民が決める社会」の構築に向けて具体的な方策をとることを望む。
　「新しい公共」の基盤を支える制度整備については、税額控除の導入、認定 NPO の「仮認定」と PST 基準の見直し、みなし寄附限度額の引き

上げ等を可能にする税制改革を速やかに進めることを期待する。特に、円卓会議における総理からの指示（税額控除の割合、実施時期、税額控除の対象法人）を踏まえて検討を進めることを強く期待するものである。見直しにあたっては既存の規制との整合性を考慮することも必要であろう。

　また、「特区」などを活用して社会イノベーションを促進し、地域コミュニティのソーシャルキャピタルを高める体制と仕組みを、関係各省庁の壁を乗り越えて、政府一体となって整備・推進することや、政府、企業、NPO 等が協働で社会的活動を担う人材育成と教育の充実を進めることが重要であると考える。

　また、国や地方自治体等の業務実施にかかわる市民非営利セクター等との関係の再編成について、依存型の補助金や下請け型の業務委託ではなく、新しい発想による民間提案型の業務委託、市民参加型の公共事業等についての新しい仕組みを創設することを進めるべきである。

　さらに、公的年金の投資方針の開示の制度化による社会的責任投資の推進をすることが望まれる。

　なお、「新しい公共」のルールと役割を定めるという観点から、今後の政府の対応などをフォローアップするとともに、公共を担うことについての、国民・企業・政府等の関係のあり方について引き続き議論をするための場を設けることが望ましいと考える。（同上）

　そして企業や政府に加えて国民に対し、「『新しい公共』の主役は、一人ひとりの国民である」とした上で、本文及び参考資料で各種の取り組みを紹介しつつ、「われわれ国民自身が、当事者として、自分たちこそが幸福な社会を作る主役であるという気概を新たにしようではないか。」と呼びかけている。

　新しい公共円卓会議のユニークさは、主査の金子氏に負うところが大である。先述した通り、2000 年当時、コミュニティ・スクールを提案した教育改革国民会議第二分科会の主査をつとめた金子氏は、その議論に際し、ネット上に「教育改革ラウンジ」という議論の場を設営し、3 カ月ほどの間に、

教育者、学生、官僚、主婦など様々の参加者の立場を超えた熱心な熟議を引き出し、その成果を教育改革国民会議に反映させる手法をとった[13]ことでも知られている。

　この会議でも、通常の審議会と異なり、答申ではなく「宣言」という形で、対政府だけでなく、企業や国民にも向けた提言をとりまとめたこと、会議メンバーとともに、総理を含めた閣僚や副大臣等まで署名する形式で、幅広い当事者にコミットさせる形式をとったこと、起草や各委員の意見の調整を含めて、官僚の作文に頼らず、座長の金子氏自身が筆者を窓口にして政府側とも密接に連携しつつ快刀乱麻を断つが如き調整の働きをされたことを特記しておきたい。

　寄附に係る税額控除を制度化したことは円卓会議の大きな成果であったし、その後の地方創生の動きや公民連携の進展、国際的な SDGs 投資の活性化など、この 10 年で「新しい公共」的価値観は着実に日本社会に浸透しつつある。

Ⅳ　「新しい公共」の今後と参加型民主主義のあり方

1　「新しい公共」と SFC 的価値

　「新しい公共」は、ある意味で、現在筆者が在籍する SFC 的価値を体現するものであると考える。社会的課題の解決には、まず社会的課題の本質を発見することが大前提であり、今日では課題の解決には、民間企業・民間人材の活用が不可欠で、企業セクターだけでなく住民セクターや地域コミュニティ、そして最終的には国民一人ひとりの協力が必要であることをこの四半世紀の自然災害の多発、そして最近のコロナ禍が教えてくれたのではなかろうか。「コミュニティ・ソリューション」から「新しい公共」という概念の形成に金子氏が密接に関わってこられた事実は既述の通りだが、加えて、筆者としては、公共分野の改革路線として、SFC の生みの親の一人ともいわれる加藤寛氏、郵政民営化に大きな貢献をされた竹中平蔵氏、大阪を中心に公共分野に経営的手法を積極的に導入し、公共改革に成果を挙げてこられた上山信一氏などの取り組みも、「民」が担う「公共」、公的サービスに優れた民間

企業のプラクティスを導入し、利用者視点で低廉かつ質の高いサービスの提供を実現する改革という意味で同種の取り組みであったと考える。

　ただし、公共サービスへの民間参入を、単純に「民間にとってのビジネスチャンスの拡大」や「官業の民業圧迫の是正」という捉え方を筆者や金子氏がしてこなかったことも強調しておきたい。医療や教育、エネルギー、鉄道などの公共輸送等に共通したことだが、公共的サービスは、サービス提供会社の利潤の最大化というよりは、人々の福利の向上がそもそもの大目的であり、そのことと、経営主体が持続的かつ自律的に当該サービスを提供できることの両立こそが重要と考えるからである。別の言い方をするならば、「人の役に立つ、社会の役に立つ仕事」を、そしてそのやりがいを、官のみならず民間企業や地域の住民を含めて、社会全体で豊かに共有することが鍵となる。金子氏の言葉を借りれば「経済的リターン」と「社会的リターン」の両立である。その意味では「官」はスリム化し、公（おおやけ）を社会で共有する、「小さな官、豊かな公（おおやけ）」が、筆者を含めて「新しい公共」を提唱した人々の目指すところなのだ。

　今後の日本を展望したときに、最大の課題、すなわち諸イノベーションの停滞、ひいては経済社会の停滞にも目を向けなければならない。成熟した先進国でも途上国でも生成している社会経済各面でのイノベーションとそれに基づいた成長がなにゆえに日本で停滞しているのかを分析し、思い切った改革路線を志向していかなければ、社会的課題の解決に必要な国家財政、民間経済、国民所得の基礎体力すら確保できない。その象徴が革新的な海外人材の獲得の遅れである。もとより、急速に進む少子高齢化の中で社会的な機能や一部の産業を維持するためには、海外人材を獲得しなければならぬことも明らかであるが、その際、それら施策が、現状でも進展している経済社会的な格差の拡大や分断、あるいは治安や日本の伝統的な生活様式の破壊といった副作用を助長させてはならない。それらの副作用を最小限にする際に鍵となるのが地域における社会的包摂である。

　近代国家は、「自助」、「共助・互助」、「公助」と呼ばれるうちの「公助」の充実と全国一律の普及に力を注いできた。担い手は地方を含めた「官」である。しかし、これからの日本で大切なのは地域における社会的包摂機能で

ある。それを「官」と「公助」で運営することは不可能だし、適切でもない。棺桶型とも称される人口構造の中で、支えられる側が同時に支え手にもなる、役割を固定せず、「交換可能な社会」を作ることが喫緊の課題である。「官」に強い権力や再分配機能を与えた近代国家の成立以前に、我々がいかに地域社会を維持運営してきたかを歴史に問い質すことも有意義だろう。かつての日本の地域社会では、住民が「寄り合い」でどこに道普請をするか、身寄りのないものをどのように助けるかなどを決めて、不十分なりにも村落共同体を運営してきた。住民自治の原点である。かつての町火消し、寺子屋や番組小学校など、近代日本の中央集権の政治・行政体制の完成前の、近世の日本人が、社会を運営するに当たって絞ってきた智慧を再び想起する必要がある。農村集落であれ、都市であれ、地域共同体を守ってきた歴史と伝統、「結」、「講」、「座」、寺社、「番組」が果たした役割、長屋の共同体などの良き部分を、現代の地域社会や職域にふさわしい形でどのように復元し、広義の、緩やかな社会機構としてそれらをどう位置づけるかが問われている。ちょうど20年前に「コミュニティ・スクール」として学校の現場を革新的に再設計する装置が発明されたように、例えば小規模多機能自治のような取り組みを参照しつつ、今は広義の統治機構、いや社会的機構を再編するべき時期なのである。

2　参加型民主主義のあり方

　国民にとって、選挙に行って政治家を選ぶことは権利であり義務であるが、それだけで主権者としての役割が果たされるわけではない。我々は、未曽有の震災体験やコロナ禍への対応で、政府、自治体に集結する公共の力と、人々の草の根の公への思いの双方の重要性を実体験した。日本国民は、小選挙制度の導入を含めた政治改革と内閣主導・官邸主導の強化を含めた行政改革で、国民は誰を指導者として選出するかによって政治や行政が大きく変化することを実感したが、国民が国家の統治者であり当事者であるという意識を確かなものにするにも、選挙を通じた民主的統制に加え、国民の公共への参画のより直接的な形態を模索することが必要不可欠である。

　そうした草の根の国民の公共参画を推進するためにも、今後の政治は、従

来のように、中央集権を通じて画一的に様々な補助金を地域の人々に分配し、選挙でその貸しを回収する、時代遅れの省庁・業界ごとの縦割りのメインフレームコンピュータのような機能を全面的に見直すべきである。与党が各府省別の部会などを中心に、閉鎖的な空間で、各府省と所管業界の利害を縦割りで事前調整し、国民代表たる議員が国民に説明責任を果たすべき国会ではほとんど政策的な討議が行われない。現状の国会のあり方は、前世紀型の民主主義統制としても圧倒的に不透明なものであり、与党議員に当事者意識は共有されても、肝心の国民は、政治や公的意思決定におよそ当事者意識を持てず、不信感を高めてしまっている。

　国民が、統治者であり当事者として、その代理人である政治家や官僚にすべてを投げずに、可能な範囲で自ら「公（おおやけ）」に参画するためには、第一に、国会における政策討議の活性化を図るとともに、その「見える化」を抜本的に進めること、第二に、国の政策でも、地方の行政でも、かつて金子氏が「教育改革ラウンジ」という場を用いて行ったように、行政職員のみならず、民間企業や地域の各種コミュニティなどが連携し合って、政策的な課題や解決策について意見交換を進め、新たな政策形成を図るような政府の開かれた政策形成の仕組みを設計することが肝要なのである。DX（デジタルトランスフォーメーション）技術は、かつてオバマ政権が挑戦したオープンガバメントの取り組みや民主党政権時代の熟議掛け合いのような試みを、より洗練した形で再試行する機会を提供してくれるに違いない。

　「新しい公共」という名の「公（おおやけ）」の紡ぎ直し、そして経済を活性化する魅力的なイノベーションと国民生活の質的充実を両立させる、自立、分散、協調の政治経済体制の構築こそが、次世代の公共の最大のミッションである。そのためには民主主義の根幹ともいえる選挙の在り方に加え、中央政府や地方自治体の住民も巻き込んだ意思決定の在り方や、政府と住民・企業・各種団体との新たなコミュニケーションの在り方、地域公共組織の再編成、住民の公共的な分野への参画へのインセンティブ付与の方法など、国民の政治・公共参加の新しい仕組みを再設計するべき時代に入っている。重要なことは、政治家や官僚だけがそれらを設計する時代ではなく、彼らの検討が遅々たるものであるのならば、われわれ国民一人ひとりがそれらを待つこ

となく、相応しい青写真を具体的に提起していかなければならない時代がすでに到来していることを自覚することである。

1)　首相官邸（1996）「日本記者クラブにおける橋本総理の講演」https://www.kantei.go.jp/jp/99_suga/statement/2020/1026shoshinhyomei.html（最終アクセス：2022 年 10 月 31 日）

2)　総理府　行政改革会議（1997）「最終報告」https://www.gyoukaku.go.jp/siryou/souron/report-final/index.html（最終アクセス：2022 年 10 月 31 日）

3)　内閣府　総合規制改革会議（2001）「規制改革の推進に関する第 1 次答申」https://www8.cao.go.jp/kisei/siryo/011211/1.html#kyoiku（最終アクセス：2022 年 10 月 31 日）

4)　民主党（2005）「【次の内閣】総合政策企画会議の設置などについて確認」http://archive.dpj.or.jp/news/?num=4512（最終アクセス：2022 年 10 月 31 日）

5)　民主党（2010）「民主党略年表」http://archive.dpj.or.jp/governance/history/index.html（最終アクセス：2022 年 10 月 31 日）
「2005 年 11 月 25 日　民主党系のシンクタンクとして有限責任中間法人『公共政策プラットフォーム』（略称『プラトン』）が発足」と記述している。

6)　首相官邸（2009）「第 173 回国会における鳩山内閣総理大臣所信表明演説（H21.10.26）」https://www.kantei.go.jp/jp/hatoyama/statement/200910/26syosin.html（最終アクセス：2022 年 10 月 31 日）

7)　民主党（2009）「民主党の政権政策　Manifesto」http://archive.dpj.or.jp/special/manifesto2009/pdf/manifesto_2009.pdf（最終アクセス：2022 年 10 月 31 日）

8)　同上。

9)　民主党（2009）「国民のさらなる勝利に向けて　民主党代表 鳩山由紀夫」http://archive.dpj.or.jp/news/?num=16941（最終アクセス：2022 年 10 月 31 日）

10)　首相官邸（2009）「基本方針（H21.9.16）」https://www.kantei.go.jp/jp/tyokan/hatoyama/2009/0916siryou1.pdf（最終アクセス：2022 年 10 月 31 日）

11)　首相官邸（2010）「第 174 回国会における鳩山内閣総理大臣施政方針演説（H22.1.29）」https://www.kantei.go.jp/jp/hatoyama/statement/201001/29siseihousin.html（最終アクセス：2022 年 10 月 31 日）

12)　内閣府（2010）『新しい公共』宣言（平成 22 年 6 月 4 日　第 8 回『新しい公共』円卓会議資料）https://www5.cao.go.jp/entaku/shiryou/22n8kai/pdf/100604_01.pdf（最終アクセス：2022 年 10 月 31 日）

13)　金子ほか（2000）、p. 216。

参考文献

金子郁容ほか（2000）『コミュニティ・スクール構想』岩波書店。

第**10**章

ポスト工業化社会における公助と共助の変容

馬場わかな

はじめに

　グローバル化が進展し、工業中心の社会から知識や情報、サービスが重要な役割を果たすポスト工業化社会へと産業構造が変化する一方で、少子高齢化にも歯止めがかからないなか、国民の生活安定を図る仕組みはどのように維持されてきたのだろうか。本章では、国家レベルでの政策決定・遂行に関与した政治家や官僚、専門家にとどまらず、その政策決定に影響を与えたアクターやその時々の社会情勢も踏まえながら、福祉の生産・供給の組み合わせが変容する過程をドイツの事例から解明する作業を通じて、社会課題への融合的アプローチを評価する。評価にあたっては、歴史学的な方法を用いたい。社会イノベーションの達成には、過去の政策や取り組みを振り返り、評価する作業も不可欠だからである。

I　貧困と「社会的排除」

　第二次大戦後、先進諸国では福祉国家が成立し、完全雇用の実現と社会保障の整備によって国民の生活安定が図られてきた。しかし、ポスト工業化社会に突入し、完全雇用と社会保障が揺らぎ始めた 1970 年代以降、「福祉国家の危機」が叫ばれるようになる。それ以来一貫して福祉国家の改革がテーマとなってきたが、そのプロセスは「福祉支出を削減し、市場の役割を拡大させる、という単純なもの」ではなく、福祉の「拡大」を求める圧力と「縮減」を求める圧力から生じた綱引きのなかで再編が進められている（田中

187

2017)。

　福祉の「拡大」へと向かう動きのひとつに、貧困と「社会的排除」への取り組みがある。「社会的排除」とは、所得の不足に加え、労働生活への参加や住宅、教育、保健、サービスへのアクセスからも排除される「過程とその結果として生じた状況の双方を指すダイナミックな概念」で、個人や集団が「排除されていくメカニズムの有する多元的な性質を浮き彫りにする」ものである（Commission of the European Communities 1992, 8）。

　EU では、その前身である EC での「社会的排除との闘いに関する決議」（1989 年）の採択以降、貧困と「社会的排除」が主要な政策対象となった。2001 年からは、各国政府が 2 年ごとに「貧困と社会的排除に抗するナショナル・アクション・プラン」を提示することになり（中村 2002, 56-58）、2010 年には「貧困や社会的排除と闘うためのヨーロッパ年」も設定された。本章では、この「貧困や社会的排除と闘うためのヨーロッパ年」のホスト国を務めたドイツによる取り組みのひとつで、ベストプラクティスの例として紹介された「胎児の生命保護のための連邦母子財団」（Bundesstiftung Mutter und Kind - Schutz des ungeborenen Lebens、以下「連邦母子財団」と記す）にフォーカスしたい。

　連邦母子財団は、コール首相率いる連邦政府の主導で 1984 年に設立された財団法人で、「緊急事態」のために妊娠の継続が困難な妊婦への経済的支援を通じて、胎児の生命を保護することを目的としている。支援が受けられるのは他の社会給付が受給できない、もしくは十分でない、あるいは受給手続きが出産までに間に合わない「緊急事態」に限られたが、詳細な定義はなされなかった。敢えて明確に定義しないことで、個別具体的な「緊急事態」に柔軟かつ効果的に対応する余地を残す制度設計が図られたのである。財団への資金提供に伴って増えた国家支出は、社会保険給付のひとつである出産手当の切り下げによって調整された（Deutscher Bundestag 1983, 62；高木 1985, 144）。すなわち、共助と公助の組み替えによって財団を発足させたのである。ドイツの福祉国家は社会保険制度を中心に成り立っており、19 世紀末の成立以来、カバーするリスクと対象者を拡大させる方向に展開してきたが、逆方向へと舵を切ったという意味で財団設立のインパクトは大きかった。

財団はその後、ドイツ再統一やリーマン・ショックを発端とする世界的な金融危機などの社会情勢の変化に呼応しながら、業務の範囲を拡大してきた。現在では、「経済的支援だけでは持続的な発展は望めない」との考えのもと、経済的支援と専門的なカウンセリングを「総合的にパッケージ化」した支援を提供している（BMFSFJ 2013, 156）。「福祉国家の危機」から脱することが困難ななかで実効性と持続可能性の双方を追求するようになった連邦母子財団は、「社会課題を解決するための革新的な方法を生み出し展開するプロセス」としての「社会イノベーション」の好例なのである。

II　連邦母子財団の設立とその歴史的変遷

1　設立の経緯

　1960年代以降、人工妊娠中絶自由化の動きが国際的に高まっていた。この動きに呼応し、西ドイツでも様々な提案がなされ、1974年には刑法218条改正へと至る。これにより、一定の要件を満たす場合は人工妊娠中絶が認められるようになった。

　しかし、1974年法に対しては批判が相次ぎ、連邦憲法裁判所による違憲判決を経て、1976年に再び改正される。74年法も76年法も人工妊娠中絶の原則的可罰を規定していたが、74年法で可罰の対象から除外されていた期間を短縮し、着床前のみ除外することとなった。医学的事由によるもの（妊娠が継続する全期間）や優生学的事由によるもの（22週以内）は引き続き可罰の対象から除外、76年法ではさらに、犯罪学的事由によるもの（12週以内）、「その他の重大な緊急事態」によるもの（12週以内）も不可罰とされた。妊婦が同意していることや医師が中絶を実行することなども、人工妊娠中絶の前提として明記された（畑尻 1993, 3–12）。

　この刑法218条改正の動きと相前後して進展していたのが、出生数の減少である。西ドイツの出生数は1960年代半ばから急激に減少していた。70年代に入ると、合計特殊出生率も人口置換水準を大幅に下回り始め、人口減少の局面に突入する。こうした人口動態の変化を背景に、出生数をさらに減少させかねない刑法218条には反対する声も大きかった（Statistisches Bundesamt

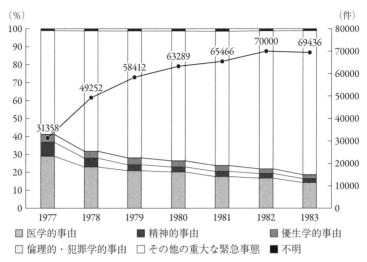

図 10-1　人工妊娠中絶の事由別割合および「その他の重大な緊急事態」による中絶数の推移
出典：Statistisches Bundesamt 1979, 373; Ibid. 1982, 376; Ibid. 1985, 394.
2019, 34；高木　1985, 141）。

　このようななか、1982 年 10 月に成立したのがコール政権である。コール政権は、出生率回復に向けて、全扶養者を対象とした育児手当の導入、児童手当加算、扶養減税など、積極的家族政策を遂行していく。連邦母子財団の設立は、この一連の家族政策のなかに位置づけられる（高木　1985, 141, 144）。

　連邦政府は、政権発足からまもない 1982 年末に「胎児の生命保護のための関係省庁ワーキンググループ」を設置した。コール自身も、1983 年 5 月の施政方針演説で「胎児の生命保護」の必要性を強調し、教会や民間社会事業団体が実践してきた「妊娠葛藤カウンセリング」[1] を各州と協力して拡大することを訴えた。図 10-1 に示したように、1970 年代後半から 80 年代前半にかけて、報告された人工妊娠中絶のうち、「その他の重大な緊急事態」によるものが実数、割合ともに増加していたが、カウンセリングの経験から、家族の経済状況や子どもを持つことで新たに生じる恒常的な経済的負担への不安が妊娠継続の判断に影響することが分かったためである。こうして 1984 年 2 月末には、財団設立のための法案が議会に提出された。「国民総生産が 1 兆 5 千億マルクを超える国で、特に経済的理由で中絶の決定がなされ

るのは許されない」というのが法案提出の理由である（Deutscher Bundestag 1983；Bundesregierung 1984a；BMFSFJ 2010, 5；BMFSFJ 2013, 7；高木 1985, 141）。

　連邦政府はさらに、出産手当の支給期間を従来の4カ月から3カ月へ短縮し、支給日額も25マルクから20マルクに削減することを決定した。出産手当は、疾病保険法で規定されている給付で、産前産後とそれに続く休業期間に支給されるものである。ドイツでは19世紀末以来、社会保険がカバーするリスクも対象とするクライアントも拡大しながら共助の拡充が進められてきたが、その長い伝統に逆行するかたちで財団の予算が捻出されることとなった。また、財団からの経済的支援には法的請求権がなく（高木 1985, 141）、拠出に対する「権利」として給付を支給するという社会保険の原則を重視する伝統も後景に退いた。

　法案に対しては、野党第一党である社会民主党や緑の党、それまで妊娠葛藤カウンセリングを実践してきた民間社会事業団体「プロ・ファミリア」などから「刑法第218条の改悪」につながるという批判が巻き起こった。経済的支援の上限は1件あたり5,000マルクと規定されたが、長期的支援の見込みもないまま、決して多額とはいえない出産前後の一時金だけで出産を奨励するのは無責任だといった理由からである（高木 1985, 141-142）。

　連邦政府は「財団法人は現行法を補完するもので、現行法の厳密な運用によっても十分救済されない窮状を考慮したもの」だと反論した上で、1984年6月の連邦議会で、若干の修正を加えた政府案を連立与党の賛成多数で可決した。7月には、連邦参議院もこれに同意し、同法案は成立の運びとなる。財団から窓口として資金を委託された相談所は、各州に設置された財団「困窮する家族」とキリスト教系諸団体のみで、法案に反対した「プロ・ファミリア」は妊娠葛藤カウンセリングの実績があったにもかかわらず除外された（高木 1985, 142）。財団から配分された資金は、ベビー用品の購入や妊娠中・産後の家政婦代、家族で暮らす住居の確保、就労や職業訓練で母親が不在中のベビーシッター代に充てられた（Bundesregierung 1984b, 6；Bundesgesetzblatt 1984, 880-881）。

　1990年10月に東西ドイツが再統一されると、再統一に先立って両国間で締結された統一条約に基づき、それぞれの旧制度を移行する措置が講じられ

た。連邦母子財団による取り組みも、移行期間を経て 1993 年からすべての州に拡大された。資金は引き続き連邦予算から割り当てられ、前年の人口をベースに各州に配分された（BMFSFJ 2010, 5, 8；BMFSFJ 2013, 18-19；魚住 1998, 23-24；Bundesgesetzblatt 1990, 900）。

　再統一に伴って問題となったのは、人工妊娠中絶をめぐる制度である。旧東独では、妊娠 12 週までの中絶は妊婦に決定権があるとしており、原則的可罰を規定する旧西独の制度と一本化する必要が生じた。メディアを巻き込んだ激論ののち、1992 年にいったん法案が議決されたものの、翌年には連邦憲法裁判所へ持ち込まれ、最終的には 1995 年、中絶 2 日前までに妊娠葛藤カウンセリングを受けておくことなどを条件づけた新制度が成立した。カウンセリングの詳細は、刑法 219 条および「妊娠葛藤法」（1992 年）で規定された（小椋 2007, 208；畑尻 1993, 12-18）。

　「妊娠葛藤法」では、「すべての女性およびすべての男性は（中略）性教育、避妊および家族計画、ならびに妊娠と直接間接に関係するすべての問題について、この目的のために設けられた相談所または医師から情報提供や助言を受ける権利を有する」と規定しており（Bundesgesetzblatt 1992, 1398-1399）、妊娠・出産や子育てのほか、住居、就労や職業訓練、養子縁組なども含む、様々な分野の情報提供や相談が通常無料で行われることになった。要望があれば匿名でも対応した。また、2010 年には「改正妊娠葛藤法」によって出生前診断のために実施されるカウンセリングと関連づけられ、胎児の疾患に関する医療情報の提供のみならず、障がいのある子どもとの生活をめぐる心理社会的側面にも配慮したカウンセリングを行うことになった（小椋 2007, 208-209；BMFSFJ 2010, 14-16）。

　以上のようなプロセスを経て、すべての妊婦とそのパートナーにカウンセリングを受ける法的権利が認められただけでなく、刑法 218・219 条で義務付けられたカウンセリングを超えた包括的なカウンセリングへと接続する体制が整備されていく。

2　射程の拡大

21 世紀に入ると、シュレーダー政権下の社会保障・労働市場改革やメル

ケル政権下の家族政策を受け、連邦母子財団の射程は拡大した。

　シュレーダー政権は 2002 年から 2005 年にかけて、大規模な労働市場政策と公的扶助制度改革（ハルツ改革）を実施した。就業機会を増やしたり、失業者支援を強化したりしたのち、失業扶助と社会扶助の統合が進められた。失業扶助は、失業保険の給付期間が満了した者に対して、離職前の賃金に対応する給付を期限なしで行うもの、社会扶助は中世以来の伝統を持つ困窮者保護制度で、日本でいう「生活保護」にあたる。連邦政府は、社会扶助受給者から就労可能な層を抽出して失業扶助と統合し、「求職者のための基礎保障」を創設した。「求職者のための基礎保障」では、稼得能力があると判断された求職者本人には「失業手当Ⅱ」が、就労能力のない同一世帯の家族成員には「社会手当」が支給されることになった。職業紹介や職業訓練などの就労支援にも力点が置かれた。稼得能力がない者には引き続き社会扶助が支給されたが、その根拠となっていた連邦社会扶助法は廃止され、社会保障全体を規定している社会法典に組み込まれた（戸田 2010, 1, 18–25）。

　「自己責任・自助努力とそれに基づく就労促進を基調とした」ハルツ改革後、ドイツでは 2008 年まで失業者、失業率ともに低下した。リーマン・ショック後も予想されたほどには事態は悪化せず、失業率改善という点では目標を達成したという評価がなされている。失業扶助も社会扶助も受給できていなかった層などの「隠れた貧困」を顕在化させた点も肯定的に評価された。その一方で、「求職者のための基礎保障」受給世帯の分析から、貧困層が固定化しつつあることも明らかになった（脇野 2007, 178；戸田 2010, 27–28）。連邦政府が 2008 年に発表した「第 3 次貧困と富の報告書」でも、ドイツは OECD 諸国のうち、税や社会移転を通じて所得格差が最も強く是正されている国のひとつである一方、長期失業者や職業訓練を修了していない人、ひとり親、移民の背景を持つ者などの貧困リスクが依然として高いことが指摘されている（Bundesministerium für Arbeit und Soziales 2008, IV–V；Süß 2010, 128–129）。

　貧困層の固定化に加え、男性稼得者モデルからの脱却も政策課題として浮上した。上述のように、リーマン・ショックはドイツにそれほど大きなダメージを与えなかったものの、「典型的な男性の業種・職業」の失業者が増加

した。しかし、ドイツでは男女間賃金格差が大きく、女性のみの収入ではかろうじて家族を扶養できる状態だったことから、男性稼得者モデルから共働き家族モデルへの転換が企図されるようになったのである。こうして、シュレーダー政権に続いて成立したメルケル政権下では、男女間賃金格差の解消や保育サービスの拡大、母親の労働市場への再参入の促進など、家庭内でのジェンダー役割を柔軟化し、労働生活への男女の平等な参加を確保するための新しい家族政策が打ち出されることになる（BMFSFJ 2010, 20-21；魚住 2020, 47-48）。

「家族政策のパラダイム転換」として注目を集めた新しい家族政策の指針が示されているのは、連邦家族省が2006年に発表した「第7次家族報告書」である。2010年までにヨーロッパで最も家族に優しい国のひとつになることを目標としたもので、子育てや教育に投資し、世代間の連帯を保ち、他者への配慮を自らの人生観の一部と考えられるような社会的・経済的・政治的枠組みを作り出すために、家庭と仕事の両立支援、保育サービスの拡充、経済的支援という3点セットからなる政策が構想された。この一連の政策のなかで社会政策の普遍的な原則として強調されているのが「持続可能性」で、持続可能な家族政策によって社会課題に対応するには、地域コミュニティにおける包括的な支援の構築が必要だとされた（Familienbericht 2006, XXIV-XXV；魚住 2020, 47-48）。

現在の連邦母子財団による支援の実態を把握し、その効果を評価するには、こうした家族政策や労働政策の文脈を踏まえておく必要がある。次節では、自分自身で人生に対処できるようエンパワーするための方策として、財団が2005年から2019年までの15年間に行ってきた支援の実態を詳しくみていこう（BMFSFJ 2010, 21）。

III 支援の実態と自己評価

1 支援の実態 [2]

予算規模

連邦政府は、東西ドイツが再統一され、旧東独地域にも連邦母子財団の活

動が拡大された1993年以来、毎年約9,200万ユーロを財団に提供してきた。リーマン・ショック後の2009年に約9,700万ユーロに増額され、現在もほぼ同額が提供されている（BMFSFJ 2013, 18；Deutscher Bundestag 2020）。

支援対象者の数や生活形態、経済状況

　年間平均約15万件の支援申請があり、そのうち90%を超える約14万件が承認されている。ドイツの出生数は約66万〜79万人で推移しているので、妊婦の5〜6人に1人が財団による経済的支援を受けていることになる。

　支援対象となった女性の約97%が18歳以上の成人で、40%以上が既婚者、約20%が婚姻に類する共同生活を営んでいる者、一人暮らしまたは親世帯と同居している者（その多くがシングルマザーだと考えられる）は平均して約36%だった。また、約3分の2がドイツ国籍、約3分の1が外国籍であった。

　支援対象者の経済状況もみてみると、ほぼ半数が「求職者のための基礎保障」や「社会扶助」を受給しており、自身の収入も社会給付もない者も10%強を占める一方で、約20%は就労収入を得ている。この他、「失業手当I」や、職業訓練のための奨学金もしくは職業訓練で報酬を得ている者、難民向けの給付を受けている者などもいる。なお、初回の申請後、生活環境の変化により新たなニーズが発生した場合には再申請も可能である（BMFSFJ 2013, 27）。

支援額

　平均して一人あたり約660ユーロ（2022年8月の為替レートでは約9万4,000円）が支給されている。全体のほぼ半数で最高600ユーロ、約3分の1で最高1,000ユーロが支払われている一方で、平均支給額の2倍を超える1,500ユーロ以上（約21万円）が支払われたケースも毎年約2,200件ある。

妊娠相談所のネットワーク

　財団から資金を配分されている妊娠相談所は全国で約1,250あり、その約80%がキリスト教系や社会民主党系の民間社会事業団体による運営である。

人口ベースで単純計算すると、例えば366万の人口を擁する首都ベルリンには相談所が55カ所存在することになる（外務省 2021；Deutscher Städtetag 2020）。こうしたドイツ全土に広がる地域密着型の妊娠相談所のネットワークにより、迅速で個別の対応が可能になっており、信頼できるカウンセラーとともに問題状況にアプローチできる環境が整備されている（BMFSFJ 2010, 5-6；BMFSFJ 2013, 139）。

2　自己評価

　こうした支援を、連邦母子財団はどう自己評価しているのだろうか。2013年に公開された評価プロジェクト報告書では、3つの効果が指摘されている。

　まずは、経済的支援の直接的な効果である。財団からの経済的支援はあくまでも他の法定給付を補完するものとされ、当初はその額の少なさから効果を期待されていなかった。しかし、柔軟な制度設計にしたことが奏功し、官僚的で煩雑な手続きを経なくても迅速に資金が提供され、決定的なタイミングで利用できるようになり、妊娠継続の決断が促されたことが明らかになった。

　経済的支援は安心感ももたらした。子どもを十分に扶養できないのではないか、良い親にはなれないのではないかという不安を抱いていても、経済的支援を得て「巣作り」を進めるにつれ、不安が軽減するばかりか自信も強化され、さらなる困難に自ら対処できるようになることもあるという。

　経済的支援による間接的な効果としては、カウンセリングへの「扉を開ける機能」が指摘されている。妊婦が経済的支援の申請のみを目的として妊娠相談所を訪れた場合でもカウンセリングを併せて実施する、すなわち「第一の扉」が開かれることで、妊婦とそのパートナーが直面している問題状況を把握し、個々の具体的な状況に応じて、自助に向けたその後数週間の「ロードマップ」を持ち帰れるようにすることが可能になる。カウンセリングの過程で、彼らを支援してくれる家族や友人・知人の有無を確認することもできる。事態が深刻な場合には、さらなるカウンセリングや支援へとつなぐ、すなわち「第二の扉」も開けられる。貧困は物質的な困難にとどまらず、健康を損ねたり、社会的・文化的参加の機会を逃したりすることで「社会的排

除」にもつながっていくため、生活を営む領域すべてを把握し、包括的に支援することが重要だとの考えによるものである。

第三の効果として、カウンセラーとの間に信頼関係が構築されることで継続的な支援が可能になる、すなわち支援に「持続可能性」をもたらす効果があることも確認された。

このように、経済的支援のみでは根本的な解決に至らないものの、相談所訪問の動機づけとしては十分機能しているうえに、電話やインターネットなど、誰でも簡単にアクセスできる「敷居の低い」方法も確保されていることで、妊婦とそのパートナーに効果的にアプローチする道筋ができあがっている。つまり、財団による経済的支援は「解決策にはならないが、可能な解決策を可能にする」ものであり、今後、こうしたアクセスルートをさらに拡大し、既存の支援策とのネットワークをより充実させることが求められている。持続可能な方法で自助と互助を推進していく、そのためのきっかけを公助によって提供する役割を担っているのが連邦母子財団なのである（BMFSFJ 2013, 163-166, 175-179）。

3　今後の課題

評価プロジェクトからは、連邦母子財団が実効性と持続可能性という点で一定の成果を挙げていることが立証された一方で、解決が必要な課題があることも明らかになった。

カウンセリングを提供する民間社会事業団体の代表やカウンセラーからは、妊婦の直面する「緊急事態」が近年より深刻で複雑化していること、それに伴い、カウンセリングも複雑で長期に及ぶケースがあるという回答が複数出された。カウンセラーの第一の業務は、相談所を訪れたクライアントの相談に応じることであるが、問題状況が複雑化しているために、初動段階からさらなる支援のニーズを評価し、具体的な選択肢を検討・紹介する必要も生じているという。そのためには、自他の組織が提供するどのサービスがクライアントのニーズをカバーするのか、サービスの詳細や関連する法的根拠について、常に最新の情報を得ておかねばならない。問題状況の複雑化に伴い、把握しておく情報の範囲も拡大しており、業務の内容や責任という点で、カ

ウンセラーに大きな負荷がかかっている（BMFSFJ 2013, 133-136）。

　連邦母子財団は、経済的支援から妊娠カウンセリングへ、妊娠カウンセリングからさらなるカウンセリングやサポートへと「扉を開ける機能」を担っているが、「第二の扉」が十分に機能していないことも課題となっている。例えば、カウンセリングやサポートを受けた経験がない人たちや教育を十分に受けていない人たちは、さらなるカウンセリングやサポートに移行しにくい傾向があるという。助産師の利用や産前・産後教室の認知など、クライアント自身が育ってきた家庭や文化が促進要因・阻害要因となることもある。参加費用が安い／無料、登録手続きが簡単／不要、参加が義務でない、時間や場所の面でアクセスしやすいといった「敷居の低さ」も影響するため、カウンセラーのなかには、次の支援先までクライアントに同行し、敷居を下げようと試みる人もいるという（BMFSFJ 2013, 145-150）。

　経済的に著しく困窮した女性のみを支援する財団という「イメージ」が広報活動によって作り上げられていることへの批判もある。確かに、クライアントには「求職者のための基礎保障」受給者や移民の背景を持つ者が一定の割合を占めるものの、そうした女性のみに限定しているわけでは決してなく、本人もしくはパートナーのどちらかが雇用されていても、一時的に「緊急事態」が生じていれば申請可能である。ほぼすべてのクライアントが家族や友人、産婦人科医、助産師からの口コミで情報を得ており、インターネットやリーフレットによる広報活動が奏功していないこともわかり、広報活動を工夫する必要性も認識されている（BMFSFJ 2013, 136-137, 160-161, 174-175）。

Ⅳ　歴史学的なものの見方の有効性

　本章では、ドイツの連邦母子財団という事例に即して、ポスト工業化社会における社会課題への取り組みを概観してきた。共助と公助を組み替えて財団を設立したコール政権、就労促進に重点を置いたハルツ改革を通じて自助努力を強調したシュレーダー政権、自助に加えて互助も促進することで家族政策に「持続可能性」を求めたメルケル政権と、「緊急事態」にある妊婦の救済という社会課題の解決に向けて、それぞれの政権がそれぞれに新しい政

策を打ち出した様子を描いてきた。最後に本章の締めくくりとして、こうした社会課題への取り組みを評価する上で有効だと筆者が考えている歴史学的なものの見方について論じたい。

　筆者の専門分野は歴史学であるが、歴史学とは、時間の経過とともに変化するものと変化しないもの、持続するものと持続しないものを identify（同定）していく学問である。F・ブローデルは、「歴史を段階的に成層化された次元に分解」し、歴史のなかの時間を、ほとんど変化しない「地理的な時間」（＝深層）、緩やかなテンポで変化する「社会的な時間」（＝中層）、絶えず変化する「個人（および出来事）の時間」（＝表層）に区別した（Braudel 1949 = 2004, 21-23）。

　こうした歴史的時間を三層構造的に把握する見方から、連邦母子財団という事例を改めてみてみよう。財団設立から約 40 年、ドイツ再統一やリーマン・ショックなど、政策決定に影響を与える大きな出来事はあったものの、根底にある社会情勢はさほど変化しておらず、少子高齢化や家族の多様化、ジェンダー平等の推進は今後も進展すると考えられる。つまり、一見すると「社会情勢の変化」にみえるものやそれに対して打ち出された様々な政策を歴史的時間の表層で生じた「出来事」として捉えるなら、「社会的な時間」という中層レベルの歴史的時間においては、変化はほぼ生じていない。当時もいまも、「ポスト工業化社会」と大きく括られる社会である。そうした立場に立つなら、一定のタイムスパンで振り返り、軌道修正を図る必要はあるにせよ、40 年という「社会的な時間」レベルで捉え、その間になされた支援全体を見渡してはじめて実効性と持続可能性をともに追求・実現しようとする「社会イノベーション」としての財団の姿が浮き彫りになり、評価が可能になるのではないだろうか。現在残されている課題の解決も含め、今後、限られた財源のなかで何をどのように実施していくかについても、その評価をベースに検討する必要があるのではないだろうか。

　日本でも昨今、ひとり親世帯、とりわけシングルマザーの「相対的貧困」が問題になっている。緊急避妊薬や低用量ピルがあまり普及していないこともあり、「望まない妊娠」や赤ちゃんの遺棄も後を絶たない。晩婚化に伴う高齢出産の増加（晩産化）により、胎児の染色体異常への不安から出生前診

断を希望する妊婦も増えている。こうした課題に直面しているクライアントはもちろん、社会全体として男性稼得者モデルに依拠しない世帯を形成する必要が生じている点もドイツと同様である。歴史研究者には未来予測は不可能であるが、日本でも、現在すでになされている様々な取り組みを架橋する、より包括的な解決策が求められ、ドイツの連邦母子財団のような支援が構想されるかもしれない。

「社会イノベーション」とはゼロから何かを生み出すことと必ずしもイコールではない。これまであるものに新しいものを結合・融合するだけでなく、既にあるもの同士の結合・融合の仕方を変化させることで、新たな化学反応が生じることもある。結合・融合が生じる場を静態的なものとして捉えるのではなく、方向性を持つ動態的なものとして捉えてみるなら、連邦母子財団の設立にあたり共助と公助の組み替えがなされたように、これまで歩んできた方向を逆行することで結合・融合に変化を生じさせることも可能だろう。変化は決して一方向的なものではない。「社会イノベーション」にとって不可欠なのは、歴史学的な時間把握のもとで、無数に存在する組み替えのバリエーションのなかから、より効果的で、より持続可能な新しい政策を構想・実現していくことなのかもしれないと筆者は考えている。

1) 「妊娠葛藤」とは、「望まない妊娠」に伴って生じる様々な「心理社会的な（psychosozial）」な葛藤を指し、妊婦の心理や思考にとどまらず、彼女を取り巻く人間関係や仕事などに関連して生じる問題までを包含した幅広い概念である（小椋 2016, 10）。
2) 本項の叙述は、Die Bundesstiftung „Mutter und Kind – Schutz des ungeborenen Lebens" 2010 および同 2020 のデータに基づく。なお、この 15 年間に限定するのは、メルケル政権が発足し、連邦母子財団が実効性と持続可能性を同時に追求するようになったのが 2005 年であること、2019 年のデータが現在入手可能な最新のものであることによる。

参考文献

魚住明代（1998）「統一ドイツにおける家族政策──家庭と職業の両立政策を中心に」『家族社会学』10 巻 2 号、19-30。
魚住明代（2020）「ドイツのひとり親家族支援政策」『大原社会問題研究所雑誌』746 号、38-54。
小椋宗一郎（2007）「ドイツにおける「妊娠葛藤相談」について──義務づけられた相談をめぐる諸問題」『生命倫理』17 巻 1 号、207-215。

小椋宗一郎（2016）「『妊娠葛藤』の意味について」『宗教と文化』32 号、9–31。

外務省（2021）「ドイツ基礎データ」https://www.mofa.go.jp/mofaj/area/germany/data.html（最終アクセス：2022 年 8 月 30 日）。

畑尻剛（1993）「ドイツ連邦憲法裁判所と人工妊娠中絶——連邦憲法裁判所の二つの仮命令を素材として」『城西大学研究年報——人文・社会科学編』17、1–34。

高木浩子（1985）「立法紹介——西ドイツ　未出生の生命保護のための母子財団設立に関する法律」国立国会図書館調査及び立法考査局『外国の立法——立法情報・翻訳・解説』24（4）、141–145。

田中拓道（2017）『福祉政治史——格差に抗するデモクラシー』勁草書房。

戸田典子（2010）「失業保険と生活保護の間——ドイツの求職者のための基礎保障」国立国会図書館調査及び立法考査局『レファレンス』、60（2）、7–31。

中村健吾（2002）「EU における『社会的排除』への取り組み」『海外社会保障研究』No.141、56–66。

脇野幸太郎（2007）「母子家庭の自立と家族政策——ハルツ第Ⅳ法を手がかりに」本澤巳代子・ベルント・フォン・マイデル『家族のための総合政策—日独国際比較の視点から』信山社、163–185。

Braudel, Fernand（1949）*La Méditerranée et le Monde Méditerranéen à l'Epoque de Philippe II*. Paris: Armand Colin.（＝2004, 浜名優美訳『〈普及版〉地中海　Ⅰ 環境の役割』藤原書店）.

Bundesgesetzblatt, Jg. 1984, Teil I.

Bundesgesetzblatt, Jg. 1990, Teil II.

Bundesgesetzblatt, Jg. 1992, Teil I.

Bundesministeriums für Familie, Senioren, Frauen und Jugend（BMFSFJ）（2006）7. Familienbericht. Familie zwischen Flexibilität und Verlässlichkeit. Perspektiven für eine lebenslaufbezogene Familienpolitik und Stellungnahme der Bundesregierung. https://www.bmfsfj.de/resource/blob/76276/40b5b103e693dacd4c014648d906aa99/7-familienbericht-data.pdf（最終アクセス：2022 年 12 月 23 日）

BMFSFJ（2010）*Host Country Paper zur Peer Review 2010 "Bundesstiftung Mutter und Kind – Schutz des ungeborenen Lebens" am 21./22. Januar 2010 in Berlin*. https://www.bundesstiftung-mutter-und-kind.de/fileadmin/inhalt_dokumente/HCP_Host_Country_Paper.pdf（最終アクセス：2022 年 8 月 19 日）.

BMFSFJ（2013）*Evaluation Bundesstiftung. „Mutter und Kind – Schutz des ungeborenen Lebens" als Türöffnerin in das Netz früher Hilfen für Schwangere in Notlagen. Abschlussbericht*. https://www.bundesstiftung-mutter-und-kind.de/resource/blob/204132/c15e524d0613e164090f69bd8e80b528/abschlussbericht-evaluation-bundesstiftung-mutter-und-kind-data.pdf（最終アクセス：2022 年 12 月 28 日）.

Bundesministerium für Arbeit und Soziales（2008）*Lebenslagen in Deutschland. Der 3. Armuts- und Reichtumsbericht der Bundesregierung. Kurzfassung*. https://www.armuts-und-reichtumsbericht.de/SharedDocs/Downloads/Berichte/dritter-armuts-reichtums-bericht-kurzfassung.pdf;jsessionid=D7A

970A739059EDDCE412B44A86E23AF?__blob=publicationFile&v=3（最終アクセス：2022 年 8 月 31 日）.

Bundesregierung（1984a）10. Wahlperiode, BR-Drucksache 100/84. https://dserver.bundestag.de/brd/1984/D100+84.pdf（最終アクセス：2022 年 8 月 31 日）.

Bundesregierung（1984b）10. Wahlperiode, Druchsache 10/1369. https://dserver.bundestag.de/btd/10/013/1001369.pdf（最終アクセス：2022 年 8 月 20 日）.

Commission of the European Communities（1992）*Towards a Europe of solidarity. Intensifying the fight against social exclusion, fostering integration. Communication from the Commission.* http://aei.pitt.edu/4819/1/4819.pdf（最終アクセス：2022 年 8 月 21 日）.

Deutscher Bundestag（1983）Plenarprotokoll 10/4. Stenographischer Bericht. 4. Sitzung. https://dserver.bundestag.de/btp/10/10004.pdf（最終アクセス：2022 年 8 月 28 日）.

Deutscher Bundestag（2020）19. Wahlperiode. Drucksache 19/22600. https://dserver.bundestag.de/btd/19/226/1922600.pdf（最終アクセス：2022 年 8 月 30 日）.

Deutscher Städtetag（2020）Mitgliedsstädte https://www.staedtetag.de/ueber-uns/mitgliedsstaedte（最終アクセス：2022 年 8 月 30 日）.

Die Bundesstiftung „Mutter und Kind – Schutz des ungeborenen Lebens"（2010）*Sozialdatenstatistik 2009.* https://www.bundesstiftung-mutter-und-kind.de/resource/blob/204180/939d907f76dc4c9e0845bfa9ddf9b2fa/sozialdatenstatistik-2009-data.pdf（最終アクセス：2022 年 12 月 28 日）.

Die Bundesstiftung „Mutter und Kind – Schutz des ungeborenen Lebens"（2020）*Sozialdatenstatistik 2019.* https://www.bundesstiftung-mutter-und-kind.de/resource/blob/204200/232c5cbee77634c8916edde1ccad9ca3/sozialdatenstatistik-2019-data.pdf（最終アクセス：2022 年 12 月 28 日）.

Statistisches Bundesamt（1979）*Statistisches Jahrbuch 1978 für die Bundesrepublik Deutschland.*

Statistisches Bundesamt（1982）*Statistisches Jahrbuch 1981 für die Bundesrepublik Deutschland.*

Statistisches Bundesamt（1985）*Statistisches Jahrbuch 1984 für die Bundesrepublik Deutschland.*

Statistisches Bundesamt（2019）*Statistisches Jahrbuch 2019. Deutschland und Internationales.*

Süß, Winfried（2010）"Vom Rand in die Mitte der Gesellschaft? Armut als Problem der deutschen Sozialgeschichte 1961–1989", in: Becker, Ulrich/Hockerts, Hans Günter/Tenfelde, Klaus（Hg.）, *Sozialstaat Deutschland. Geschichte und Gegenwart*, 123–139.

第11章 社会イノベーションのプラットフォーム

國領二郎

はじめに

社会イノベーションを起こすためには、行政、NPO、企業など、目標も動機も行動原理も異なる多様なプレーヤーが協働する必要がある。そこで重要になるのが、違いを超えて協働を実現するプラットフォームづくりである。開かれた議論の場、合意形成のルール、少数者のイニシアチブでもインキュベートできる基盤的サービスなどを提供することによって、異質な主体の協働による創発的な価値創造を行うことを可能とするのだ。本章ではその重要な役割を担うプラットフォームの概念を解きほぐした上で、プラットフォーム提供者としての大学の役割などについても検討してみたい。

I　共助のプラットフォーム

バブル崩壊後30年の間に多様なプレーヤーの結合と創発の場としてのプラットフォームへの関心が急激に高まってきたのにはいくつかの理由が挙げられる。ひとつには少子高齢社会の進展によって行政が均質的なサービスを公平に提供するという仕組みでは今日の社会ニーズに応えられなくなってきた。戦後の人口構成も若く経済も高度成長していた頃には、増える税収を活用してどんどん学校を作り、どんどん道路を作り、年金も小さな負担で大きな保障を与えることができた。そのモデルが維持できればよいのだが、人口減で自治体の財政や人手も逼迫する中では、公助だけでは社会を維持することが難しくなってきている。多様化するニーズに応えるためにも、企業やNPO、個人などがプレーヤーとなり、それらのプレーヤーが協働しながら

社会を支えていくモデルを作っていかなければならない。ところが協働は言葉で言うほど簡単ではない。NPO は NPO の動機や行動規範を持っており、企業は企業なりのものを持っているときに、それらの力を組み合わせて有効に機能させるのは容易なことではない。そこで登場するのが、異なるプレーヤーが合意のもと、共通のルールのもとに協働を行うプラットフォームということになる。

　これを「共助」を実現するプラットフォームと呼ぶことができる。社会の様々なプレーヤーが協力し合いながら社会的なニーズを満たしていくためにプラットフォームの役割が大きくなってきているということだ。色々な困難に遭遇しながら生きる人々の自助や、公平性などへの配慮からきめの細かさに限界が生じてしまいがちな公助だけでは人々が安心して生きていける社会が作りにくい。現場に近い主体がイニシアチブをとって社会のニーズを埋めていく形を作りたい。それがしやすい環境を整えるのがプラットフォームだ。

　第二の理由は組織を超えたコラボレーションを可能とするような環境が整ってきたことだろう。今では想像することも難しくなっているが、かつてインターネットも存在せず、電話料金も高くて大勢で共用していた頃、職場以外の人間とは一切連絡を取ることなく一日を過ごすようなことがごく一般的に存在した。そんな環境の中では、組織の壁をまたがった仕事の仕方をすることは現実的ではなかった。結果として顧客（市民）に対するサービス提供に必要なすべての機能を内部や系列企業などでフルセットを持って提供体制を構築するのが自然だった。ネットが普及した今、そのような仕事をする必要はなくなってきている。原稿を書いている今も筆者のデスクトップには、色々な組織が主宰している複数のチャットスレッドが立っており、この 2 時間内にも少なくとも 3 つの組織から来た依頼に対して応えながら筆を進めている。そしてそれぞれのスレッドに複数の組織に所属しているメンバーが参加している。自分の専門分野に応じて大学の枠を超えたチームを作ることの多い大学教員に特徴的な仕事の仕方とも言えるのだが、似たようなトレンドは、様々な職種で進んでいると言っていいだろう。コロナ禍で在宅勤務が増えたことで職場の人間と職場以外の人間の差が小さくなったのも大きな要因と言っていい。このような新しい環境の中で、多くの主体が連携しながら共

通の目的に向けて協働を行っていく。

　共助のプラットフォームを必要とする社会側の動因と、それを実現させることを可能とする道具の発達を両輪としながら、プラットフォームを構築することの重要性が語られるようになってきている。

　プラットフォームを構築することで得られる大きなメリットが多様な主体の能力を組み合わせることで生まれる「創発」的なイノベーションだ。シュンペーターのイノベーション論を持ち出すまでもなく、イノベーションは多様な主体の知識が結合したときに生み出される。変化する時代の流れの中でプラットフォーム上に多くの主体の知恵と力を結合させていくことで、創造的な課題解決がなされるようにするのがプラットフォームが社会イノベーションの重要テーマとなるゆえんである。

II　プラットフォームとは何か

　社会イノベーションのプラットフォームをどのように設計して運用していけばいいのかを考えるのが本章の最終的な目的となるが、それを的確に行うためにも少しプラットフォームの概念について由来と系譜を整理しておいたほうがいいだろう。

1　伝統的なプラットフォーム

　1980 年代後半くらいから主として情報化の文脈で多用されるようになってきたプラットフォームという言葉だが、それ以前にも色々な分野で使われてきた。例えば政治の世界で日本語で「綱領」と呼ばれているものは Platform の訳語である。政党などが団結の基盤となる基本的な共通認識を掲げた文書を指す場合が多く、選挙のたびに具体的な政策を示すマニフェストなどよりも少し長い期間持続することを目指して発表される宣言文として示される場合が多い。一例として自民党の現行の綱領は 2010 年に発表されたものである（自民党 2010）。

　より一般の方に馴染みのあるプラットフォームは駅のプラットフォームかもしれない。中国語でプラットフォームを「平台」と記することに見られる

ように、出入りする多くの人間と電車のドアに共通の平面を提供している。ちなみに platform の plat は平らという意味で、form は形である。本来高さが違う2つの物体を共通の高さにそろえる平面という意味で使われてきた。

　産業界においてもプラットフォームという言葉は長年使われてきた。例えば自動車産業でプラットフォームと言えば、共通の基本構造を共有しながら、市場にニーズに合わせて多様な外形や内装を施して、コスト節減と多彩な製品ラインを実現したい場合に共通の基本構造の部分を指す言葉となっている。基本的には同一社内の製品群で実現する場合が多いが、ときに得意を異にする他のメーカーに販売するような形でプラットフォームを共有することもある（根来・足代 2011）。

2　IT 産業におけるプラットフォームの台頭

　このようにプラットフォームという用語は元々多様性や異質性を持つものを共通の基盤化するというような意味で使われてきた。これが情報産業で多用されるようになってきたのは、システム開発において過去資産を再利用するニーズが高まってきたことに端を発している。特に劇的な進化を遂げ続けている半導体加工技術によってハードウェアの進化が早くなり、取り換えの必要性が頻繁に起こり始めたのがきっかけとなった。そのスピードにソフトウェアの生産性が追い付かなくなったときに編み出されたのが、基本ソフトウェアという、応用ソフトウェアとハードウェアの間に入って古いハードウェアのために書かれたソフトウェアを新しいハードウェアの上でも走るように翻訳を行う OS（Operating Software：基本ソフト）を挿入するという方法だった。この OS が発達することで、多様なハードウェアやソフトウェアが「ファミリー」として相互に接続するようになったのである。最初は同一のメーカーの製品群のみをつないでいた OS が次第にメーカー横断的に多様なハードウェアと多様なソフトウェアを結合するようになっていった。その転換を大きく進めたのがマイクロソフト社が販売した MS-DOS と呼ばれる OS で、それまでハードウェアメーカーが主役で、メーカー別にソフトウェア開発が行われていた業界を、OS（とそれと互換性のある CPU）をめがけて開発が行われる業界へと一変させた。以後、複数 OS（たとえば Android と iOS）にま

たがって共通のブラウザの上で走るアプリなどが開発されており多彩な展開を見せているが、大きな方向として、従来の縦割りの製品提供に対して、自分の担っている機能について、すべての製品の上で走るような構造を志向する製品提供が行われるようになっていった。この横断的な仕組みがプラットフォームと呼ばれるようになっていったのである。その後、IT 産業論としてのプラットフォームは主としてフランスとアメリカで発達していく（Gawer and Cusumano 2002；Rochet and Tirole 2003；Eisenman, Parker and Van Alstyne 2006）。主として特定の機能において圧倒的なシェアを持つ企業体がユーザーやそれを活用して市場支配力を高めるダイナミクスを分析した。日本では根来・木村（2000）など早稲田大学を中心にして盛んに行われた研究がその系譜にあたる。

　機能別にプラットフォームができるということは、必然的に最終製品がプラットフォームの多層構造になることを意味していることを補足しておきたい。我々がスマートフォンの上にソーシャルメディアなどを使う局面を考えてみると、スマートフォンの OS とソーシャルメディアのアプリの 2 つのプラットフォームを組み合わせて使っていることに気づく。背後で走っているインターネットの仕組みまで含めて考えると数多くのプラットフォームを結合させながら製品やサービスが成り立つ時代になっている。アプリを使って商品を購入するような場合には決済プラットフォームを使うし、位置情報を使う場合には位置情報衛星を活用している。20 世紀にはある商品の機能は一社が責任を持ってすべて取りそろえるのが典型的なビジネスモデルだったのだが、21 世紀は多くのプラットフォームを活用しながら自社の受け持つ部分については圧倒的な力を持つことを目指す時代になっているのだ。このような多層構造は、本巻の主題である社会イノベーションで主役となる社会的なつながりをもたらすプラットフォームについても、同じことがあてはまる。

　多層構造の中でも他の層に特に大きな影響力を持つ層がある。スマートフォンの OS などはその象徴的な例と言える。このような支配的な層で高いマーケットシェアを握ると、他の層で製品を提供する企業は支配層の規格に合わせて製品開発を行わなければならなくなる。このような現象を支配層を握

る企業によるエコシステムの形成と呼ぶ。エコシステムの盟主となるとその
プレーヤーの利用料を他の層のプレーヤーから徴収するなどの形で独占的な
利益を得ることができる。巨大プラットフォームの独占的な地位に対する規
制論が高まっているゆえんである。

3　結合を仲介する社会的なプラットフォーム

　このようなプラットフォーム型の製品提供について産業論、あるいは社会
論として理論的に検討する面において日本が先行していたことを示したのが
Steinberg（2019）である。出口（1993）におけるプラットフォーム型の産業論
や、今井・國領編（1994）の「仲介型」のプラットフォームについての議論
を取り上げている。

　Steinberg（2019）は特に、今井・國領編（1994）を取り上げて、プラットフ
ォームを単なる水平型の産業構造として取り上げるだけでなく、プラットフ
ォームが持つ多くのプレーヤーの製品や活動を連携させる機能を指摘した先
駆的な論文であると評価している。また、1999 年に開始された「i モード」
を今日のソーシャルメディアなどにつながるプラットフォーム事業の先駆と
して位置づけて日本が実業、研究の両面においてプラットフォームの先駆者
だったと評価している。國領・プラットフォームデザインラボ編著（2011）
では、製品型のプラットフォームも含めて多様なプレーヤーを結合させるこ
とに注目して、その結合の仕組みの分析を行った。プラットフォームを単な
る基盤的な製品としてではなく、多様なプレーヤーの結合の基盤としたとこ
ろで、単に IT 製品・サービスだけでなく、地域のフェースツーフェースの
関係性などもプラットフォームとして機能しているという認識が広がってき
た。地域におけるプラットフォームの役割やその原理を論じたのは飯盛
（2015）である。

　多様なプレーヤーの連携を媒介する存在としてプラットフォームを位置づ
けたとき、法律や市場、金融・決済システムなどといった社会的な制度もプ
ラットフォームの一種であると理解できるようになる。例えば民法や商法と
いった法律が所有権の概念を明確化し、それをめぐる紛争が起きたときの処
理方法などを定めていることで、民間における取引が活性化する。同じく、

組合や株式会社などについても法的な基盤があることで、多様なプレーヤーの力を結集する役割を果たすことができる。金融・決済システムなども同様である。もっと広げて考えることも可能で、例えば共通言語などもそれが存在することで多くの人間がコミュニケーションを行って協働することを可能にするという意味でプラットフォームである。西欧諸国や日本が近代化のプロセスの中で、言語や文化（物語）などを共有することによって、国民国家の経済圏を広げ、市場経済を成立させていったことなどを見たときに、言語や文化もプラットフォームであるという理解ができるだろう。

　飯盛（2015）が地域におけるプラットフォームについて、資源の「持ち寄り」を本質として見ていることは注目に値する。プラットフォームを媒介としながら様々なプレーヤーが自分の保有する資源（能力や道具）を持ち寄り結合させることで新しい価値を生み出していく未来を示しているからだ。國領（2022）ではこれを大きな文明の転換の一環と位置づけている。すなわち、工業文明においては、所有している財の「所有権」を市場経済において「交換」するモデルを軸に法律などを含む社会的基盤（プラットフォーム）が整備されていったが、技術の発達に伴って、いちいち所有権の移転を行わず財の便益に対する「アクセス権」をライセンスするモデルが拡大しつつある。サービス化やシェアリング、サブスクリプションといったモデルはいずれもその表れである。詳しくは國領（2022）を読んでいただきたいが、本質的な部分なので解説しておいたほうがいいだろう。

　所有権交換モデルが発達してきた背景には、産業革命によって大量に生産された製品が広い商圏の大きな需要の中で販売されなくてはならなかった事情がある。当時の貧弱な IT 環境の中では、それは匿名の大衆に販売することを意味していた。結果として必要となったのが、取引ごとに所有権をお金と交換する所有権交換モデルである。近代の民法や商法はこの所有権交換モデルを支えるものとして発達してきたと言っても過言ではない。ところが今日の ICT はそのような近代の「匿名性」の前提を覆しつつある。高度に発達したネットワーク技術やセンサー技術などによって、すべてのものが追跡可能（トレーサブル）となってくると、取引ごとに所有権を移転する必然性が減ってくる。結果としてシェアリングモデルやサービス（サブスクリプシ

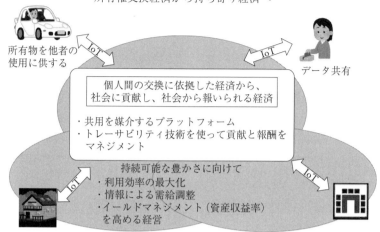

図 11-1　持ち寄り経済モデル　　　　　　　　　　　　出典：筆者作成。

ョン）モデルといった所有権の移転を伴わないビジネスモデルが盛んとなってくるのだ。そのような持ち寄り型取引を実現する上でプラットフォームの存在が不可欠のものとなる。

　図 11-1 は持ち寄り経済の概念を図示したものである。様々な資源が持ち込まれ、その利用権が必要な人にライセンスされる。従来のように使いたければ所有権を取得しなければいけなかったモデルから、他者が所有しているものを必要なときに利用させてもらうようなモデルとなる。このプロセスを鳥瞰してみたときに、「個人間が交換する」モデルから「社会に貢献し社会から受け取る」モデルへの転換が起こっていることが理解できるだろう。そのような関係を成立させるための必須の機能を提供しているのがプラットフォームであり、持ち寄り経済の最も重要な基盤と言っていい。

　そのようなプラットフォームが、任意参加のメンバーシップ制のものとなるというのもほぼ自然な流れである。SNS などネット上のたいていのプラットフォームに「アカウント」の仕組みがある。そしてアカウントを取得する際には、プラットフォームの運営主体が定める約款に同意することになる。この同意によって個人情報が共有されたり、紛争処理が行われたりする。国際的な広がりを持つプラットフォーム上では、プラットフォームが定めるル

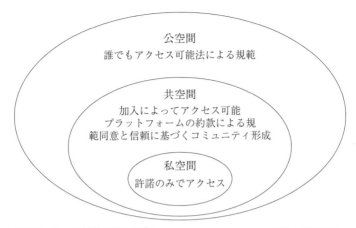

図11-2　公共私三層モデル　　　　　　出典：筆者作成。

ールが事実上の法律として機能したりする世界である。地域社会においても2022年にデジタル田園都市として採択された「まえばし暮らしテック推進事業」の中核には「めぶくID」というメンバーシップの証明を安全に行う基盤技術がある。

　このように考えを進めていったときに重要性が高まるのが持ち寄りを行う単位としての「共」のモデルだ。図11-2は人間の生活空間を公私の二層に加えて共を加えた三層モデルで認識しようという提案である。個人の自由と尊厳が完全に守られる私的空間、全体の利益が図られる公空間に加えて、契約によって結ばれている人間から構成される共空間を明示的に認識する。そして共空間を成立させるものとしてメンバー制のプラットフォームが役割を果たすのだ。交換だけならば公空間の法だけで済んでいたのが、持ち寄りを行おうと思うと同意と信頼に基づく共空間が必要だからだ。共空間においては、私の権利と公の規範に反しない限り共空間に固有のルールを適用することができる。また、明示的に規定された情報共有を許諾した上で共空間に入ることとなる。

4　創発のプラットフォーム──イノベーションの蓋然性を高める

　多様な主体の結合をプラットフォームの本質ととらえたときに浮上してくるのが、創発的な価値創造の場としてのプラットフォームという主題になる。

これが本巻の大きな問題意識である「イノベーション」に対する本章の答えということになる。シュンペーターの新結合概念を持ち出すまでもなく、イノベーションは様々な知恵や能力の結合として、社会問題に持続可能なソリューションを提供することで実現するものである。その結合を起こりやすくすることで、イノベーションが起こる蓋然性が高まる環境を作るプラットフォームという位置づけである（國領編 2006）。

　ここで蓋然性という言葉をあえて使ったところに留意いただきたい。必然でもなく、偶然でもなく、蓋然である。イノベーションは起こそうと思ってできるものではない。一方で何もせず偶然を待っていても何も起こらない可能性が高い。もっと重要なことは、どう見てもイノベーションが起こりやすい組織や地域とそうでない地域の間には差が見られることだ。古くは 3M 社が従業員の時間の 15% を自身のプロジェクトに使うことを奨励して新製品を次々に生み出してきたことが知られている。シリコンバレー企業にも似た取り組みをしているところが多い。これらは特定の研究開発を促しているのではなく、主体性に任せながらイノベーションを誘発させようとしているという意味でイノベーションの「蓋然性」を高める取り組みをしていると言っていい。プラットフォームは様々な製品や人間が連携しながら新しい機能をもたらすように促すことを通じてイノベーションの蓋然性を高めうるのである。

　このプロセスを複雑系の概念を用いて「創発のマネジメント」という表現をすることもできるだろう。ここで複雑系とは構成する多くの要素が相互に影響し合いながら、時に想定外のふるまいをするような系のこととしておこう。そして創発というのはそのような相互作用の結果、想定外の現象や産物が生まれるプロセスのことを指している。創発には人間にとってプラスのものとマイナスのものがあって、例えば株式市場などで暴落が起こる現象はマイナスの創発的な現象と言っていい。本来であれば緩やかに需要と供給が調整されるはずの市場が時に不安心理に支配されて、売りが売りを呼び暴落する現象が起こったりする。自然界などにおいても、些細な引き金が連鎖反応を起こして大きな災害を引き起こしたりする。プラスの方向に作用する場合の代表がイノベーションの創出と言っていいだろう。多くの人間の知恵やイ

ニシアチブが組み合わさることで、ときに大きなムーブメントが起こって世の中が動いていく。当初は各所で散発的に行われていた「こども食堂」などの動きが、コンセプトや活動の両面で緩やかに結びつきながら拡大していった経緯などは、創発に加えてもうひとつの複雑系の特徴である「自己組織化」のメカニズムが働いた例と言える。結果として社会的に大きな影響を与えるプラットフォームに育っている。最近ではクラウドファンディングなどのプラットフォームも活性化して複数プラットフォームが連携によってお互いの成果を拡大させるような進展もみられる。

　もちろん、どんなプラットフォームでもよいというわけではない。プラットフォームにも、デザインや運営が良いプラットフォームがあり、良いものは活性化していくが悪いものは途絶えていく。IT 産業においても、地域社会においても様々なプラットフォームが生まれては消えていく。成功するか否かはプラットフォームの的確な設計と運営にかかっていると言っていい。

III　プラットフォームのデザイン

　社会科学とりわけ問題発見・問題解決を目指す SFC にとってプラットフォームが重要なのは、それが設計可能なものだからだ。逆に言えば世の中には設計不可能なものがある。その代表が社会そのものであると言っていいだろう。社会の設計不可能性についてはハイエク（1986）の情報偏在による計画経済失敗の議論が有名だ。その後、ソ連崩壊によって、少なくとも経済において社会を計画通りに動かそうという考え方は薄れていった。最近では、社会を予期できぬ創発的な動き方をするものであるという認識も広がってきている。

1　人工物としてのプラットフォーム
──設計できない社会、設計できるプラットフォーム

　社会が設計不可能であるということと、だからといって社会的課題の解決に向けて何もしないのとは違うし、人間が社会形成に全く無力というわけではない。そこで浮上するのが、設計可能な存在としてのプラットフォームだ。

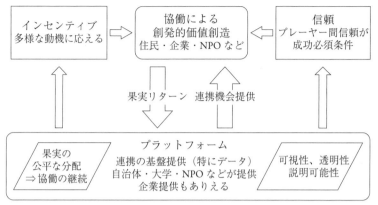

図 11-3　地域活性化のプラットフォーム　　　　出典：筆者作成。

　この論点が一番分かりやすいのは株式市場の例かもしれない。株式市場は会員制で独特の規範によって取引を行う典型的なプラットフォームであるが、株式市場は個々の取引には介入することはない。そのかわりに市場が公正に活性化する場を提供することに注力することによって、結果的に市場全体の株価総額を最大化させる。最近では ESG（Environmental, social and governance）のような社会的な目標に向けて市場づくりに関わることもあるが、それも企業の情報開示の方式について共通ルールを設けるのみで、個々の金融商品の価格を誘導するようなことは行わない。

　このような帰結を特定せずに参加するプレーヤーの相互作用のルールを設定することによってプレーヤー間の価値創造の蓋然性を高め、全体としてのアウトプットを高めることに成功したときにプラットフォームは成功したといえる。プラットフォームのデザインは今日の政策の中心テーマと言っていいと考えるゆえんである。法、制度、政策などはすべて設計可能な人工物である。そういう視点からとらえると世の中の政策と呼ばれるもののかなりの割合がプラットフォームづくりと言っていいだろう。図 11-3 は地域活性化のプラットフォームが果たすべき機能を表したものである。

2　プラットフォームの構造と機能

　人工物としてのプラットフォーム形成を通じて社会問題を解決していこうという志を持ったときに浮上するのは、どのような設計をすれば有効なプラットフォームになるのか？という疑問である。答えるためには、まずプラットフォームの機能について分析していかなければならない。國領・プラットフォームデザインラボ編著（2011）において慶應義塾大学湘南藤沢キャンパス（SFC）の研究グループはプラットフォームの基本機能として①コミュニケーション・パターンの設計、②役割の設計、③インセンティブの設計、④信頼形成メカニズムの設計、⑤参加者の内部変化のマネジメントの5つを挙げた。

　第一のコミュニケーション・パターンの設計はプラットフォーム上の諸プレーヤーや諸製品が、他のプレーヤーと相互作用を行う場合のインターフェースのことである。OSとプログラムの間のインターフェースであったり、株式取引の場合であれば、取引所を介して取引相手と相互に交わすメッセージの仕様だったりする。すなわち売買したい銘柄コード、数量、提案価格、会員番号などがシステムの仕様にそって交換される。これがプラットフォームに参加するすべてのプレーヤーの間で共有されていないとプラットフォーム上でプレーヤーがうまくつながらない。このインターフェースが合理的で、かつ一定期間変えないで済むような安定したものにできるかが、コミュニケーションパターン設計の成功要因となる。

　第二の役割の設計はプラットフォームを構成する諸機能要素（ときには別のプラットフォームである場合もある）の間の機能分担の設計のことである。たいていのプラットフォームには数種類の役割の異なるプレーヤーが存在する。Eコマースのプラットフォームなどで考えてみると出店する商店、買うユーザーに加えて、決済を担う金融会社、配送を担う物流会社などから構成されている。これらのプレーヤーがどのように連携して商品の売買を完結させるかをプラットフォームが規定して、すべての取引が正常に完結することをプラットフォームが保証していく。

　第三のインセンティブの設計はプラットフォームへの参加者が参加を継続するためのインセンティブづくりである。例えば、ネット上のオークション

サイトを考えたときに、出品が多くなければ買い手にとって魅力がない。一方で買い手が多いサイトでなければ売り手にとっても魅力がない。売り手にも買い手にも魅力があるようなサービス設計をすることがそのようなプラットフォームの成功要因ということになる。

　第四の信頼形成メカニズムの設計はプレーヤー間の信頼関係である。信頼には諸側面がある。IT システムのプラットフォームにおいては、それに接続する多様な機器の品質が課題となる。アップル社などは自社製品に接続する機器やアプリを純正品か認定品に限りそれ以外のものの接続可能な限り排除する姿勢を示している。それをしないときに破壊的な誤作動を起こしかねないからだ。個人間売買サイトなどでは、顧客同士が購入経験のレーティングを行う仕組みなどが信頼形成の例と言っていいだろう。ときには売り手と買い手の間にプラットフォーム事業者が入って買い手の支払い代金をいったん預かって、商品の買い手への到達を確認した上で初めて売り手に支払いが行われるような仕組みで信頼を醸成することもある。

　第五の参加者の内部変化のマネジメントは、上記とは若干異質となるが、プラットフォームに参加する各プレーヤーが時間の経過とともに変化している状況を見守りながら、適切なサービスを提供する努力をして参加のインセンティブを維持する機能だ。他の参加者にとって害悪を及ぼす規範から外れた行動を起こすような場合にはプラットフォームから排除していくことも機能に含まれる。

　このように機能の洗い出しができたところで、良いプラットフォームのデザインは、それぞれの機能に対してより良い結果をもたらす仕組みの設計問題となる。多様なプラットフォームがあり、技術も日進月歩している中ですべてに有効な設計のあり方の一般論があるとは言い難いが、これまで 30 年の経験値やそれをめぐる研究は集積している。それをいかに体系化していけるかが今後のプラットフォーム研究に課された使命だろう。

Ⅳ　プラットフォームとしての大学の役割

1　地域再生のプラットフォーム

　本章の最後にプラットフォームを形成し運営する主体としての大学の役割について論じておこう。プラットフォーム構築は企業、自治体、NPO など多くのプレーヤーによって行われるが、中でも大学が果たす役割が近年脚光を浴びている。文部科学省も 2020 年に「地域連携プラットフォーム構築に関するガイドライン～地域に貢献し、地域に支持される高等教育へ～」を定めて大学を地域のイノベーションや地域課題解決の主体として役割を果たすことを期待している。このような期待を背景に、近年地域再生の中核的な存在として大学が位置づけられている事例が多くみられる。ずばり「地域学部」を持っている大学のほか、「地域協働学部」「国際地域創造学部」などを持っている大学が増えている。大手の進学塾なども「地域系」というジャンルを設けて将来性のある分野として紹介している。学科レベルまで下りるとさらに多くの大学が地域のプラットフォームとなることを指向していることが分かる。主たるプラットフォーム提供者とならない場合にも事業の中立性を担保したり、技術提供をしたりするために参加を求められることが多い。

　プラットフォームの担い手として大学に期待がかかるのにはいくつかの理由がある。第一に挙げられるのは大学が中立的かつ信頼のおける存在として社会に認知されているからだろう。多様なプレーヤーをつなぐプラットフォームはときに競争関係にあるプレーヤーの仲立ちをしなければならない。行政と並んでそのような関係を調整できる存在としての期待だ。第二は大学に存在する知的な資源だ。プラットフォームをより的確に設計し運営していくための知恵や技術などを大学は有している。第三は学生をはじめとする人的資源である。プラットフォームを立ち上げるためには柔軟な発想ができる若者が大きな役割を演じることが多い。そのような人材の供給源として大学に期待がかかる。第四は地域を超えた広域的なつながりである。自治体などを中心としたプラットフォームは往々にして地域に存在するプレーヤーを偏重せざるを得ない場合があって外部により良いプレーヤーがいても巻き込めないことがある。そんなときに日頃から付き合いが全国、全世界にある大学が

橋渡しをすることが可能だ。大学が本業の教育研究を行う目的のために日頃から広い付き合いをしているという側面もある。

　大学自体の生き残り戦略という側面もある。戦後日本の大学は団塊世代や団塊ジュニア世代に高度成長する企業の生産活動に参加してもらうための教育を施すことに大きな使命を負ってきた。ところが少子高齢化や経済低成長を迎えたところで新たな役割を模索している。その有力候補が課題の山積する地域社会の再生というテーマである。産官学連携のもとで社会人の再教育なども行いながら課題解決に取り組むことに活路を見出そうとしている。

2　新産業創造のプラットフォーム

　産業創造のプラットフォームづくりも大学への大きな社会的要請となっている。産業創造は地域活性化においても重要なテーマであるが、それを超えて国全体の重要なテーマとなっている。

　長らく基礎研究の場として認識されてきた大学にイノベーションの中核としての役割を与えようという考え方を明示的に打ち出したものとして有名なのが 1980 年米国のバイ・ドール法（Bayh-Dole Act）である。従来、国費によって行われた研究の知財の帰属が国となっていたものを、研究が実施された機関に帰属させることにした同法は、大学に基礎研究を実用に向けた技術の特許にまで進める強力なインセンティブを与えた。一方で企業の側も 1970 年代までの企業内研究所で開発を進めるスタイルから積極的に外部の技術を取り込む方向へ舵を切っていった。いわゆるオープンイノベーションの考え方である（Chesbrough et al. 2006）

　ベル研究所、デュポン中央研究所、ゼロックスパロアルト研究所などの錚々たる研究成果を誇る企業研究所がありながら、イノベーション拠点としての大学に期待が向かったのにはいくつかの背景があると見るべきだろう。ひとつには科学がどんどん高度化する中で、単独企業での成功確率の低い基礎研究の技術化にすべてを投資することの効率が下がってきたことが挙げられる。石油危機や日本の追い上げなどで余裕を失ってきた米大企業がより短期的に利益の出る研究にシフトする中で、基礎研究と応用研究の中間領域を大学などに担わせる必然性が出てきた（西村 2022）。大学サイドの理由とし

ては高度化する科学の研究費を獲得する上で、授業料収入や政府からの補助金だけでは不足する中で、民間セクターからの委託研究などに期待が高まり科学を特許化するところまで関与するインセンティブを持っていた。その2つの理由の両方がバイ・ドール法という形で政策化されたという見方をするのが大局的な流れと理解することができる。バイ・ドール法によって米国では応用研究が進化しただけではなく、大学発ベンチャーの創出が活性化した。このような動きを見て遅れること約20年、1999年に「日本版バイ・ドール法（産業活力再生特別措置法第30条）」が制定され、国費による委託研究開発によって生じた知財の機関帰属が行われた。2006年には会社法の制定が行われ、株式会社の最低資本金制度の撤廃や取締役の必要人数の削減などが実現して、ベンチャー企業が株式やストックオプションなどを活用してベンチャーを起こす基盤が整えられた。以後、様々な政策のもと、日本でも基礎研究と応用研究を一体として行い、大学をオープンイノベーションの拠点として育てる政策がとられてきた。

　巨視的に考えたとき、大学が大企業の中央研究所に代わってイノベーションのプラットフォームになることの価値はいくつかある。第一は社会的リスクの分散である。科学が高度かつ分野が多様化するにつれて、単一の企業で科学の技術化（およびそれを実施する研究者）を抱え込むリスクをとるよりも、複数の企業が相乗りで大学に委託する形で研究を進めたほうが合理的になるのだ。また、インターフェースの標準化など産業共通的に重要な分野については多くの企業が大学を核にコンソーシアムを組んで共同開発を行う。マサチューセッツ工科大学（MIT）を中核として慶應義塾大学も拠点となってWebの標準規格であるHTML5を開発したWorld Wide Web Consortiumなどはその代表例と言っていいだろう。第二は大学の持つ裾野の広さによる創発的なイノベーションの可能性である。多くの分野の人間が集積する大学の場ではイノベーションが起こる「蓋然性」が高まる。第三は教育との連携だ。大学院教育などと連動させることによって優秀な若い人材がイノベーション活動に従事するようになり、彼らが立ち上げたベンチャーを大企業が買収するなどのサイクルが確立している。

　産業がプラットフォーム構造化して従来の垂直構造型の産業構造が水平型

に転換しているのも、オープンイノベーションが進んだ大きな要因と言っていいだろう。プラットフォーム型製品を売る企業は必然的に完成品全てについて開発を担うわけではなく、常に外部の組織が開発した製品と自社製品を組み合わせることを前提として企業戦略を作っている。そのような外部資源活用型の企業にとってみれば、研究開発部分を外注化するのはごく自然なことになる。自社の競争力にとって中核的な部分については自社内で開発を行うとしても、それ以外の部分については積極的に外部の成果を取り込んでいく。そして、将来的に重要だと思われる部分については、大学から特許を購入したり、特許を活用してスピンオフしたベンチャーを企業買収することによって内部に取り込んでいったりする世界となっている。

V　プラットフォームの健全な発展に向けて

　現代的な意味でのプラットフォーム論が展開されるようになって30年ほどたった今、新聞などを見てプラットフォームという言葉がどこにも出てこない日はないと言っていいほど一般的な概念として定着した。実社会においても様々なプラットフォーム構築が進められている。一方で、巨大化したプラットフォームの存在の弊害についても頻繁に語られるようになっていることも事実である。最大の問題が企業が運営する巨大プラットフォームが、集積する個人情報などを使って広告利益を上げるために個人のプライバシーを侵害したり、対立をあおるようなコンテンツ操作を行うようになったことだ。企業運営プラットフォームだけでなく、地域のプラットフォームにも個人情報の集積は起こりうるという意味において、プラットフォーム運営のあり方は反省期に入っていると言っていいだろう。そのひとつの表れとして web3 と言ってプラットフォームをバイパスしてデータを取り扱う技術の提案なども盛んになされており、動向を注視したい。

　プラットフォームの規範を誰が決めるかなどのガバナンス問題も課題だ。プラットフォームを経済的に支える運営主体が行うべきか、プラットフォームに参加しているメンバーまで含めて民主的に行われるべきなのかなど、プラットフォームの影響力が高まった分だけ大きなテーマとなってくる。地域

プラットフォームなどが、主導権をめぐって不協和音を起こして分裂してしまったりする話も頻繁にある。プラットフォームが解決すべき課題がますます増えていく中で、プラットフォームの存在自体がなくなってしまうことは考えにくく、持続的に良い成果を出すことに向けて不断に見直していくことが重要である。それに成功したときにプラットフォームはさらなる発展をしていくことだろう。

参考文献

飯盛義徳（2015）『地域づくりのプラットフォーム──つながりをつくり、創発をうむ仕組みづくり』学芸出版社。

今井賢一・國領二郎編、ストラテジック・ビジョン研究会（1994）「プラットフォーム・ビジネス」『InfoCom REVIEW』1994 年冬季特別号、情報通信総合研究所。

國領二郎編（2006）『創発する社会──慶應 SFC-DNP 創発プロジェクトからのメッセージ』日経 BP 企画。

國領二郎・プラットフォームデザインラボ編著（2011）『創発経営のプラットフォーム──協働の情報基盤づくり』日本経済新聞出版社。

國領二郎（2022）『サイバー文明論──持ち寄り経済圏のガバナンス』日本経済新聞出版。

自民党（2010）「平成 22 年（2010 年）綱領」https://www.jimin.jp/aboutus/declaration/（最終アクセス日：2022 年 8 月 8 日）

出口弘（1993）「ネットワークの利得と産業構造」『経営情報学会誌』Vol.2、No.1、41–61。

西村吉雄（2018）「中央研究所とイノベーション、その興隆と衰退」『日経 XTECH』日経BP。

根来龍之・木村誠（2000）「インターネット・プラットフォームビジネスの産業発展への貢献──情報交換・知識化モデルによる事業分類」『経営情報学会誌』Vol.9、No.3、67–87。

根来龍之・足代訓史（2011）「経営学におけるプラットフォーム論の系譜と今後の展望」『ワーキングペーパーシリーズ』No.39、早稲田大学 IT 戦略研究所。

ハイエク, F. A.（1986）『市場・知識・自由──自由主義の経済思想』田中眞晴・田中秀夫編訳、ミネルヴァ書房。

文部科学省（2020）「地域連携プラットフォーム構築に関するガイドライン──地域に貢献し、地域に支持される高等教育へ」https://www.mext.go.jp/content/20201029-mext-koutou-000010662_01.pdf（最終アクセス日：2022 年 8 月 17 日）

Chesbrough, H. W., et al.（2006）*Open innovation: researching a new paradigm*, Oxford: Oxford University Press.

Eisenmann, T., G. Parker and M.W. Van Alstyne（2006）"Strategies for Two-Sided Markets", *Harvard Business Review* October, 92–101.

Gawer, A. and M. A. Cusumano（2002）*Platform leadership: how Intel, Microsoft, and Cisco drive industry innovation*, Boston, MA: Harvard Business School Press.

Rochet, J. C. and J. Tirole（2003）"Platform competition in two-sided markets", *Journal of the European Economic Association* 1（4）, 990–1029. https://doi.org/10.1162/154247603322493212.

Steinberg, M.（2019）*The platform economy: how Japan transformed the consumer Internet*, Minneapolis, MN: University of Minnesota Press.

第12章 SDGsにみる変革への革新的アプローチ

蟹江憲史

はじめに

　SDGsが国連サミットで採択された2015年、私は慶應義塾大学湘南藤沢キャンパス（SFC）に着任した。正確には「戻った」という言い方が正しい。

　SFCの総合政策学部で学び、卒業後には、新たに開設された政策・メディア研究科の修士課程、そして博士課程へと進学した。いずれも1期生だった。修士課程の頃から海外留学への希望をもち、当時の指導教員らに留学へ向けた相談をしたものの、いずれの教員からも、「まずは新たに開設される大学院に行ってみるとよい、そこを拠点にして留学を考えるのがよいだろう」というアドバイスが返ってきた。大学院への進学はそのアドバイスに則ったものだった。博士課程入学後は、待ってましたとばかりに、イギリス、オランダへの留学、そして国連大学高等研究所でのフェローシップと、国際的な風に触れるほうに関心が寄り、ほとんどSFCにはいなかった。しかし、海外での経験を含めた博士課程時代を含めると、SFCには10年間研究のベースを置いたことになる。その間、1期生ということもあり、新たな学部や大学院が、どのような理念で作られているのかを折に触れ耳にした。今振り返ると、理念を踏まえた上で研究に携わることができたのは、大変大きな意味があった。その「理念」こそ、実はSDGs達成へ向けた行動を促進するために欠かせないものだということを実感している。SFCの理念は、SDGsの研究を進める場としてこれ以上ないほどにフィットしており、SFCの理念に遅れること30年で、ようやく出てきた社会変革のための枠組みがSDGsだとさえ言えるように思う。

本章では、まず初めに、SFC、そして総合政策学の理念とSDGsとの親和性の高さについての考えを深めることを通じて、総合政策学とSDGsの、社会変革へ向けた大いなる可能性について論じていくこととする。

I　SFCとSDGs

　2015年に至るまでの3年間、私は丁度SDGsの策定過程に助言を行うべく、環境省の委託を受けた大型研究プロジェクトのリーダーを務めていた。プロジェクトをそのまま前任の東京工業大学から持ち込んだため、体制作りと成果創出とを同時進行で行わねばならない難しさはあったものの、こうした経緯から、私自身のSFCでの研究と教育は、当初からSDGsと共に進んでいった。しかし、こうした時間的、そして個人的な事情以上に、SDGsの発想はSFCの理念と強い親和性があることに気づいている人はどのくらいいるだろうか。SFCが開設されたのは1990年。それから25年以上を経て、ようやく社会がSFCに追いついてきた、それが形になったものがSDGsだ、ということを着任以来強く感じている。1期生としてSFCで学んだ立場とすれば、開設時のコンセプト＝「未来からの留学生」が未来に戻り、当時学んだことがまさに今起こっていることだという感が強い。

　このように言える理由は大きく3つある。

　ひとつは、「未来からの留学生」という発想に代表される、未来にあるべき姿を想定し、そこから今を振り返る、つまり未来から今を「バックキャスト」することで今の課題を明らかにするという発想法である。SDGsには、（主として）2030年までに達成すべき17の目標と、目標達成年や数値目標を含め、それら目標をより具体的な示した「ターゲット」が掲げられている。求められるのは、それらの目標とターゲットの視点から、今ある問題を明らかにし、問題解決を行うことである。

　未来にあるべき姿を描くことで、今の課題がより明らかになる。今の課題を今の社会構造や社会状況を前提にして眺めると、「だから問題解決が難しい」ということが分かるが、ではどうすれば解決できるのか、というところにはなかなかたどり着かない。問題の分析には役に立つが、必ずしもそれは

問題解決を導かない。SFCが開設された理由もそこにあったはずである。第三者として分析するのでは世の中は進まない、問題解決に焦点を当て、みずから問題解決を行う主体的アプローチである。

　未来の視点から問題を見つめ直すと、あるべき姿がクローズアップされ、今のしがらみが余計なものにさえ見えてくる。ましてや、学生たちのフレッシュな頭でこれを見ると、様々な問題解決方法が見えてくる。

　SDGsとSFCの親和性が高いという理由の2つ目は、自律・分散・協調のシステム思考である。1990年代初頭のSFCでは、自律・分散・協調のシステムという話があらゆる機会に出てきていた。ITやインターネットの世界では当然のごとく考えられている話であるが、社会への適用ということになると新鮮味を持つ。このような融合が起こることもSFCの特徴のひとつと言っても良い。こうしたシステムについては、繰り返す聞くうちにそれとなくイメージができてきた気がするが、SDGsはこれを世界規模で実装しようという試みのひとつである。

　SDGsの期待する問題解決方法は、自律・分散・協調にある。中央集権的にルールを作り、そのルールを実施する、という従来の「ルールによるガバナンス」に頼るのではない。SDGsが含意するガバナンスは、目標は作るが詳細にわたる実施ルールは作らず、ルールの実施は各国やステークホルダーの自律分散的かつ協調的な行動に任せるという「目標ベースのガバナンス（governance through goals）」である（Kanie and Biermann 2012）。このメカニズムは、SDGs策定プロセスの中で、SDGsを巡る国際交渉の中核を担ったオープン作業部会（OWG）のチャバ・コロシ議長をはじめとした交渉担当者たちとひざを突き合わせた議論を何度も重ねる中で、論理構築を進めたものである。

　グローバルガバナンスの手法として、これほどまで大規模に国連が「目標ベースのガバナンス」を導入したのは、歴史上初めてのことである。目標は共有する一方で、実施の進め方は各国やステークホルダーのやりやすいやり方で行う。これにより、自由な発想やイノベーションを生かしていく。こうした中、唯一導入したメカニズムが「測る」ということである。測ることで、どこで何がいつ足りずに、余るのかが明らかになり、自律・分散・協調が機能していく。「誰一人取り残されない」というSDGsの理念を実現するために

非常に重要な仕組みである。

　SDGs と SFC の発想の親和性を示す第三のポイントは、総合的思考である。いうまでもなく、SFC には総合政策学の発想がある。総合的に考えることで、初めて課題解決が可能になる。未来からの発想で明らかになる問題の多くは、タテ割りの弊害を乗り越えることで解決する。解決方法は仕組みや制度改革もあれば、科学技術イノベーションもある。一見多様に見える解決方法だが、共通点は「総合的な問題解決」である。

　SDGs もまた、総合的な問題解決が必須である。17 目標、169 ターゲットは、その一つひとつが独立したものではなく、ひとつのパッケージであるという趣旨のことは、SDGs を含む国連のアジェンダ「持続可能な開発のための 2030 アジェンダ」に繰り返し登場する。目標をひとつだけ達成するのであれば、おそらく誰もが何らかのことをすでに実行している。二酸化炭素を大量に排出する低効率な石炭火力発電所で発電をしても、エネルギーのアクセスを高めるターゲット 7.1 には貢献する。しかし、気候変動対策推進の目標 13 の観点を含めるならば、これでは問題解決にならない。目標 7 も目標 13 も、そして他の目標に対しても整合性のある問題解決方法を考えることが、SDGs を考えることになるわけだ。

　その意味では、SDGs は総合政策を可能にするためのツールを提供してくれたということも可能である。しかもそのツールが世界共通言語であることの意味は大きい。SFC だけではできないことが、広がりを持っていく。その意味では、SDGs は SFC 創設から 25 年以上遅れ、ようやく社会に実装された、しかし国連加盟国すべての合意を得るという芸当を成し遂げた、新たなツールである。

　さらに言えば、SDGs は人類と地球の繁栄を持続可能にするための目標であるが、とりわけ地球の持続可能性をめぐる科学の領域では、2012 年頃から盛んに言われているのが、「トランスディシプリナリティ」という考え方である。その発想は、従来言われてきた分野横断型で、学問分野（ディシプリン）を超えた研究を行う「インターディシプリナリー」な研究をも超えている。社会で実践を行うステークホルダーと、多様な分野から課題解決を図る研究者が問題設定段階から協働し、共に課題解決に挑み、したがってその

実装までを含めて協働するというアプローチである。実は、丁度 SDGs の検討が行われる頃から、地球システムをめぐる科学が重点を置き始めたのが、この「トランスディシプリナリティ」アプローチである。その背景には、もはや科学的検討を進め、検討が進んだ段階で課題解決を図っていたのでは、地球システムを健全に保つことができないほど状況は悪化しているという強烈な危機感がある。

したがって、SDGs はパートナーシップでの課題解決の重要性を強調する。SFC が設立当初から協調してきたコラボレーションによる課題解決である。課題解決の方法論だけにとどまらず、課題解決へ向けた科学の側も、SFC が踏み込んだアプローチに追いついてきた、というわけである。

こうして、SDGs と SFC とは非常に高い親和性を持っている。世界中を見回してみても、SDGs の研究——トランスディシプリナリティという意味での研究——を行うのに最もふさわしいアプローチをとっているのが SFC だと言える。一方、SDGs に必要とされているのが、SDGs を中核とする国連の「持続可能な開発のための 2030 アジェンダ」のタイトルにも表れている社会の変革（Transforming our world: the 2030 Agenda for Sustainable Development）である。言い換えれば、変革をしない限り持続可能な社会は実現しない、という危機感があるからこそ、SDGs のような新たなアプローチがとられた、と言える。

以下では、これから先の世界を形作るための、持続可能な社会へ向けた社会イノベーションとは一体どのようなものなのか、そして、その解決に向けて SFC のアプローチがいかに大切なのか、ということを論じることとする。

II　SDGs と社会変革

SDGs の基本理念は、「誰一人取り残されない」世界を目指していくことにあり、そのために「我々の世界を変革する」ことにある。なぜ変革が必要なのか。それは、今の世界の現状が、あまりにも「持続不可能」な状態だからだ。

SDGs の特徴のひとつに、進捗を測るという点がある。進捗計測は定量的、

定性的に行われている。定量的な計測は、毎年7月に開催されるハイレベル政治フォーラム（HLPF）へ向けて、国連事務総長がSDGs進捗評価のためのグローバル指標に基づいて世界の現状を報告するSDGs報告書（Sustainable Development Goals Report）によって行われている。一方、定性的なものを含む進捗評価は、4年に一度国連事務総長によって任命される15名の専門家によって執筆される「グローバル持続可能な開発報告書（Global Sustainable Development Report, GSDR）」が行う。最初のGSDRは2019年に出版され、その後は2023年、2027年と出版されることになっている。私自身も、2023年の報告書執筆者に任命された。

　2022年の国連事務総長によるSDGs進捗報告によれば、ただでさえ目標達成が困難だったSDGsであるが、ここにきてさらに困難さに拍車がかかったという。2019年に始まった新型コロナウイルス感染症の世界的大流行の影響に加え、2022年初頭にはロシアによるウクライナ侵攻をはじめとする国際紛争により、食料やエネルギー価格の高騰といった影響も出てきた。さらに世界各地で気候変動の影響と考えられる異常気象や災害が相次ぎ、その複合的影響がSDGsの達成を一層困難にしているというのである。

　同報告書によれば、新型コロナウイルス感染症を直接の死因とする死者は2021年末で540万人にのぼり、超過死者数も1,500万人に上っている。さらに、災害関連死も6倍に上った。2030年までにゼロにするという目標を掲げる絶対的貧困者数は、2015年10.1％、2018年8.6％、2019年8.3％と低下傾向にあったものの、2020年には9.2％と、1998年以来上昇した。2022年には新たに7,500万人から9,500万人が極度の貧困状態に陥っており、目標からは遠ざかるばかりである。2020年には、前年から1億6,100万人増加の7億2,000万人から8億1,100万人が飢餓状態に陥り、新たに1億人の子どもたちが最低限の読解力その他の学力不足状態となっており、ここでも、2030年までにすべての少女と少年が質の高い初等・中等教育を修了できるようにする、というSDGsの目標に逆行する現象が起こっている。その影響は将来の経済力にも影響を及ぼし、その世代の子どもたちの生涯収入に対して、合計17兆円の損失をもたらしているという。さらに悪いことに、コロナ禍は、国家間収入の不平等を広げてしまっていることも分かった。これま

で不平等は改善傾向にあったものが、現世代では初めて悪化したということである。

　暴力紛争は、1945 年の第二次世界大戦終了時以来最大となり、紛争の影響を受ける国に在住する人口は 20 億人に上るという。経済面でも、コロナ禍からの時間が経ち、2021 年には世界経済は回復を始めたものの、コロナの新たな株や不平等なワクチン普及、インフレ、サプライチェーンの崩壊、政策的な不透明さ、さらには発展途上国における持続不可能な債務等の影響が大きく、2021 年末までに再びグローバル経済成長は鈍化している。ウクライナにおける戦争の影響で、2022 年のグローバル経済成長は 0.9 ポイント減少するという試算も示された。未だジェンダー平等には程遠い世界において、こうした影響は、特に失業、無報酬の育児や介護の増加、家庭内暴力の増加といった形で女性により大きな影響を与えている。ジェンダーをベースにして国家予算策定を行っている国は 26％ にとどまり、現在のペースでしかジェンダー平等への取り組みが進まなかった場合には、例えば国における政治的リーダーシップが男女同数になるまでには実にあと 40 年かかると計算されている。

　さらに、2021 年には石炭、石油、ガスへの需要が増加、その結果、グローバルなエネルギー関連 CO_2 排出量は 6.0％ 増加したという。気候変動対策として、今世紀末までに産業革命前と比べて地球全体の気温上昇を 1.5℃ 以下に抑える努力をすることが目標として定められていることを勘案すると、これもまた目標とは相反する動きである。また、毎年 1 千万 ha の森林が喪失していることや、推計 1,700 万トンのプラスチックが世界の海に流れていることも示された。SDGs 策定過程でも言及された、地球システムの限界を示すプラネタリーバウンダリー（Planetary Boundaries）の研究成果（Steffen et al. 2015）等によってすでに明らかにされているように、健全な地球システム維持のために最低限必要な分野のうち、いくつかの分野については既に地球システムの限界を超えている可能性が指摘されている（Rockström et al. 2009）。例えば同研究では、地球システムを健全な状態に保つために重要な 9 つの分野のうち、すでに気候変動、生物多様性、窒素循環という 3 分野で限界を超えた地球環境破壊が行われているという。人類と地球システムとの関係が急

激かつ集中的に深まり、これまでの「完新世」から、人類というひとつの種がその周囲の環境を急激に変えるという地球史上新たな「人新世（あるいは人類世（anthropocene）」に入ったという認識も出てきている（Crutzen 2002）。

　地球と人間社会はこのような状態である。SDGs 設定当初は 15 年間の猶予があったが、その後時間が経過し、今や達成期限まで 10 年を切ってしまっている。そのうえ、多くの目標において、上記のように目標達成を目指した進捗からは後退している状況である。ここから SDGs で示される世界に 2030 年までに到達するには大きな変化が必要だ。それは、「変革」と呼ぶにふさわしい変化である。社会の仕組みや構造を変えない限り、この複合的に連鎖し合う課題を総合的に解決することはできない。「アジェンダ 2030」でも繰り返し述べられているのが、SDGs の 17 目標は「一体で不可分」だということである。

III　SDGs がもたらす新たなガバナンス
——グローバルとローカルの連動へ

　変革へ向けた新たなツールが「目標ベースのガバナンス」の活用である。国際合意を重ね、法的枠組みによって変化をもたらすことも、もちろん重要だ。しかし、例えば地球環境問題に関する国際レジームは、近年困難に直面している。国際ルール構築が、地球規模の環境変化に対処するために必要なだけの行動を積み上げられなくなってきているのである。言い換えれば、地球システムを持続可能にするために必要なレベルの行動と、従来の国際レジームによる対処が生み出す行動との間に、大きなギャップが出てきている。

　従来型のアプローチだけでは変革が十分行われないことが分かってきたのであれば、新たなアプローチも同時進行で必要になる。こうして出てきた SDGs の本質は、グローバルからローカルに至るあらゆるレベルでの地球規模のガバナンス、すなわち真の意味でのグローバル・ガバナンスの変革にある。SDGs のメカニズムは、これまでと全く異なるアプローチで問題解決を行うことを示唆している。

　日本国内では SDGs の認知や社会的関心は急速に高まっている（図 12-1）。

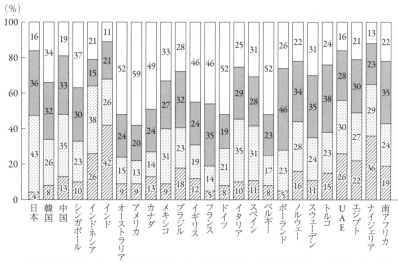

（%）

100			

（n＝）(1,088) (511) (519) (510) (506) (513) (519) (526) (500) (521) (505) (516) (501) (500) (510) (501) (513) (500) (502) (502) (510) (501) (506) (524) (528)

□ 知らなかった　　　　　　　■ 聞いたことある（内容は分からない）
▨ ある程度内容を知っている　▨ 内容を詳しく知っている（人に説明できる）

図 12-1　日本と海外 24 か国で実施した SDGs の意識調査

出典：公益財団法人旭硝子財団（2022）。

朝日新聞や電通が行う認知度調査でも、SDGs の認知度は 8 割前後となっている。これほど多くの人口が SDGs を知っているというのは世界でも類を見ない。抜群に良い状況である。一方で、SDGs は危機感の上に成り立っており、その本質が変革にあり、真に SDGs を実施するのであれば、従来の仕組みや課題解決方法を大きく変える必要がある。このことに気がついている行為主体は、まだまだ少ない。

　SDGs は、「これをやらないと人類や地球の存続さえ厳しくなる」という、達成すべき姿を目標やターゲットという形で設定した。目標達成へ向けた行動を行うためには、目標が達成された状況から現在を振り返って見ることで、次にどう行動すべきかを考える、いわゆるシナリオの世界でいうところの「バックキャスティング」を行うアプローチをとることが自然だ。バックキャスティングの導くアクションは、現状がどうなっているかによって大きく異なる。また、行動に対して国際ルールを設定するとなると、多様な現状を

踏まえた国際的調整となるため、交渉にも時間がかかる。こうした事情を勘案できるように、国連では実施手段の詳細までは定めず、各国をはじめとするステークホルダーのイニシャティブに任せているのが現在の仕組みである。逆に言えば、国際ルールを決めずに自由な発想や連携に委ねることで、イノベーションの余地を生み出しているわけである。

このような仕組みは、2013 年から 2014 年にかけて、当時 SDGs 策定の国際交渉を行っていた国連のオープンな作業部会（OWG）の共同議長、ハンガリーの国連大使（当時）チャバ・コロシ氏と共に何度も意見交換やワークショップを重ねて考えていった。SDGs の前身でもあるミレニアム開発目標（MDGs）の反省を踏まえてのことだった。

すなわち、MDGs には具体性が欠けており、画一的な目安しか提供しておらず、各国や各目標の達成度におけるギャップがあること（Vandenmoortele 2011）、受益者のニーズが考慮されておらず、援助供与優先型であること（Summer 2009；Shepherd 2008）、MDGs の達成度について地理的なばらつきがあることが問題視されていた。特にサブサハラ・アフリカ地域や後発発展途上国においては、ほとんどその成果が得られなかったという批判もあった（Agwu 2011；Peterson 2010；Easterly 2009；勝間 2008；UN 2015a）。そもそも、先進国の多くの人々は MDGs を自らの課題と捉えられておらず、多くの人々は認知さえしていないという現実もあった。SDGs を検討するにあたりとりわけ注目したのは、MDGs は全世界で共通するひとつのグローバルな目標を設置したが、これだけでは各国の置かれた状況を十分勘案できないという点だった。これらの教訓を反映するべく、SDGs は、グローバルの目標を踏まえながら、各国の状況を念頭に置き、国内でターゲットを設置し、実施するというアプローチをとることになったわけである（UN 2015b，パラグラフ 55）。

目標ベースのガバナンスは、これまで MDGs のように比較的限定的目的達成のためには使用されてきた。しかし、これが「持続可能な開発」という形で、多様な国家や行為主体に適用される形で提示されることとなれば、それは新たなグローバル・ガバナンスの戦略であると捉えることができる。

SDGs には目標とターゲットがあるのみである。それらに拘束力はないも

のの、進捗を「測る」ということだけを仕組みとして設定している。目標とターゲットには、193のすべての国連加盟国が同意している。実はこの意味がとてつもなく大きいと、私は考えている。すべての国が同意しているということは、すべての国が「2030年の世界はこのような骨格で行こう」という「世界のかたち」が描き出されているということである。

SDGsには法的拘束力がないので、目標を達成できなくともペナルティがあるわけではない。しかし、すべての国が目指す「世界のかたち」がそこにあるとすれば、それを先取りすれば先行者利益が生じていくことになる。このことの重要性が極めて大きい。ビジネスで言えば、他の追随があると知って、その実現を可能にするような商品や製品があるとすれば、大きなビジネスチャンスが生じるわけである。

そしてルールがないということはすなわち、各主体が自由に目標達成へ向けた方策を考え、それぞれに合ったやり方で対応を進めることができるということである。行動の自由度が高く、自らにとってやりやすい方法を選べるということである。自由度が高いということは、創造性がものをいう。それはまた一方で、差もつきやすいということでもある。

詳細な実施ルールは定めず、目標のみを掲げて進めるグローバル・ガバナンスのことを筆者は「目標ベースのガバナンス」と呼んでいる。これは、SDGsを策定する際に私がリーダーとなって進めていた国際研究プロジェクトの中で作り出したgovernance through goalsという言葉を日本語に訳したものである。発展途上国に主な焦点を当てていたミレニアム開発目標（MDGs）であったり、あるいは、産業革命前と比べて地球規模の平均気温上昇を2℃以内に抑えるという、気候変動に関するいわゆる「2℃目標」のように、ある分野に焦点を絞った目標はあった。しかし、目標によるグローバル・ガバナンスが、これほどまでに包括的に行われたことはこれまでにない。70周年を迎えた国連が、歴史上初めて踏み込んだチャレンジが、SDGsによる目標ベースのガバナンスなのである。

目標を掲げることで、従来では考えられなかったような大きなことが成し遂げることがある。その典型的な例と言われるのが、「ムーンショット」である。1961年5月、米国のケネディ大統領が人類を月に送るという大目標

を打ち上げることで初めて、1969年のアポロ11号の月面着陸が実現した。大目標を掲げることで、想像を超えるような現実がついてくる。

SDGsの目標とは、実際に達成しないと約束違反となってしまうという類の目標ではない。もちろん目標なので、達成するべきものではある。しかし、あまりに目標に拘泥してしまうと、身動きが取れなくなってしまい、挙句の果てに目標を掲げることさえ躊躇されてしまう。それよりも、むしろ変革やイノベーション創出へ向けた「達成すべき方向の提示」と言ったほうがよいであろう。大きな目標を提示することでやるべきことが分かる、そうなると、それに呼応する資源が集まってくる。資源には、人的資源もあれば、知恵や知識、アイデアもあれば、資金ということもあろう。これらにより、時に、現状からの積み上げでは考えられなかったような飛躍が実現できることがあるということは、多かれ少なかれ多くの人が見たり聞いたり、あるいは自ら体験していることなのではなかろうか。「大口をたたく」人が大きなことを実現する、弱小チームがラグビーで全国制覇する話や、低偏差値からの有名大学への合格秘話など、感動を呼ぶドラマや映画になった例も多い。そうした可能性を求めるのがSDGsであると言ってよい。2030アジェンダに「変革」というタイトルがついている所以でもある。

IV　持続可能な社会への変革へ

2020年、「グローバル持続可能な開発報告書　2023年版（Global Sustainable Development Report）」（GSDR2023）をまとめるための15人の専門家が国連事務総長によって選出された。光栄なことに、筆者はそのメンバーの一人に入った。地域的なバランスに加え、ジェンダーや専門領域などの多様性を考慮したうえで選ばれる執筆者に加わることができたのは、本当に幸運なことだった。

GSDR2023の中心となる概念は「変革（Transforming）」である。2019年の報告書執筆時には、まだSDGsが定まって4年ということもあり、それほど多くの変革事例は出ていなかった。だがSDGs達成へ向けた道のりのほぼ折り返し点に到達した際に出版される2023年版執筆時には、変革の事例はす

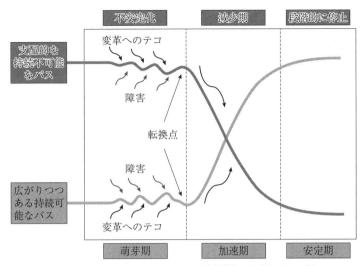

図12-2　トランスフォーメーション（変革）の「Sカーブ」
出典：GSDR2023プレゼンテーション資料をもとに筆者作成。

でに出てきている。GSDR2023では、できるだけ多くの事例を示しながら、変革を行うためのエッセンスやツールを示していくことにした。

　もちろん、世界規模の目標である。ある地域での成功事例は、必ずしも別の地域で有効に働くとは限らない。経済・社会開発の程度も異なり、文化的な違いもある。したがって、GSDRでは、同じツールがすべての国に対して有効だという誤解を生まない工夫にも留意することになる。SDGsが全世界で同じように実施するためのルールを持たないのは、目標を共有しつつも、各国の状況に合わせて実施するためである。この精神をGSDRも踏襲している。

　これまで行われた「変革」を見ていくと、緩やかにS字型のカーブを描いていることが分かってきた（Loorbach, et al. 2017；Markard, et al. 2020など）。図12-2の「広がりつつある持続可能なパス」を見ると、左下から右上に曲線を描く部分は、横軸を時間として緩やかに右肩上がりになっているようなS字である。つまり、最初の段階ではカーブは緩やかで、「萌芽期」と言える。萌芽期には、いろいろな変革の「芽」が出てきて、さまざまな形で変革の芽がみられる。例えばそれは新たな技術開発であったり、既存技術の組み合わ

せであったり、インターネットやデジタル技術を駆使したイノベーションであったりする。しかし、芽があるだけでは世の中に広がる変革の波へはつながらない。それが「加速期」に入ると、一気に社会全体に広がっていく。加速に必要なのは、減税・免税措置や補助金といったような政策であったり、あるいは価格低下など市場の変化であったり、投資家の変化であったりする。そうして加速したのちに、変化は社会に定着し、「安定期」に入っていく。

　それぞれのステージが大事なことはいうまでもない。ただ、変革を社会全体の変革へと変換していくためには、加速期に向けて何を行うかが重要になってくる。

　例えば、LED の普及などは分かりやすい事例だろう。エネルギーを太陽光でまかなう動きも、いくつかの国では好事例となっているようだ。事例によって、場所によって、何が変革に効いてくるのかの違いはあっても、それぞれのステージではある程度共通した「ツール」が見受けられそうだ。公共政策が効いてくる国もあれば、業界全体のアライアンス構築や共通目標の設定など、公共政策を超えた連携が、加速のために重要なツールとなっている国や地域もある。そうした現実の例を盛り込みながらツールを示すことで、SDGs 実現へ向けたヒントを提供しようというのが、GSDR2023 の目的である。

　毎年の SDGs 進捗報告は、今のところあまり明るいニュースは入ってこない。他方、GSDR2023 は、現状の様々な評価を SDGs の観点から再評価するとともに、明るいニュースを創出するためのヒントをこれまでの事例をもとに提示することで、SDGs 実現を加速化したいという考えだ。国連の新たなチャレンジがどこまで効果があるのか、教訓を学び取っていきたい。

V　SDGs の、その先へ

　SDGs は決して「流行りもの」ではない。それは、達成されないと人類と地球の存続が危うくなるという、強烈な危機感に則って生まれたものである。実現までに必要な時間は決して長く残されているわけではない。その間、パンデミック、戦争、気候危機など、SDGs 実現を目指して動いていれば起こ

らないはずの現象が次々と起こっている。気軽に、おしゃれに、SDGs を目指すことは大事なことだ。しかしその先には人類と地球の未来がかかっているという認識を持ちながら、小さな動きを大きな動きに変えていくことが大事だ。そこで必要になるのが、社会イノベーションである。SDGs は、イノベーションの到達地点をまず明らかにする。国連全加盟国のコンセンサスで出来上がった到着地点は、それだけで説得力がある。その上で、そこから逆に今の社会を振り返るというバックキャスティングの形で、目標達成に必要なことや行動を明らかにし、そのためのイノベーションを刺激する。

　世界共通の目標は、具体的に国やステークホルダーごとの目標に落とし込むのが賢明だ。目標達成へ向けた行動もまた、ローカル化することで「自分ごと化」してくるであろう。そうして作られた行動を今度は逆にスケールアップし、世界全体の変革といううねりにつなげるかにチャレンジがあり、それができたとき、「目標ベースのガバナンス」のメカニズムが明らかになる。

　総合政策学のチャレンジは、こうした社会イノベーションのメカニズムをその実施者とともに開拓していくところにあると言ってよいだろう。

　SDGs は達成して終わりというわけではない。2030 年に達成できたとしても、「安定期」へ向けた適切な行動をとらない限り、再び逆戻りという可能性もある。したがって、2030 年以降も何らかの道しるべが必要になろう。ましてや今の現状を考えると、残念ながら多くの目標において、SDGs 達成への見通しが経っていない。そうなると、次なる目標を設定し、進むべき方向性を示すことで、地球と人類が持続するための道しるべを提示することが重要になるだろう。SDGs の各目標は相互に連関している。その先の課題も、益々相互連関していくことだろう。

　どのような目標をどのように設定すればよいのか。グローバルな目標設定がよいのか、あるいは地域ごとの目標設定がよいのか。そもそも何を目指すべきなのか。そのためには、科学と政策との関係をどのようにマネージしながら目標を設定し、さらには進捗を評価するのがよいのか。どのようにコンセンサスを作ればよいのか。

　こうしたことは、国連レベルでも言えることだが、国内政策でも同じように当てはまることだ。今はまだ「先の話」と思われている SDGs へ向けた変

革だが、実はすぐに手を打たないと多くの課題が手遅れになる。気候変動は
そのよい例だろう。2000年代、京都議定書が締結された頃は、経済団体を
はじめとする多くのステークホルダーが気候変動政策には猛反対していた。
しかし2020年代になり、そのツケが回ってきて、当時言われていたよりも
強い行動をとらないと対策ができないところまで来てしまった。そうなって
初めて、目が覚めた。そうならないためのリスク管理をもっとうまく行うた
めには、どうすればよいのだろうか？

　こうした課題は、総合政策学の課題であり、環境情報学を含めた、まさに
総合的学問の課題である。2050年の世界の行方を握っているという気概を
もって、課題解決にあたりたい。

参考文献

勝間靖（2008）「ミレニアム開発目標の現状と課題――サブサハラ・アフリカを中心とし
　て」『アジア太平洋討究』No.10。

公益財団法人旭硝子財団（2022）「2022年（第3回）生活者の環境危機意識調査」。

日本国政府（2021）「2030アジェンダの履行に関する自発的国家レビュー2021――ポス
　ト・コロナ時代のSDGs達成へ向けて」。

Agwu, F. A.（2011）"Nigeria's Non-Attainment of the Millennium Development Goals and Its Implica-
　tion for National Security", *The IUP Journal of International Relations* V（4）, 2011.

Crutzen, P. J.（2002）"Geology of Mankind", *Nature* 415, 23.

Easterly, W.（2009）"How the Millennium Development Goals are Unfair to Africa", *World Develop-
　ment* 37（1）, 26–35.

Independent Group of Scientists appointed by the Secretary-General（2019）*Global Sustainable Devel-
　opment Report 2019: The Future is Now – Science for Advancing Sustainable Development*, New York,
　NY: United Nations.

Loorbach, D., N. Frantzeskaki, and F. Avelino（2017）"Sustainability transitions research: transforming
　science and practice for societal change", *Annual Review of Environment and Resources* 42, 599–626.

Markard, J., F. W. Geels and R. Raven（2020）"Challenges in the acceleration of sustainability transi-
　tions", *Environmental Research Letters* 15, 081001. https://doi.org/10.1088/1748-9326/ab9468（最
　終アクセス：2022年8月31日）

Kanie, N., Michele M. Betsill, R. Zondervan, F. Biermann and O.R. Young（2012）"A Charter Moment:
　Restructuring Governance for Sustainability", *Public Administration and Development* 32, August 2012,
　292–304.

Peterson, S.（2010）"Rethinking the Millennium Development Goals for Africa", *HKS Faculty Research
　Working Paper Series* RWP10–046.

Rockström, J., W. Steffen, K. Noone, Å. Persson, F. S. Chapin, E. F. Lambin, T. M. Lenton, M. Scheffer, C. Folke, H. J. Schellnhuber et al.（2009）"A safe operating space for humanity", *Nature* 461, 472–475.

Shepherd, A.（2008）"Achieving the MDGs: The fundamentals", *ODI Briefing Paper* 43.

Steffen, W. et al.（2015）"Planetary boundaries: Guiding human development on a changing planet", *Science* 347, 1259855.

Sumner, A.（2009）"Rethinking Development Policy: Beyond 2015", *The Broker* 14, 8–13, June.

Vandermoortele, J.（2011）"If not the Millennium Development Goals, then what?", *Third World Quarterly* 32（1）, 9–25.

UN（2015a）*The Millennium Development Goals Report 2015*, New York, NY: United Nations.

UN（2015b）Transforming our world: the 2030 Agenda for Sustainable Development, A/RES/70/1, New York, NY: United Nations.

終章｜越境し創造する精神とその条件（座談会）

秋山美紀・一ノ瀬友博
宮垣 元・琴坂将広（司会）

I　イントロダクション

琴坂　本書では様々な観点から「社会イノベーション」が論じられています。この座談会ではそれらを統合するヒントを見出すようなお話ができればと考えています。まず、簡単な自己紹介から始めたいと思います。

秋山　私の研究や実践のキーワードは、「コミュニケーション」「コミュニティ」「健康」「ウェルビーイング」「社会的包摂」です。いわゆる学問分野としては公衆衛生学、健康福祉学、健康情報学になるかと思います。

　特に関心があるのは一人ひとりがたとえ病気を抱えたり、あるいは障害があったとしても、人として尊重されて、その人らしく生きていける。そのためにつながりやコミュニティを、どう作っていくかというところに関心を持っています。そうした視点でITやICTといったものも、仕組みの中に組み入れながら、つながりや参加の場を作ってきました。

一ノ瀬　私はもともと農学部の出身で、自然科学の立場から環境に関わってきました。学生の頃は、いわゆる生態学の中でも応用的な分野で、人間の開発、土地の利用等、生態系などに関することをやってきました。人間は自然を壊す重要な要因なのですが、私はかつて、実は人間には全然興味がなくて、鳥の研究ばかりしていました。

　しかし、環境問題を解決していくとなると、当然人間に関わらないといけません。ドイツに留学後、最初の職場は兵庫県の淡路島でした。そこは周りが農村地域で、自然環境も豊かだったのですが、農業と生物の関係を考えるようになりました。高齢化が進んでいて、今でいう限界集落もありました。

人がいなくなると、自然環境がどんどん変わっていきます。必然的にだんだんと人間のことを扱うようになり、今は農村計画学会の会長もしています。

琴坂　私は SFC の環境情報学部出身で、もともとデザインやプログラミングなど、Web ベースの技術を使ったシステム開発等に関わっていました。その経験を活かして自分で会社を作ったり、その後はコンサルタントとして働く経験をして、学問の世界に戻ってきました。

　今は、多国籍に展開している巨大グローバル企業という一方の極と、ゼロからスタートして急速に成長しているスタートアップというもう一方の極の経営の最先端に関わっています。こうしたリアルの事例に触れることから、企業がどのように社会や経済に対して影響を与えているのか、逆に与えられているのか。そして、どうすれば企業の力をより良い社会や経済につながるような形で活かせるのかを考えています。

宮垣　私は SFC の 1 期生で、実は私も環境情報学部出身です。大学院に入ったのが 1994 年、NPO や NGO の存在に関心を持ち、ちょうど社会学の研究を始めた直後に阪神・淡路大震災が起きました。当時、NPO という言葉はほとんど認知されていませんでしたが、実際に自分も関わり、実践されている方々と触れ合う中で、日々、大きな謎とパワーを感じてばかりでした。行動原理も組織原理もよく分からない NPO、NGO に学問はどう向き合うのだろう。社会学、経済学、経営学の言葉でこれらを説明できるのか。こうした存在は学問と社会の双方にどんなインパクトを与えるのだろう、そんな素朴な問題意識です。気がつけば 30 年近く経ちますが、NPO 自体がヘルスケア、福祉そして環境、まちづくりなど実に幅広い分野にわたっているので、私もそれについていかなければなりません。学問的にも、コミュニティ論や社会ネットワーク論、組織論へと私自身の関心も広がってきています。

　ところで、この座談会では環境情報学部に所属するお 2 人に加わっていただいていますが、これにはちょっとした意図もあります。「総合政策学をひらく」というシリーズの本ですが、総合政策学部だけ、ということではなく、3 学部 2 研究科からなる SFC 全体で社会イノベーションを育んできたし、これからもそうだ、ということを示したいと考えたからです。編者 2 人とも環境情報学部出身というのは今気がついたのですが（笑）、それだけ学部間に

境界がない、ということなのだと思います。

II　社会イノベーションをどう捉えるか

琴坂　秋山さんは、いわゆる「理系」である医学・医療の領域と、いわゆる「文系」である規制や制度設計の議論に深く関わっておられます。その視点から、社会イノベーションについてどんなことをお考えでしょうか。

秋山　大切なのは、横断的であること、越境することで、それによって今までにない分野を作り出していく、ということです。一ノ瀬さんが言われたように、地域社会が変わり、世の中が変わっていくなかで、自分が研究対象としていたものが、ともすると消えていく。そこで、目の前の出来事にただ対応するのではなく、歴史も踏まえながら、将来どうなっていくのかを想像することが大事だと思います。そのためには、既存の枠組み、関係や構造を大きく変えていく必要があるでしょう。もう1点は、社会イノベーションはダイナミックな現在進行形のプロセスだという点です。帰結ということはこの先もなくて、今も通過点でしかない。終わりのない営みだと捉えています。

一ノ瀬　20世紀は、いわゆる科学技術を含む自然科学の発展で、様々な問題が解決するだろう——少なくとも私の子どもの頃は、そういう夢のあふれた未来が考えられていました。しかし、それがことごとくうまくいかないというのが分かってきたのは、20世紀の最後のほうですね。もちろん、科学に由来する問題もありますが、やはり社会が変わらないことには、ほとんどのことが解決できない。その意味で、社会イノベーションが非常に重要なのだと思います。

　私がSFCに着任したのが2008年で、大学院の「社会イノベータコース」がスタートするタイミングでした（図13-1）。実は着任する前の年度末からカリキュラム作成の議論に関わっていたのですが、そのとき初めて、「社会イノベーション」という考え方に出会いました。技術ではクリアできても、社会の側がそれをうまく使えない。あるいは、もはや使ってはいけないものを社会の側が依然として使っている。それは結局、社会の側が変わらなくてはいけないわけで、ではいかに社会の変革をもたらせるのか。そこに強い関

図 13-1　社会イノベータコースのウェブサイト

心を持っています。

琴坂　本書のタイトルは、「社会イノベーション」という言葉に、「方法」と「実践」という言葉が掛け合わされています。私は経営学が専門で、営利企業をずっと見てきています。経営の世界でも、近年は営利企業も、社会的な意義・価値をもたらされるような経営活動をしないと、時価総額が上がらず、消費者からも受け入れられない時代になってきています。

　すなわち、企業の営利活動も社会を変えていく活動の一部と捉えることが可能であり、それがより良い方向に喚起されるような政策的な誘導も行われています。例えば、ESG や SDGs など、公的機関・評価機関からのインセンティブ付けはその顕著な例です。つまり、営利企業の力を使って世界をイノベーションしていく、これはまさに「方法」です。この方法ということに関して、非営利の組織を中心に調査研究されている宮垣さんはどう捉えていらっしゃいますか。

宮垣　2000 年代以降、市場や政府の失敗を踏まえ、欧州や米国をはじめ世界的に「社会イノベーション」の語が広がりを持ってきました。その議論や実践のなかで NPO や NGO の存在が大きいことはたしかで、そこに大きな期待があります。ただ、今日では NPO と行政の協働は双方に不可欠ですし、消費者行動の変化も大きいです。市場メカニズムの力を用いることも少なくありません。つまり、実践の世界ではかなりハイブリッドになってきていま

す。異なる主体や原理の交錯や従来の枠組みをどう越境できるかが問題で、だからこそイノベーションという語が意味を持つのだと思います。

　もうひとつ、社会イノベーションの方法と実践を、教育や研究のあり方という観点からも捉えてみたいと思います。例えば、私たちは日々学生と一緒に活動しています。特にSFCの場合、学部レベルから教育と研究が一体的に進行していて、学生は教育を受け、研究もしながら、さらに当事者として社会的実践も行っている。研究者もいろいろな形で現場に携わっていて、教育・研究・実践・政策が渾然一体としている世界があります。これも方法と実践のひとつの姿なのだと思いますが、特に社会イノベーションにとっては意味あることのように思います。

Ⅲ　社会イノベーションの／という方法

琴坂　本書では、皆さんが実に多種多様でユニークな実践について書かれています。これらの方法というものは、何かしらパターンとして把握できるものなのか、それとも、それぞれの状況によって全く異なるものとして捉えるべきなのでしょうか。

一ノ瀬　皆さんがそれぞれ依って立つディシプリンが異なりますね。特にSFCで学位まで取られた人は、他大学などの研究者からディシプリンについて問われて、返答に窮したこともあったのではないでしょうか。ただ、そういった古いディシプリンにとらわれないやり方こそが、実は社会イノベーションには求められているように思います。私は、まだ定まった方法が出てこないからこそ、逆に面白いと感じます。

　ただ、実際の現場では目の前にいろいろな課題があり、政策などを通じて何らかの具体的な答えを出さないといけない。その時々で変わっていくものではありますが、でもその蓄積によって、これからある程度まとまった方法論が出てくるのではないかと感じています。

琴坂　私は学部時代に自分の会社を3つ、がむしゃらに経営して、とにかく新しいことをしようとしていました。一方で、大学院の修士・博士では真面目に実直に経営学を勉強しました。こうした経験から、前提や領域にこだわ

らず、問題だけを見て新しい方法を探索していくことの価値も分かった一方で、一定の学問領域に立ち戻って、同じ分野の多くの研究者との協業関係の中で集合知を作っていくことも大切だと感じました。SFC では、その両方が意識されていると感じています。

宮垣 SFC ではそれらが矛盾するものではなく、循環している感じですよね。それと、「社会イノベーションの方法」と言ったとき、2つの捉え方があるのではないでしょうか。ひとつは社会イノベーションを行うための方法論、そしてもうひとつは、社会イノベーションという方法です。

　後者は研究姿勢や実践態度のようなもので、常に更新されていく性格のものだと思います。ですから、そこに答えを出すことにはある種の矛盾がある。他方、社会イノベーションを行うための具体的方法は結構蓄積があります。NPO を例に挙げれば、その評価、組織マネジメント、コミュニケーションの方法など、様々な知見が積み重ねられています。行政との協働についても同様で、実践と研究の相互往復がこの間でだいぶ深められてきました。

琴坂 秋山さんは、国の機関等で既存の規制、行政システムを変革、前進させることに取り組まれています。その際、背景にどのような理論、手法を援用されているのでしょうか。

秋山 そもそも公衆衛生の分野では、イノベーションとは必ずしも最先端の技術を導入することを意味しません。その人や集団、社会にとって新しいことであれば、すべてイノベーションと捉えられます。

　例えば、自動車通勤が当たり前で、自転車で通勤するなんてあり得ない、という社会であれば、自転車通勤はイノベーションと捉えられます。あるいは、予防のためのワクチン接種が行われていないコミュニティでは、ワクチン接種がイノベーションになる。そのコミュニティや社会にとって新しくて、良い取り組みで、かつ今までの課題や問題の解決につながるような行動を普及させていく、それがイノベーションです。

　そのプロセスにおいては、例えばロジャーズ（Rogers, E.）のイノベーションの普及理論も大いに活用されています。ロジャーズも、「受け手にとって新しいと感じられるものすべてがイノベーションだ」と言っています。客観的な新しさ、新規性ではなく、主観的な新しさこそがイノベーションの本質

ではないかと私は思っています。

　イノベーションにおいて私たちが注目しているのはポジティブ・デヴィアンス（deviance：外れ値）という考えで、その集団や社会の中で、よい方向、好ましい方向に逸脱している人を「ポジデビ」と呼んでいます。例えば、SFC は以前から昼休みが短く、最近こそフードトラックが来るようになりましたが、以前はバランスの良い食事をすることがすごく難しかった。それでも、野菜や果物をしっかり取っている学生が少ないながらもいる。そういう人たちはまさにポジデビで、そのケースを顕在化させて、その実践を普及していくことができれば、課題を解決できることになります。

　また、高齢者だけではなく若い人でも、病気をして大きな後遺症が残るようなことが起きると、たいていの場合落ち込んで立ち直れなかったり、なかなか前向きになれない人が多いのではないでしょうか。しかしその中で、逆境をむしろ前向きに捉え、たくましく生きている人がいらっしゃいます。そういう「ポジデビ」の方の秘訣を掘り下げて、実践を顕在化させていくことも、超高齢社会においては重要なイノベーションです。

IV　「越境」がもたらすイノベーション

秋山　制度や組織の話でいうと、インスティテューショナル・イナーシャ（institutional inertia）という言葉がありますね。既存の制度や組織は、続いていこうとする力、惰性を持っている。そこをどのように変えていくかというとき、特にアドボカシーは非常に重要だと思います。アドボカシーは弱い立場にある人を擁護し代弁することだけでなく、政治的、経済的、社会的なシステムや制度における決定に影響を与えることを目的とした活動や運動も含みます。ステークホルダー間の関係性を考えながら、誰と組み、どのように情報を発信していくか等、現状を改善するための戦略を立てる必要もあります。全く違う分野からの「ジャンプイン」も、状況を一気に大きく改善させることがあります。

琴坂　特に経営学の中でよく語られる大きな課題に、「埋め込みのパラドクス」（paradox of embeddedness）があります。あるフィールドに存在しているア

クターは、そのフィールドに埋め込まれて（embedded）いる。だからこそコミュニケーションが円滑に、ツーカーで通じている状況がある。ところが、フィールドとアクター間にそうした「埋め込み」があるにもかかわらず、突発的な事象や漸進的なプロセスで、世界は変化していく。それはなぜなのか、という議論です。先ほど秋山さんがおっしゃったような「外れ値」みたいな存在はひとつのカギかと思います。それはアントレプレナー、あるいはバウンダリー・スパナー（boundary spanner）と呼べるかもしれません。

一ノ瀬　これまでの議論で出てきた「越境」がやはりキーワードではないでしょうか。行政の会議に出ていると、「この分野の専門家」という人が集まりますが、「自分の専門外については何も言わない」と言う先生がいたりして、最初に聞いたときはすごくびっくりしました。目の前に問題があって、「それをどうしましょう」という議論をしているのに、「ここから後は責任を取れないから言わない」というスタンスです。

　そういうものが皆無なのがSFCだなと思います。皆さん、越境しまくります。学生も「複数の研究会を渡り歩く」ことが奨励されたりします。越境していくのが当たり前。それは社会イノベーションにおいて非常にポジティブに働くように思います。

　違う分野の人がいきなり入ってくると、やり方も全然違ったりするので、トラブルが起きることもあります。ただ、そこからだんだん共存できていったり、一緒に議論できる場が出てくると新しい展開が生まれます。

宮垣　私が研究しているNPOも、とても越境的な存在です。例えば不登校の子どもたちのための活動を始める団体があります。目の前の子どもたちのための居場所づくりからはじめ、その中で、実はその背景に家族の問題、あるいは教育の問題があると気づきます。それが家族のケアに展開していくこともあれば、教育に関わってアドボカシー活動をしていくこともあります。実は子どもの人権の問題かもしれないと気づいて、人権活動を展開していくこともあり得ます。子どもたちの居場所が支援する大人にとって大事な場所となることも珍しくありません。つまり、制度的枠組みや自身の立場からではなく、課題ベースで活動を展開しているということです。

　課題ベースということは、目の前にある社会課題とずっと付き合い続ける

ことです。どんな社会課題も多面的なので、その多面性に深く付き合えば付き合うほど、いろいろな分野に接せざるを得ない。「それは自分たちの専門ではありませんから」とは言えない。戦略的ではなく、結果的にイノベーティブなことが起こるのだと思います。

秋山 一ノ瀬さんの話を聞いて思い出したのが、3.11 の原発事故です。原子力において、分野ごとの専門家はいますが、他分野に遠慮して越境しない、という独特の文化が、あの事故が起きた背景にあったのだと思います。コロナ対応においても、様々な分野の専門家や政治・行政に関わる者が日頃から相互に交流していれば、社会との対話はもっとうまくいったと思います。

　一方で、SFC では良くも悪くも（笑）、他人の領域にズカズカと乗り込んでいく雰囲気があります。「こいつ、ろくに知りもしないくせに」と思われているかもしれませんが、まず関心を持つ、知ろうとすることが最初の重要な一歩だと思います。専門家も最初は素人だったわけで、大学の教員も、知らないことを知ろうという努力を失ってはいけないと思います。成長途中の未熟者だという謙虚さとともに、社会の問題と真摯に向き合っていくことだと思います。

琴坂 私は技術を活用している企業群との接点がたくさんあります。こうした企業は、解決策そのものを日々進化させています。コロナで生じた変化をみても、人々のコミュニケーションの仕方そのものが急激に効率的になっており、情報通信技術をガンガン使いこなせているような人々が急速にその存在感を増している。

　そのように、研究対象そのものが変化しているのに、研究する側の人間が冒険しない、進化しないというのは違いますよね。世界が変容しているがゆえに、私たちの側も、自分の領域にとどまらずに多様な新領域に関わっていかないといけないと感じます。もちろん、簡単なことではありませんが。

V　社会イノベーションの「成果」

琴坂 社会イノベーションでは、失敗とは言わないまでも、数多くのトライアルが行われ、ほとんどが消えていくなかで、社会に実装されるものが偶発

的に生まれているイメージがあります。運のような要素、あるいはそのとき
の突発的な事象に影響される部分も大きいように思うのですが、これは学術
的にどう捉えればいいのでしょうか。

秋山　逆説的な言い方ですが、社会に実装されてそれが当たり前になってし
まうと、学問の対象にはなりにくい、ということがありますね。これは研究
者にとってジレンマであって、枯れた技術や仕組みもそうですが、当たり前
のものは新しさがない。

宮垣　「社会イノベーションの方法」は可能かという問いにも通じるもので、
とても難しいところです。例えば、戦略を立て、その順通りに進め、ある評
価指標をクリアできたのなら、それは成功である、とします。それ自体の価
値はもちろんあるのですが、逆に社会イノベーションの芽を摘んでしまう可
能性も一方であるわけです。失敗も含めた試行錯誤が社会イノベーションを
生み出すひとつの土壌なのだとしたら、それを排除してしまうという態度は
社会イノベーションにとってどうなのか。かといって、いつも運まかせとい
うわけにもいかない。これはバランスの問題なのか、あるいはもっと本質的
な問題なのか。とても難しいですが、その問いに向き合わないまま、社会イ
ノベーションは大事です、というのはフィクションに聞こえかねないと思い
ます。

秋山　実装科学（implementation science）の分野も発達しつつあるように、よ
い取り組みを社会に普及させていくには、どういう要素を検討したらいいか
という方法論は、だいぶ進んできている。ただ、私がそこで引っかかるのは、
「これがイノベーションなんだ」「これが良いものなんだ」という、ともする
と上からの押し付けになってしまわないか、ということです。誰がどのよう
に「良い」と判断するのか。特に医療や公衆衛生の場合、「エビデンスに基
づくプラクティス」が重視されます。専門家は論文等でその効果が確認され
たものを広げていくべきと考える傾向が強いと思います。

　一方、その社会、コミュニティにとっての正しいもの、新しいもの、良い
もの、イノベーティブで、かつ広げていくべきものというのは、専門家だけ
が決めるのではない。専門家がそのコミュニティの人とともに考え、作り上
げていくものではないかという思いがあります。そうなると、社会に実装さ

れないのは、やはりその社会を構成するメンバーが受け入れない、認めないからだ、という話になってきます。でも、社会のメンバーが認めるものを普及させることが果たしてイノベーションなのか、という疑問も生まれてきます。

一ノ瀬　皆さんのお話、とても興味深いです。私もSFCで社会イノベータコースが始まるとき、それまで関わってきた分野とは随分違う分野の方々と議論しました。そのときに理解したのは、自然科学の場合では常に再現性が問われます。同じ条件で繰り返せば必ず同じ結果になる、ということです。私の場合はフィールド研究が多いので、フィールドだと再現性を確保するのはなかなか大変です。それでも、論文を書くときには再現性が求められます。一方で、社会イノベーションの場合は全然違うんだ、と思ったわけです。

　私の関わりで言うと農村計画や都市計画の分野でも似た議論があります。例えば、こんな取り組みがこの町で、この農村地域でうまくいったということを論文に書いたとき、評価が2つに分かれるのです。つまり、「事例研究としてきちんと記録に残そう」という評価と、「いや、そんなものは普遍性がない。1事例を取り上げてどうするのか」という評価です。

琴坂　経営学でも同じです。社会科学は学問として普遍的な答えを求めますが、そもそも社会というすごく標準偏差が大きなものを対象としているのに、平均値で説明しようとする傾向があります。平均としての値は正しく普遍的なのでしょうが、個別的に見るとずれ過ぎているのではないか。こうした問いは絶えず存在します。

　社会イノベーションの方法を考えると、私たちは、社会科学的な、普遍的な法則性を探し求める一方で、逆に、極めて局所的な最適解を求めなくてはいけない。この両方ができなければいけないのではないでしょうか。

VI　学生が先導し定義する

琴坂　ここから少しSFCの話をしていきたいと思います。まず、私自身がSFCにいて居心地がいいなと思うのは、皆がふわっとした許容力を持っている、というところです。経営学では、「ケーススタディは認めない、エビデ

ンスがすべて」みたいな人もいれば、「定量研究がすべて」みたいな人もいるのですが、SFCにはそういう感じが全くなく、キャンパスとしての許容量が大きいなと感じます。このSFCという環境について、社会イノベーションという観点から皆さんはどう捉えていらっしゃいますか。

宮垣 先程の「越境」という言葉とつながる話だと思いますが、SFCは「越境しましょう」とスローガンを掲げる以前に、もう越境せざるを得ないような環境があると思います。先ほど一ノ瀬さんが言われた、学生が研究会を渡り歩くなんてそうですよね。SFCに来る前、私は長らく社会学の専門教育の学部にいました。そこではあまりなかったのですが、SFCでは学生から「社会学って何ですか」という素直な質問が結構来てハッとさせられます。SFCで、他のいろいろな分野の先生から学んでいる学生からは、そういう質問が来るわけです。すると、おのずから自分の立場性を相対化せざるを得ません。こうしたこともSFCが社会イノベーションを生み出しているひとつの大事な要素だと感じています。

琴坂 SFCはまさに学生がカギですね。最近も「SNSのコンテンツを業務委託を駆使して組織的に生産してそれを売却する仕組みを作ってみました」という学生がいました。僕が想像もしなかったビジネスモデルを実装して、成果を出して、売り上げを上げている。こういう学生から私も日々学んでいます。教員と学生の相互の学びが様々な分野で起こっていて、学生と対等な立場でコラボレーションしていることが、SFCの特徴のひとつと思います。

宮垣 社会イノベータコースを2008年に立ち上げたとき、ゼロから立ち上げようというのではなく、すでにSFC出身の社会起業家やNPOが出始めていて、実際に変革を起こしているという実態がありました。そこでSFCが、言ってみれば「後追い」的に、「社会イノベータ」を育成するコースを立ち上げるという流れがあったのではないでしょうか。

学生が先導していったものに気づかされた。きちんとSFCの人がそうした動きを受け止めて、それを改めて学問の世界とつなぐ、という循環がある。これはおそらく他ではなかなか難しいのではないかと思います。

琴坂 SFCが始まった1990年当初は、スタートアップ企業のキャンパスにしようとは誰も思っていなかったはずです。いま、スタートアップコミュニ

ティの、起業家だけではなく中堅層の幹部クラスもSFC出身者が本当に多い。それは誰もデザイン・意図したことではないですが、キャンパスのプロダクトである卒業生たちが、SFCを逆に定義してくれている、SFCが考えるべき社会イノベーションを提示してくれてきた。そういう歴史があります。

宮垣 NPOもソーシャルビジネスも、国内外の地域づくりの先頭に立っている人の中にも、驚くほどSFCの学生や卒業生が多いですね。

一ノ瀬 社会イノベータコースを作るとき、何回か合宿をして夜中まで議論していたのですが、その時、特に議論となったのは、そもそも社会イノベータは育てられるものなのか、ということです。もともとそういう素地がある人が伸びるのか、あるいは、ゼロからそういう人を作れるのか。随分議論をしましたが、明確な答えは出ていませんでした。

ただ、例えば山田貴子さん（株式会社ワクワーク・イングリッシュ代表）は、大学院のコースに入ったとき、自分でも言っていましたが「ライフセーバーをやっていて、スポーツ大好きです」という人だった。でもそのコースの中で方向性が定まってきて、事業化まで実現しました。私も端から見ていて、「やはりこういう環境があってこそ、ああいう学生が育つんだな」と痛感しましたね。もちろん、一方で最初からかなり明確なゴールがある学生に伴走する、という例も当然ありました。

あと、学生が横断的に、複数の研究会に所属していることも大きいと思います。私のところの学生でも、「長谷部葉子研究会にも入っているんです」という人がいます。「なんで（英語教育の）長谷部さんのところに？」と思いましたが、いろいろ話を聞くと、実は教員同士の関心が近いことに気づきました。

そういう非常に多くの掛け合わせの中から、新しいものを学生が体現していく。それに教員が後から気づき、教員同士が「じゃあ一緒に何かする？」という話になっていくのは、本当に素晴らしいと常々思っています。

秋山 皆さんがおっしゃっている通りで、関係性がフラットですよね。福澤諭吉の言葉である「半学半教」は、他のキャンパス以上にSFCに当てはまっています。教員は指導するというよりは「伴走者」です。裏を返すと、それは教員が進化し続けているということでもあります。若い世代から大いに

刺激を受けて、ときに自分の立ち位置を見直したり、気づきが生まれて、そこから自分の方向性を変えていくこともあります。SFCの教員の研究は、研究室の中で完結していない。外に開かれているところもイノベーションの要素ではないでしょうか。

SFCでは教員が「先生」と呼ばれずに学生からも「さん」付けであることも関係していると思います。やはり謙虚であり続けることです。そこには、他分野をリスペクトすることも含まれます。越境、コラボレーション（協働）は、他分野をリスペクトする気持ちがないと難しいと思います。

もうひとつ、福澤諭吉の言葉に「自我作古」があります。SFCの、「前人未踏の分野にどんどん挑戦しろ」という文化、頑張れというエールを、このキャンパスからはいつもいただいている気がします。

一方で、井の中の蛙になってはいけないという思いも強くあります。SFCは他のキャンパスとも物理的に離れているので、キャンパス間の交流を持ちにくいかもしれません。私自身は、医学部の信濃町キャンパス、そして山形の鶴岡タウンキャンパスと3つのキャンパスに所属していて、いろいろ見る機会がありますが、他のキャンパスにもすごく革新的なことをやっている人がいて、SFCが明らかに遅れをとっている分野もあります。

琴坂 どういう学生に来てほしいかと考えるときに私が重要視しているのは、この学生と一緒に研鑽したいか、一緒に研究して面白いかです。つまり、一緒に何かを作ることを意識しています。そこが、学生との接し方が他のキャンパスとは異なる要因かもしれません。

先日もハロウィンのイベントで、学生から「先生はこういうのを着てきてください」と言われましたが、僕に意思決定権はありませんでした（笑）。学生が決めるという文化が多種多様な研究会に存在していて、学生の自立と、教員と学生の協働の文化が30年の間に醸成されてきた。それがSFCの強みだと感じています。

VII　SFCの30年間とこれから

琴坂 開設から30年が経ち、この間の社会の変化とともに、SFCも変わっ

てきた部分があるように思います。1期生の宮垣さんはどう見ていますか。

宮垣 30年前のSFCとは、そもそも規模感が全く違います。当時はもっと小さくて、教員職員も含めて皆知り合い、というような感じでしたので、コミュニティから立派な組織になったという感じでしょうか。先生方も、今以上に学生と同じ立場で一緒に試行錯誤してくださった。私も加藤寛先生（初代学部長）のいる学部長室に行って、「先生、これこれお願いします」「よし、わかった！」みたいなやりとりが日常的にあったことを覚えています。

ただ、「学生はそんなに変わっていないんじゃないか」というのが私の感じていることです。もちろん時代や世代の違いはあるわけですが、それはSFCに限ったことではなく、その中でも学生は相変わらず伸び伸び、生き生きやっている感じがします。すごいレベルの学生も多い。それに教員が巻き込まれて、引きずられて、あたふたしている状態が、いい意味で30年続いているように思います。

一方で、先ほどの秋山さんのお話にも通じるかもしれませんが、自分からSFC、SFCと言い続けることへのためらいもあります。これだけ自分たちのキャンパスのことを「SFCってね」と言い合うキャンパスは、おそらく日本で他にどこにもないのではないでしょうか。もちろん、アイデンティティを常に問い続けているということでもあるし、それは希有なことですが、一方で、そこに安住することで井の中の蛙になる危うさもあります。長らく外からSFCをみていたので、そう感じるのかもしれませんね。

SFCの中でコラボレーションすること、そして越境せざるを得ないような制度、環境を大事にした上で、それをどこまで外に広げていけるか。私たちの活動はキャンパスの外に広がっているわけで、そうした場でもSFCで実現しているような関係性、越境性をどう作り、新しいイノベーションが生み出せるのかが問われていると思います。

琴坂 私が感じている変化は、やはり卒業生の存在です。SFCとは何かを説明するとき、「こういう人が出た」と言えることは強いと思います。有力なスタートアップの多くの経営陣や、世界的なNPOやNGOの幹部にも卒業生がいます。彼らが彼らなりの姿で社会イノベーションを定義して、実践している姿を伝えることができる。そしてこうした卒業生に現役の学生に話し

政策デザインの分野	政策研究の方法、経済と財政、政策立案と立法
社会イノベーションの分野	ソーシャルビジネス・NPO ／ NGO、情報社会のコミュニティデザイン、起業・スタートアップ
国際戦略の分野	複雑化する世界を捉える、国境を越える問題への取り組み、外交・安全保障、世界を理解し、人々に発信する言語
経営・組織の分野	経営戦略、組織／人材・キャリア、マーケティング・経営情報システム
持続可能なガバナンスの分野	環境政策、都市・地域政策、居住・コミュニティ政策

表 13-1　総合政策学部の研究領域

先端情報システムの分野	インターネットシステム、計算基盤システム、ユビキタス情報システム、知識情報システム
エクス・デザインの分野	デジタル・ファブリケーション／アルゴリズミック・デザイン、アート・サイエンス・パフォーマンス、美術・ランドスケープ・コミュニケーション、エクス・ミュージック／コンピューテーショナル・クリエイティビティ
先端生命科学の分野	先端健康科学、システム生物学、システム医科学、環境生命科学
環境デザインの分野	建築環境デザイン、都市環境デザイン、地域環境デザイン、地球環境デザイン
人間環境科学の分野	言語の認知と学習、社会・コミュニティ、メンタルサイエンス、身体動作の理解と学び

表 13-2　環境情報学部の研究領域

※ 内容は 2022 年度の例。

てもらえる。これは 30 年の歴史がなせる技です。

一ノ瀬　私は学部長の立場になって、慶應の中も実にバラエティに富んでいることを知りました。そこで、他の学部、そして鶴岡のようなキャンパスとどううまくコラボレーションできるのかを最近よく考えます。

　これから 30 年後を考えると、SFC がやろうとしてきた、やってきたことを形の上でまねるような学部、キャンパスがあちこちに生まれてきています。海外の大学でも、いわゆる「文理融合」の大学院を作って環境問題にアプローチすることも始まっています。SFC が次にどんな新基軸を打ち出していく

のか。総合政策学部と環境情報学部とでは、それぞれ5つの研究領域があることを標榜しています（表13-1, 13-2）。原案は富田勝先生が作られたと聞いていて、かなり昔に議論したものだと思いますが、SFCのスタンスとして、ずっと同じものを使い続けるというのも違うのではないか。大学院も含めて、常に定義し直すくらいの姿勢が大事だと思っています。

琴坂　これは、学術研究の進化の過程に近いものがあると思います。最初、いろいろな学者が探索していくなかで、可能性があるものが幹のように固まってくる。そこからレビュー論文ができて、分野が定義されて、学会が設立され、研究者の組織が出来ていく。いまのSFCのステージとしては、大量に探索化された結果、一定の幹は見え始めているけれど、どのような幹がどれだけあるのかが、きちんと整理していないという感じです。大きな未来の可能性があるということでもあるし、一方で、一度過去を振り返りながら未来を見ていくフェーズにあるのではないでしょうか。

Ⅷ　社会イノベーションの深化と展開

琴坂　最後に、SFCがどう進化しているのかという議論と、それに社会イノベーションがどう関わっているのかについて、考えてみたいと思います。

秋山　私がSFCに初めて来たのは20年ぐらい前で、琴坂さんはまだ学部生でした。私は社会人を約10年経験してからSFCの博士課程に戻ってきたのですが、10年の間に大学はこんなに変わったのかとびっくりしたんです。当時、村井純さんなど、SFC開設時の強烈なキャラクターの教員たちがいらした。一方で、私から見ると、その少し下の当時の若手教員が遠慮しているんじゃないかという印象がありました。でも、まさに琴坂さんがこうやって教員として戻ってこられたことが象徴していますが、今のSFCの若い世代はすごいなと思います。外の世界で揉まれてきたり、あるいは国外に出て頑張ってきたという人が多く集まってますよね。細胞が入れ替わるように、今SFCには新しい血が流れ、生まれ変わりつつあると感じています。

　もちろん、これだけ大きな組織になると、それをきちんとマネジメントしていくことも重要で、その辺りは一ノ瀬さんがご苦労されていることと思い

ます。結局、大学を作るのは人なので、マインドがある人が集まってくること、そしてその人たちがSFCで成長していってほしいと願っています。

「私たちは研究も、実践も、教育もやっている」というお話がありました。私は、良い研究が良い教育を引っ張っていくと思っています。SFCに来る学生たちに対し、教員が自分の型にはめてしまうことが一番良くないと思います。教員は格好つけずに、自分が研究で苦労している後ろ姿を見せればそれでよいと思います。本書の担当章も、常に考え悩みながら道を切り開こうとしている生身の自分を、文章からも感じてほしいと思って書きました。

琴坂 私自身、学生から刺激を受けることがすごくあります。GIGAという英語プログラムで学習している学生の中には、世界でもトップクラスに優秀な学生がいます。彼、彼女らと日々対するなかで、「これは負けられないな」「自分も探求を続けなければ」と思わされます。

SFCに来てくれている海外からの学生は、卒業後に普通にシリコンバレーやインドなど世界中に散っていって、もちろん大学院に行く人も含めて活躍しています。日本で閉じずに世界に漕ぎ出していく学生がたくさんいる。一方で、日本からの学生も中学生から起業していたり、入学後に起業して事業を立ち上げて、数年で売却して復学してきた学生もいます。

SFC自体もそうですが、日本や一定の領域でプレゼンスを発揮していく、人材を輩出していくことはもうできている。けれども、ここでもう一段上に進化していく必要があると感じています。日本だけではなく、世界に良い影響を与えていく集団に進化していかなければいけない。それは実践や研究の幅、深さを仲間内だけではなく、より幅広いオーディエンスに到達できるような媒体・場所で発信していくことだろうと思います。それによって、もともとSFCが掲げていた社会課題、地球課題に対して答えを提示することにつながるのではないかと思っています。

秋山 そこではやはり、外部からの批判に晒されることが、すごく大事です。そこはSFCとして意識しなければいけないことだと思っています。

琴坂 もう一言付け加えておきたいのが、私は学部教育では定評のあるオックスフォード大学で5年間研究していました。多少教えていたりもしましたが、SFCのリベラルアーツ教育は全然負けていないと感じています。アメリ

カのトップのリベラルアーツ・カレッジと比べても負けていません。これだけ実践や研究の成果を上げている教員が集まり、楽しく社会変革や技術革新を目指しているキャンパスは、世界に他にひとつもありません。このことをきちんと発信したい。それによって、より面白い学生が世界中から集まり、それに刺激を受けて僕らも頑張る。それでまた良い学生が集まって、という循環を生み出したいと思います。日本ですでにできていることを、違う次元で世界スケールでやっていきたい、これが私の考えるSFCの未来像です。

宮垣　SFCは30年経って、創設期の教員の多くが世代交代する時代に入っています。にもかかわらず、やはり「SFCってね」という言い方があるというのは、このキャンパスに一定の文化的な蓄積があると強く感じざるを得ません。せっかくそういうものがあるのならば、それは大事にしていきたい。

　ではこれから30年先を考えたとき大事なのは、やはり、こうして培われたみずからの立場性のようなものを問い直し続けることだろうと思います。先ほど出た批判に晒される必要性も、海外への発信もそうです。この座談会も、自分たちによる問い直しそのものです。「問い直す」と言葉で言うのは簡単ですが、実はとても難しく、しんどいことです。そこから逃げずに続けていくことが大事だと感じます。

　もうひとつ、社会イノベーションという点では、今回この本では特に方法と実践、その過程にフォーカスをしました。そこでどうしても問われざるを得ないのは、そのイノベーションによって生まれる望ましい姿とはどのようなものか、ということです。つまり、何を社会課題に潜む本質的な問題と捉え、どういう社会を構想するのかが一緒に考えられていない社会イノベーションは、意味を持たないと思います。自戒を込めて言うと、社会イノベーションが、変えることだけを目的とした戯れになってはいけない。この言葉がこれだけ広まったのは、それだけ避けようのない課題を抱える時代だからです。その本質やそれを生み出す社会構造など、向き合わなければならないことをこの言葉で覆い隠すことがないよう注意したいです。

　SFCでは問題発見・問題解決という言葉がよく使われます。社会イノベーションというとつい解法に関心が向かいがちですが、それも問題発見する力があってはじめて意味を持つと思います。SFCには社会イノベーションに関

心を持つ学生が本当に多いですし、大学院には社会イノベータコースもありますので、そうしたなかから、課題を深く洞察することで、広く共感を生む社会イノベーションが展開されることを願っています。

一ノ瀬 環境情報学部に関連させて言えば、環境の分野でまさに社会イノベーションが必要だということは最初に申し上げたとおりです。地球環境にはキャパシティの限界があり、それを私たちがどのように分け合いながら生きていくかという議論は、これからも続けなければいけない。

一方で、情報の世界というのは、無限大の広がりを持っています。これからは、サイバー空間における社会イノベーションのようなものも起こってくるでしょう。また、メタバースのような例もあるように、サイバー空間の情報と、現実空間の環境とがどう関わっていくのか、まだよく分からない状況です。正直、環境情報学部でもそういう議論はできていません。今後、環境情報の中でもそれぞれの分野がリンクするようにしたいし、そして総合政策の分野ともつなげて、新しい問題を解決していく必要があります。

ドラえもんの「どこでもドア」はいまだにできていませんが、私たちはまさに「どこでもドア」のように、地球の裏側にいてもオンラインでいつでも会えるようになりました。つまり、それまで想像されていたのと違う形で、同じようなことを可能にする技術がある。ではそれをどう社会の仕組みに落とし込んでいくのか。そこはまさに社会イノベーションが担っています。対象は無限に広がっており、ますます社会イノベーションが活躍する分野、範囲が拡大していくだろうと思っています。

琴坂 本日は社会イノベーション、そしてそれを生み出す SFC について、これまでの蓄積や達成、そしてこれから取り組むべきことについて、改めて認識する機会になりました。どうもありがとうございました。

（2022 年 11 月 1 日収録）

索 引

編者

琴坂将広（KOTOSAKA Masahiro）
慶應義塾大学総合政策学部准教授。専門分野：経営戦略、国際経営、制度と組織の関係。
慶應義塾大学環境情報学部卒業、オックスフォード大学経営大学院博士課程修了。博士（経営学）。
主要著作：『経営戦略原論』（東洋経済新報社、2018 年）。

宮垣 元（MIYAGAKI Gen）
慶應義塾大学総合政策学部教授。専門分野：社会学、非営利組織論、コミュニティ論。
慶應義塾大学大学院政策・メディア研究科博士課程単位取得退学。博士（政策・メディア）。
主要著作：『入門ソーシャルセクター──新しい NPO/NGO のデザイン』（編著、ミネルヴァ書房、2020 年）。

著者

清水たくみ（SHIMIZU Takumi）
慶應義塾大学総合政策学部准教授（有期）。専門分野：経営組織、経営情報、テクノロジーマネジメント。
慶應義塾大学大学院政策・メディア研究科修士課程修了。ローランド・ベルガーにて戦略コンサルティング業務に従事した後、マギル大学経営学博士課程、早稲田大学ビジネススクール准教授等を経て現職。
主要著作："Online communities and knowledge collaborations"（Faraj, S. との共著、In M. Hitt ed., *Oxford research encyclopedia of business and management*, Oxford: Oxford University Press, 2018）.

中西泰人（NAKANISHI Yasuto）
慶應義塾大学環境情報学部教授。専門分野：UI/UX デザイン、HCI/HRI（Human Computer/Robot Interaction）、創造活動支援。
東京大学大学院工学系研究科博士課程修了。博士（工学）。
主要著作：『アイデアキャンプ──創造する時代の働き方』（NTT 出版、2011 年）。

秋山美紀（AKIYAMA Miki）
慶應義塾大学環境情報学部教授。専門分野：ヘルスコミュニケーション、コミュニティヘルス、公衆衛生。
慶應義塾大学大学院政策・メディア研究科博士課程単位取得退学。博士（医学）、博士（政策・メディア）。
主要著作：『コミュニティヘルスのある社会へ』（岩波書店、2013 年）。

宮川祥子（MIYAGAWA Shoko）
慶應義塾大学看護医療学部准教授。専門分野：ヘルスケア情報学、防災情報学。
慶應義塾大学大学院政策・メディア研究科博士課程単位取得退学。博士（政策・メディア）。
主要著作：『人工知能はナイチンゲールの夢を見るか？』（共編著、日本看護協会出版会、2022 年）。

一ノ瀬友博（ICHINOSE Tomohiro）
慶應義塾大学環境情報学部教授、同学部長。専門分野：景観生態学、環境学、農村計画学。
東京大学大学院農学生命科学研究科博士課程修了。博士（農学）。
主要著作：『生態系減災 Eco-DRR──自然を賢く活かした防災・減災』（編著、慶應義塾大学出版会、2021 年）。

國枝美佳（KUNIEDA Mika）
慶應義塾大学総合政策学部専任講師（有期）。専門分野：グローバルヘルス、開発コミュニケーション。
東京大学大学院医学系研究科博士課程単位取得退学。国際機関・NPO法人でのコンサルタント業務を経て現職。
主要著作：「ニジェールのコミュニティとともに〜ヒューマンサービスの協働の実践から」宮垣元・秋山美紀（編）『ヒューマンサービスとコミュニティ──支え合う社会の構想』（勁草書房、2022年）。

ショウ ラジブ（Rajib SHAW）
慶應義塾大学大学院政策・メディア研究科教授。専門分野：防災、環境マネジメント、SDGs。
大阪市立大学大学院博士課程修了。博士（理学）。民間企業および国連勤務を経て現職。
主要著作：*Global pandemic and human security: technology and development perspective*, （Gurtoo A. との共著、Singapore: Springer, 2022）。

松井孝治（MATSUI Koji）
慶應義塾大学総合政策学部教授。専門分野：統治機構論。
東京大学教養学部卒業後、通商産業省入省。2001年より参議院議員を2期務め、内閣官房副長官、参議院内閣委員長など歴任。2013年より現職。
主要著作：『総理の原稿──新しい政治の言葉を模索した266日』（平田オリザ氏との共著、岩波書店、2011年）。

馬場わかな（BABA Wakana）
慶應義塾大学総合政策学部専任講師。専門分野：ドイツ地域研究、ドイツ近現代史。
東京外国語大学大学院地域文化研究科博士後期課程修了。博士（学術）。
主要著作：『近代家族の形成とドイツ社会国家』（晃洋書房、2021年）。

國領二郎（KOKURYO Jiro）
慶應義塾大学総合政策学部教授。専門分野：経営情報システム。
東京大学経済学部卒業後、日本電信電話公社入社。1992年ハーバード・ビジネス・スクール経営学博士。
主要著作：『サイバー文明論──持ち寄り経済圏のガバナンス』（日本経済新聞出版社、2022年）。

蟹江憲史（KANIE Norichika）
慶應義塾大学大学院政策・メディア研究科教授。専門分野：国際関係論、地球システムガバナンス。
慶應義塾大学大学院政策・メディア研究科博士課程単位取得退学。博士（政策・メディア）。
主要著作：*Global Sustainable Development Report 2023*（Independent Group of Scientists appointed by the Secretary-General の共著、New York, NY: United Nations, 2023年9月［予定］）

シリーズ　総合政策学をひらく

社会イノベーションの方法と実践

2023 年 3 月 10 日　初版第 1 刷発行
2023 年 3 月 31 日　初版第 2 刷発行

編　者――――琴坂将広・宮垣 元
発行者――――慶應義塾大学総合政策学部
　　　　　　　〒 252-0882　神奈川県藤沢市遠藤 5322
　　　　　　　https://www.sfc.keio.ac.jp/
発売所――――慶應義塾大学出版会株式会社
　　　　　　　〒 108-8346　東京都港区三田 2-19-30
　　　　　　　TEL　03-3451-0931　FAX　03-3451-3122
装　丁――――鈴木衛
印刷・製本――株式会社理想社
カバー印刷――株式会社太平印刷社

©2023 Masahiro Kotosaka, Gen Miyagaki and
　　　　Contributors
Printed in Japan　ISBN 978-4-7664-2870-4

慶應義塾大学出版会

シリーズ「総合政策学をひらく」全5巻

慶應義塾大学湘南藤沢キャンパス（SFC）が、日本で初めて「総合政策学部」を 1990 年に開設してから 30 年を迎えました。シリーズ「総合政策学をひらく」は、「実践知」の学問として定義され、個々の先端的学問領域に通暁しつつも、それらを総合的にとらえ直して問題解決するために学際領域に踏み込もうとする新しい「知」＝総合政策学の「今」と「この先」を示すためのブックプロジェクトです。

言語文化とコミュニケーション

宮代康丈・山本薫［編］　　　　　　　　　定価2,750円（本体価格2,500円）

総合政策学の方法論的展開

桑原武夫・清水唯一朗［編］　　　　　　　定価2,750円（本体価格2,500円）

社会イノベーションの方法と実践

琴坂将広・宮垣元［編］　　　　　　　　　定価2,750円（本体価格2,500円）

公共政策と変わる法制度

新保史生・和田龍磨［編］　　　　　　　　定価2,750円（本体価格2,500円）

以下、続刊
流動する世界秩序とグローバルガバナンス

神保謙・廣瀬陽子［編］